# Meine eigene Geschichte

Emmeline Pankhurst

Writat

Diese Ausgabe erschien im Jahr 2024

ISBN: **9789361465253**

Herausgegeben von
Writat
E-Mail: info@writat.com

# Inhalt

# VORWORT

Die Schlussabschnitte dieses Buches wurden im Spätsommer 1914 geschrieben, als die Armeen aller Großmächte Europas für einen wilden, schonungslosen, barbarischen Krieg mobilisiert wurden – gegeneinander, gegen kleine und nicht aggressive Nationen, gegen hilflose Frauen und Kinder, gegen die Zivilisation selbst. Wie harmlos erscheint diese Chronik des militanten Kampfes der Frauen gegen politische und soziale Ungerechtigkeit in einer kleinen Ecke Europas im Vergleich zu den Berichten in den Tageszeitungen. Doch lassen wir sie so stehen, wie sie geschrieben wurde: mit Frieden (sogenannter Frieden), Zivilisation und geordneter Regierung als Hintergrund für Heldentum, wie es die Welt selten erlebt hat. Die Militanz der Männer hat im Laufe der Jahrhunderte die Welt mit Blut getränkt, und für diese Taten des Grauens und der Zerstörung wurden die Männer mit Denkmälern, großen Liedern und Epen belohnt. Die Militanz der Frauen hat keinem Menschenleben geschadet, außer dem Leben derjenigen, die den Kampf für die Gerechtigkeit kämpften. Welche Belohnung den Frauen zuteil wird, wird erst die Zeit zeigen.

Wir wissen, dass sich die Männer in der schwarzen Stunde, die gerade in Europa angebrochen ist, an ihre Frauen wenden und sie auffordern, die Arbeit zu übernehmen, die Zivilisation am Leben zu erhalten. Auf allen Erntefeldern, in Obstgärten und Weinbergen sammeln Frauen Nahrung für die kämpfenden Männer und für die Kinder, die durch den Krieg ihre Väter verloren haben. In den Städten halten die Frauen die Geschäfte am Laufen, sie fahren Lastwagen und Straßenbahnen und gehen insgesamt einer Vielzahl von Geschäften nach.

Wenn die Reste der Armeen zurückkehren und die Männer den Handel in Europa wieder aufnehmen, werden sie dann die Rolle vergessen, die die Frauen so edel gespielt haben? Werden sie in England vergessen, wie Frauen in allen Schichten ihre eigenen Interessen zurückstellten und sich organisierten , nicht nur um die Verwundeten zu pflegen, sich um die Bedürftigen zu kümmern, die Kranken und Einsamen zu trösten, sondern tatsächlich um die Existenz der Nation zu sichern? Bisher muss man zugeben, dass es kaum Anzeichen dafür gibt, dass die englische Regierung sich der selbstlosen Hingabe der Frauen bewusst ist. Bisher waren alle Regierungspläne zur Überwindung der Arbeitslosigkeit auf die Arbeitslosigkeit der Männer ausgerichtet. Die Arbeit der Frauen, die Herstellung von Kleidungsstücken usw., wurde in einigen Fällen weggenommen.

Beim ersten Kriegsalarm verkündeten die Militanten einen Waffenstillstand, der halbherzig mit der Ankündigung beantwortet wurde, dass die Regierung alle Häftlinge mit Wahlrecht freilassen würde, die sich verpflichten würden, „keine weiteren Verbrechen oder Gewalttaten zu begehen". Da der Waffenstillstand bereits verkündet worden war, geruhte kein Häftling mit Wahlrecht, auf die Anweisung des Innenministers zu antworten. Einige Tage später verkündete Mr. McKenna im Unterhaus, dass die Regierung beabsichtige, innerhalb weniger Tage alle Häftlinge mit Wahlrecht bedingungslos freizulassen, zweifellos beeinflusst von den Vorstellungen, die ich und Frauen aller politischen Überzeugungen an die Regierung gerichtet hatten – viele von ihnen waren nie Anhänger revolutionärer Taktiken gewesen. Damit endet vorerst der Krieg der Frauen gegen die Männer. Wie in alten Zeiten werden die Frauen zu fürsorglichen Müttern der Männer, zu ihren Schwestern und klaglosen Gefährtinnen. Die Zukunft liegt noch weit vor uns, aber dieses Vorwort und dieser Band schließen mit der Versicherung, dass der Kampf um die volle Gleichberechtigung der Frauen nicht aufgegeben wurde; es wurde lediglich für den Moment auf Eis gelegt. Wenn das Waffengeklirr aufhört, wenn die normale, friedliche, vernünftige Gesellschaft ihre Funktion wieder aufnimmt, wird die Forderung erneut gestellt. Wenn sie nicht schnell erfüllt wird, werden die Frauen wieder zu den Waffen greifen, die sie heute so großzügig niedergelegt haben. Es kann keinen echten Frieden auf der Welt geben, bis die Frau, die Mutterhälfte der Menschheitsfamilie, in den Räten der Welt ihre Freiheit erhält.

# BUCH I
# DIE ENTSTEHUNG EINES MILITANTEN

# KAPITEL I

Glücklich sind jene Männer und Frauen, die in einer Zeit geboren werden, in der ein großer Kampf um die Freiheit der Menschheit tobt. Ein zusätzliches Glück ist es, Eltern zu haben, die persönlich an den großen Bewegungen ihrer Zeit beteiligt sind. Ich bin froh und dankbar, dass dies bei mir der Fall war.

Eine meiner frühesten Erinnerungen ist die an einen großen Basar, der in meiner Heimatstadt Manchester abgehalten wurde. Ziel des Basars war es, Geld zu sammeln, um die Armut der frisch befreiten schwarzen Sklaven in den Vereinigten Staaten zu lindern. Meine Mutter beteiligte sich aktiv an dieser Aktion, und mir wurde als kleines Kind eine Wundertüte anvertraut, mit der ich half, Geld zu sammeln.

So jung ich auch war – ich konnte nicht älter als fünf Jahre gewesen sein –, kannte ich die Bedeutung der Wörter Sklaverei und Emanzipation ganz genau. Von Kindheit an war ich es gewohnt, Diskussionen über die Sklaverei und den amerikanischen Bürgerkrieg zu hören. Obwohl die britische Regierung sich schließlich dazu entschloss, die Konföderation nicht anzuerkennen , war die öffentliche Meinung in England in Fragen der Sklaverei und der Sezession stark gespalten. Im Großen und Ganzen waren die besitzenden Klassen für die Sklaverei, aber es gab viele Ausnahmen von der Regel. Die meisten aus dem Freundeskreis unserer Familie waren gegen die Sklaverei, und mein Vater, Robert Goulden , war immer ein glühender Abolitionist. Er war in der Bewegung so prominent, dass er in ein Komitee berufen wurde, das Henry Ward Beecher traf und willkommen hieß, als er zu einer Vortragsreise nach England kam. Mrs. Harriet Beecher Stowes Roman „Onkel Toms Hütte" war bei meiner Mutter so beliebt, dass sie ihn ständig als Quelle für Gutenachtgeschichten für unsere faszinierten Ohren verwendete. Diese Geschichten, die vor fast fünfzig Jahren erzählt wurden, sind mir heute noch so frisch im Gedächtnis wie die Ereignisse, die in den Morgenzeitungen beschrieben werden. Sie sind sogar noch lebendiger, weil sie einen viel tieferen Eindruck in meinem Bewusstsein hinterlassen haben. Ich kann mich noch genau an die Aufregung erinnern, die ich jedes Mal empfand, wenn meine Mutter mir die Geschichte von Elizas Wettlauf in die Freiheit über das gebrochene Eis des Ohio River erzählte, von der qualvollen Verfolgung und der endgültigen Rettung durch den entschlossenen alten Quäker. Eine andere spannende Geschichte war die Geschichte der Flucht eines Negerjungen von der Plantage seines grausamen Herrn. Der Junge hatte noch nie einen Eisenbahnzug gesehen, und als er, taumelnd über die ihm unbekannten Gleise lief, das Dröhnen eines herannahenden Zuges hörte, schienen die klappernden Wagenräder in seiner angestrengten Vorstellungskraft immer und immer wieder die schrecklichen Worte zu wiederholen: „Fang einen Nigger – Fang einen Nigger – Fang einen Nigger –“ Das war eine schreckliche Geschichte, und während meiner ganzen Kindheit, wann immer ich mit dem Zug fuhr, musste ich an den armen entlaufenen Sklaven denken, der vor dem ihn verfolgenden Monster floh.

Diese Geschichten, zusammen mit den Basaren und den Hilfsfonds und Spenden, von denen ich so viel gehört habe, haben sicher einen bleibenden Eindruck in mein Gehirn und meinen Charakter hinterlassen. Sie weckten in mir die beiden Arten von Gefühlen, auf die ich mein ganzes Leben lang am ehesten reagiert habe: erstens Bewunderung für jenen Kampfgeist und die heroische Aufopferung, durch die allein die Seele der Zivilisation gerettet wird; und zweitens Wertschätzung für den sanfteren Geist, der dazu bewegt wird, die Verwüstungen des Krieges zu heilen und zu beheben.

Ich kann mich an keine Zeit erinnern, in der ich nicht lesen konnte, noch an eine Zeit, in der das Lesen keine Freude und kein Trost war. Soweit ich mich erinnern kann, liebte ich Geschichten, besonders solche mit romantischem und idealistischem Charakter. „Pilgrim's Progress" war ein früher Favorit , ebenso wie ein anderer visionärer Roman von Bunyan, der nicht so bekannt zu sein scheint, sein „Heiliger Krieg". Mit neun entdeckte ich die Odyssee und sehr bald darauf einen weiteren Klassiker, der mein ganzes Leben lang eine Quelle der Inspiration geblieben ist. Dies war Carlyles „Französische Revolution", und ich empfing es mit ziemlich derselben Emotion, die Keats empfand, als er Chapmans Übersetzung von Homer las – „… wie ein Beobachter des Himmels, wenn ein neuer Planet in sein Blickfeld schwimmt."

Diesen ersten Eindruck habe ich nie verloren, und er hat meine Einstellung zu den Ereignissen meiner Kindheit stark beeinflusst. Manchester ist eine Stadt, die viele aufregende Ereignisse erlebt hat, vor allem politischer Natur. Im Allgemeinen waren die Bürger der Stadt liberal eingestellt und verteidigten Rede- und Meinungsfreiheit. Ende der sechziger Jahre ereignete sich in Manchester eines jener schrecklichen Ereignisse, die eine Ausnahme von der Regel darstellen. Es stand im Zusammenhang mit dem Fenian-Aufstand in Irland. Es kam zu einem Fenian- Aufstand, und die Polizei verhaftete die Anführer. Diese Männer wurden in einem Gefängniswagen ins Gefängnis gebracht. Unterwegs wurde der Wagen angehalten und es wurde versucht, die Gefangenen zu retten. Ein Mann feuerte eine Pistole ab und versuchte , das Schloss der Wagentür aufzubrechen. Ein Polizist stürzte tödlich verwundet, und mehrere Männer wurden verhaftet und des Mordes angeklagt. Ich erinnere mich deutlich an den Aufstand, den ich zwar nicht miterlebte, den mir mein älterer Bruder aber lebhaft schilderte. Ich hatte den Nachmittag mit einem jungen Spielkameraden verbracht, und mein Bruder war nach dem Tee gekommen, um mich nach Hause zu begleiten. Während wir durch die zunehmende Novemberdämmerung gingen, sprach er aufgeregt über den Aufstand, den tödlichen Pistolenschuss und den getöteten Polizisten. Ich konnte den Mann fast blutend auf dem Boden liegen sehen, während die Menge um ihn herum schwankte und stöhnte.

Der Rest der Geschichte enthüllt einen jener grauenhaften Fehler, die der Justiz nicht selten unterlaufen. Obwohl die Erschießung ohne jegliche Tötungsabsicht erfolgte, wurden die Männer wegen Mordes angeklagt, und drei von ihnen wurden für schuldig befunden und gehängt. Ihre Hinrichtung, die die Bürger Manchesters in große Aufregung versetzte, war beinahe die letzte, wenn nicht die letzte öffentliche Hinrichtung, die in der Stadt stattfinden durfte. Zu dieser Zeit war ich Internatsschüler in einer Schule in der Nähe von Manchester und verbrachte meine Wochenenden zu Hause. Ein gewisser Samstagnachmittag ist mir in Erinnerung geblieben, als ich auf dem Heimweg von der Schule am Gefängnis vorbeikam, in dem die Männer, wie ich wusste, eingesperrt worden waren. Ich sah, dass ein Teil der Gefängnismauer weggerissen worden war , und in der großen Lücke, die übrig blieb, waren die Spuren eines kürzlich entfernten Galgens zu sehen. Ich war vor Entsetzen wie gelähmt, und plötzlich überkam mich die Überzeugung, dass die Hinrichtung ein Fehler – schlimmer noch, ein Verbrechen – gewesen war. Damit wurde mir eine der schrecklichsten Tatsachen des Lebens bewusst – dass Gerechtigkeit und Urteil oft weltenverschieden sind.

Ich erzähle diesen Vorfall aus meinen prägenden Jahren, um zu verdeutlichen, dass die Eindrücke der Kindheit oft mehr mit dem Charakter und dem späteren Verhalten zu tun haben als Vererbung oder Erziehung. Ich erzähle ihn auch, um zu zeigen, dass meine Entwicklung zu einem Verfechter der Militanz weitgehend ein mitfühlender Prozess war. Ich habe persönlich nicht unter den Entbehrungen, der Bitterkeit und dem Kummer gelitten, die so viele Männer und Frauen zu der Erkenntnis sozialer Ungerechtigkeit führen. Meine Kindheit war von Liebe und einem behaglichen Zuhause beschützt. Doch schon als kleines Kind begann ich instinktiv zu spüren, dass selbst in meinem eigenen Zuhause etwas fehlte, eine falsche Vorstellung von Familienbeziehungen, ein unvollständiges Ideal.

Dieses vage Gefühl in mir begann sich zu einer Überzeugung zu entwickeln, als meine Brüder und ich zur Schule geschickt wurden. Die Ausbildung des englischen Jungen wurde damals wie heute als eine viel ernstere Angelegenheit angesehen als die Ausbildung der Schwester des englischen Jungen. Meine Eltern, insbesondere mein Vater, diskutierten die Frage der Ausbildung meiner Brüder als eine wirklich wichtige Angelegenheit. Meine Ausbildung und die meiner Schwester wurden kaum besprochen. Natürlich gingen wir auf eine sorgfältig ausgewählte Mädchenschule, aber abgesehen von der Tatsache, dass die Schulleiterin eine Dame war und dass alle Schülerinnen Mädchen aus meiner eigenen Klasse waren, schien sich niemand darum zu kümmern. Die Ausbildung eines Mädchens schien damals in erster Linie darauf ausgerichtet zu sein, „das Zuhause attraktiv zu machen" – vermutlich für wandernde männliche Verwandte. Es war mir ein Rätsel, warum ich eine so besondere Verpflichtung hatte, das Zuhause für meine Brüder attraktiv zu machen. Wir waren ausgezeichnete Freunde, aber es wurde ihnen nie als Pflicht nahegelegt, das Zuhause für mich attraktiv zu machen. Warum nicht? Niemand schien es zu wissen.

Die Antwort auf diese rätselhaften Fragen kam mir eines Nachts unerwartet, als ich in meinem kleinen Bett lag und darauf wartete, dass mich der Schlaf übermannte. Es war eine Gewohnheit meines Vaters und meiner Mutter, jeden Abend einen Rundgang durch unsere Schlafzimmer zu machen, bevor sie selbst zu Bett gingen. Als sie an diesem Abend mein Zimmer betraten, war ich noch wach, aber aus irgendeinem Grund beschloss ich, so zu tun, als schliefe ich. Mein Vater beugte sich über mich und schirmte die Kerzenflamme mit seiner großen Hand ab. Ich kann nicht genau wissen, was ihm durch den Kopf ging, als er auf mich herabblickte, aber ich hörte ihn etwas traurig sagen: „Schade, dass sie nicht als Junge geboren wurde."

Mein erster heißer Impuls war, mich im Bett aufzusetzen und zu protestieren, dass ich kein Junge sein wollte, aber ich lag still und hörte die Schritte meiner Eltern, die zum Bett des nächsten Kindes gingen. Ich dachte noch viele Tage später über die Bemerkung meines Vaters nach, aber ich glaube, ich kam nie zu dem Schluss, dass ich mein Geschlecht bereute. Es wurde jedoch ganz klar gemacht, dass Männer sich den Frauen überlegen fühlten und dass Frauen diesen Glauben anscheinend akzeptierten .

Diese Sichtweise ließ sich für mich nur schwer mit der Tatsache vereinbaren, dass sowohl mein Vater als auch meine Mutter für gleiches Wahlrecht eintraten. Ich war noch sehr jung, als das Reformgesetz von 1866 verabschiedet wurde, aber ich erinnere mich noch sehr gut an die Aufregung, die bestimmte Umstände im Zusammenhang mit der Verabschiedung verursachten. Dieses Reformgesetz, bekannt als Household Franchise Bill, markierte die erste Ausweitung des Wahlrechts in England seit 1832. Gemäß seinen Bestimmungen erhielten Haushalte, die mindestens zehn Pfund Miete pro Jahr zahlten, das parlamentarische Stimmrecht. Während das Gesetz noch im Unterhaus diskutiert wurde, brachte John Stuart Mill eine Änderung des Gesetzes ein, um sowohl weibliche als auch männliche Haushalte einzubeziehen. Die Änderung wurde abgelehnt, aber in dem verabschiedeten Gesetz wurde das Wort „Mann" anstelle des üblichen „männlichen" verwendet. Nun war in einem anderen Gesetz des Parlaments entschieden worden, dass das Wort „Mann" immer auch „Frau" einschließt, sofern nicht ausdrücklich etwas anderes angegeben ist. Beispielsweise werden in bestimmten Gesetzen, die Klauseln zur Steuerzahlung enthalten, durchgängig das männliche Substantiv und Pronomen verwendet, aber die

Bestimmungen gelten sowohl für weibliche Steuerzahler als auch für Männer. Als das Reformgesetz mit dem Wort „Mann" in Kraft trat, glaubten viele Frauen, dass ihnen das Wahlrecht tatsächlich zuerkannt worden war. Es folgten gewaltige Diskussionen, und die Angelegenheit wurde schließlich von einer großen Zahl von Frauen geprüft, die sich als Wählerinnen in das Wählerregister eintragen lassen wollten. In meiner Stadt Manchester beanspruchten 3.924 von insgesamt 4.215 möglichen weiblichen Wählerinnen ihr Stimmrecht, und ihr Anspruch wurde vor Gericht von hervorragenden Anwälten verteidigt, darunter auch meinem zukünftigen Ehemann Dr. Pankhurst. Natürlich wurde der Anspruch der Frauen vor Gericht zu ihren Ungunsten entschieden, aber die Agitation führte zu einer Verstärkung der Agitation für das Frauenwahlrecht im ganzen Land.

Ich war zu jung, um die genaue Natur der Angelegenheit zu verstehen, aber ich teilte die allgemeine Aufregung. Durch das Vorlesen von Zeitungen für meinen Vater hatte ich ein echtes Interesse an Politik entwickelt, und das Reformgesetz stellte sich meiner jungen Intelligenz als etwas vor, das dem Land den allergrößten Nutzen bringen würde. Die erste Wahl, nachdem das Gesetz in Kraft getreten war, war natürlich ein denkwürdiges Ereignis. Für mich ist es vor allem deshalb denkwürdig, weil es die erste war, an der ich je teilnahm. Meine Schwester und ich hatten gerade neue Winterkleider bekommen, grün in der Farbe und gleich gemacht, nach dem Brauch anständiger britischer Familien. Jedes Mädchen trug damals einen roten Flanellunterrock, und als wir unsere neuen Kleider zum ersten Mal anzogen, war ich überrascht, dass wir Rot und Grün trugen – die Farben der Liberalen Partei. Da unser Vater ein Liberaler war, sollte die Liberale Partei natürlich die Wahl gewinnen, und ich dachte mir einen brillanten Plan aus, um ihr dabei zu helfen. Mit meiner kleinen Schwester im Schlepptau ging ich fast eine Meile zum nächsten Wahllokal. Es war zufällig in einem ziemlich rauen Fabrikviertel, aber das bemerkten wir nicht. Dort angekommen, griffen wir zwei Kinder unsere grünen Röcke, um unsere scharlachroten Unterröcke zu zeigen, und liefen voller Wichtigkeit vor der versammelten Menge auf und ab, um die Liberalen zur Wahl zu bewegen. Von dieser Anhöhe wurden wir kurz darauf von einer empörten Autorität in Gestalt eines Kindermädchens weggezerrt. Ich glaube, wir wurden obendrein ins Bett geschickt, aber ich bin mir in diesem Punkt nicht ganz sicher.


Ich war vierzehn Jahre alt, als ich meine erste Suffragistenversammlung besuchte. Als ich eines Tages von der Schule nach Hause kam, traf ich meine Mutter, die gerade auf dem Weg zur Versammlung war, und ich bat sie, mich mitkommen zu lassen. Sie willigte ein, und ohne anzuhalten, um meine Bücher niederzulegen, huschte ich hinter meiner Mutter davon. Die Reden interessierten und begeisterten mich, insbesondere die Ansprache der großartigen Miss Lydia Becker, die die Susan B. Anthony der englischen Bewegung war, eine großartige Persönlichkeit und eine wirklich eloquente Rednerin. Sie war die Sekretärin des Manchester-Komitees, und ich hatte gelernt, sie als Herausgeberin des *Women's Suffrage Journal zu bewundern* , das meine Mutter jede Woche erhielt. Ich verließ die Versammlung als bewusste und überzeugte Suffragistin.

Ich schätze, ich war immer schon eine unbewusste Frauenrechtlerin. Mit meinem Temperament und meinem Umfeld hätte ich kaum anders sein können. Die Bewegung war in den frühen siebziger Jahren sehr lebendig, vor allem in Manchester, wo sie von einer Gruppe außergewöhnlicher Männer und Frauen organisiert wurde . Unter ihnen waren Mr. und Mrs. Jacob Bright, die immer bereit waren, sich für diese kämpfende Sache einzusetzen. Mr. Jacob Bright, ein Bruder von John Bright, war viele Jahre lang Parlamentsabgeordneter für Manchester und bis zu seinem Tod ein aktiver Verfechter des Frauenwahlrechts. Neben Miss Becker waren zwei besonders begabte Frauen Mitglieder des Komitees, nämlich Mrs. Alice Cliff Scatcherd und Miss Wolstentholm , heute die ehrwürdige Mrs. Wolstentholm-Elmy . Einer der Hauptgründer des Komitees war der Mann, dessen Frau ich in späteren Jahren werden sollte, Dr. Richard Marsden Pankhurst.

Mit fünfzehn Jahren ging ich nach Paris, wo ich als Schülerin an einer der ersten Institutionen für höhere Bildung von Mädchen in Europa angenommen wurde. Diese Schule, zu deren Gründern Madame Edmond Adam gehörte, die eine bedeutende literarische Persönlichkeit war und noch immer ist, befand sich in einem schönen alten Haus in der Avenue de Neuilly. Sie stand unter der Leitung von Mlle. Marchef -Girard, einer Frau mit hervorragenden pädagogischen Leistungen, die später zur staatlichen Schulinspektorin in Frankreich ernannt wurde. Mlle. Marchef -Girard glaubte, dass die Ausbildung von Mädchen ebenso gründlich und sogar praktischer sein sollte als die Ausbildung, die Jungen damals erhielten. Sie schloss Chemie und andere Naturwissenschaften in ihren Unterricht ein und ließ ihre Mädchen neben Sticken auch Buchhaltung unterrichten. In dieser Schule herrschten viele andere fortschrittliche Ideen vor und die moralische Disziplin, die die Schülerinnen erhielten, war meiner Ansicht nach ebenso wertvoll wie die intellektuelle Ausbildung. Mlle. Marchef -Girard war der Ansicht, dass Frauen die höchsten Ideale der Ehre vermittelt werden sollten . Ihre Schülerinnen wurden an die strengsten Prinzipien der Wahrheitsliebe und Aufrichtigkeit gehalten . Sie verstand es und profitierte sehr von diesem bedingungslosen Vertrauen, das ich, da bin ich mir sicher, nicht hätte missbrauchen können, selbst wenn ich ihr gegenüber weniger echte Zuneigung empfunden hätte.

Meine Zimmergenossin in dieser wunderbaren Schule war ein interessantes junges Mädchen in meinem Alter, Noemie Rochefort , Tochter des großen

Republikaners, Kommunisten, Journalisten und Schwertkämpfers Henri Rochefort . Das war kurz nach dem Deutsch-Französischen Krieg, und die Erinnerungen an den Untergang des Kaiserreichs und die blutige und verheerende Kommune waren in Paris noch sehr lebendig. Der berühmte Vater meiner Zimmergenossin und viele andere befanden sich damals tatsächlich im Exil in Neukaledonien, weil sie an der Kommune teilgenommen hatten. Meine Freundin Noémie war zutiefst besorgt um ihren Vater. Sie sprach ständig von ihm, und ich hörte mir viele markerschütternde Berichte über Wagemut und Patriotismus an. Henri Rochefort war tatsächlich einer der treibenden Geister der republikanischen Bewegung in Frankreich, und nach seiner erstaunlichen Flucht in einem offenen Boot aus Neukaledonien erlebte er viele Jahre politischer Abenteuer der lebhaftesten und malerischsten Art. Seine Tochter und ich blieben lange nach dem Ende unserer Schulzeit enge Freunde, und mein Umgang mit ihr festigte alle liberalen Ideen, die ich mir zuvor angeeignet hatte.

Ich war zwischen achtzehn und neunzehn, als ich schließlich von der Schule in Paris zurückkehrte und als junge Dame meinen Platz im Haus meines Vaters einnahm. Ich sympathisierte mit der Frauenwahlrechtsbewegung und arbeitete für sie und lernte Dr. Pankhurst kennen, dessen Arbeit für das Frauenwahlrecht nie aufgehört hatte. Dr. Pankhurst war es, der den ersten Gesetzentwurf zum Wahlrecht verfasste, bekannt als Women's Disabilities Removal Bill, der 1870 von Herrn Jacob Bright ins Unterhaus eingebracht wurde. Der Gesetzentwurf gelangte mit einer Mehrheit von dreiunddreißig Stimmen zur zweiten Lesung, wurde jedoch im Ausschuss durch Herrn Gladstones Anweisung abgelehnt. Dr. Pankhurst fungierte, wie ich bereits sagte, zusammen mit einem anderen angesehenen Anwalt, Lord Coleridge, als Rechtsbeistand der Frauen aus Manchester, die 1868 versuchten, als Wählerinnen in das Wählerregister eingetragen zu werden. Er verfasste auch den Gesetzentwurf, der verheirateten Frauen die absolute Kontrolle über ihr Eigentum und Einkommen gab, ein Gesetz, das 1882 Gesetz wurde.

Meine Hochzeit mit Dr. Pankhurst fand 1879 statt.

Ich denke, wir können der Gruppe von Männern und Frauen, die wie Dr. Pankhurst in jenen frühen Tagen der Frauenwahlrechtsbewegung in den Prüfungen ihrer kämpfenden Jugend das Gewicht ihrer ehrenwerten Namen verliehen, gar nicht genug dankbar sein. Diese Männer warteten nicht, bis die Bewegung populär wurde, noch zögerten sie, bis klar war, dass die Frauen so aufgewühlt waren, dass sie aufbegehrten. Sie arbeiteten ihr ganzes Leben lang mit denen zusammen, die organisierten , aufklärten und die Revolte vorbereiteten, die eines Tages kommen sollte. Zweifellos büßten diese Pioniermänner an Popularität ein, weil sie feministische Ansichten vertraten. Manche von ihnen litten finanziell, manche politisch. Doch sie schwankten nie.

Meine Ehe dauerte neunzehn glückliche Jahre. Oft musste ich den Spott hören, dass Suffragistinnen Frauen seien, die keinen normalen Weg gefunden hätten, ihren Gefühlen freien Lauf zu lassen, und deshalb verbitterte und enttäuschte Wesen seien. Das trifft wahrscheinlich auf keine Suffragistin zu, und auf mich trifft es ganz sicher nicht zu. Mein Leben zu Hause und meine Beziehungen waren so ideal, wie es in dieser unvollkommenen Welt nur möglich war. Etwa ein Jahr nach meiner Hochzeit wurde meine Tochter Christabel geboren, und weitere achtzehn Monate später kam meine zweite Tochter Sylvia. Zwei weitere Kinder folgten, und einige Jahre lang war ich ziemlich in meine häuslichen Angelegenheiten vertieft.

Ich war jedoch nie so sehr mit Haus und Kindern beschäftigt, dass ich das Interesse an gesellschaftlichen Angelegenheiten verloren hätte. Dr. Pankhurst wollte nicht, dass ich mich in eine Haushaltsmaschine verwandelte. Er war der festen Überzeugung, dass die Gesellschaft ebenso wie die Familie die Dienste von Frauen benötigt. Als meine Kinder noch in den Wiegen lagen, war ich also Mitglied des Exekutivkomitees der Women's Suffrage Society und auch des Exekutivkomitees des Komitees, das sich für die Verabschiedung des Married Women's Property Act einsetzte. Nachdem dieses Gesetz 1882 verabschiedet worden war, stürzte ich mich mit neuer Energie in die Wahlrechtsarbeit. Ein neues Reformgesetz, bekannt als County Franchise Bill, das das Wahlrecht auf Landarbeiter ausweitete , stand zur Diskussion, und wir glaubten, dass unsere jahrelange Aufklärungsarbeit das Land darauf vorbereitet hatte, uns bei der Forderung nach einer Änderung des Gesetzes zum Frauenwahlrecht zu unterstützen. Mehrere Jahre lang hatten wir in Städten im ganzen Königreich die großartigsten Versammlungen abgehalten. Die Menschenmassen, die Begeisterung, die großzügige Reaktion auf die Spendenaufrufe, all das schien uns in unserer Überzeugung zu bestärken, dass das Frauenwahlrecht nahe sei. Tatsächlich hatten wir im Unterhaus 1884, als der County Franchise Bill dem Land vorgelegt wurde, eine echte Mehrheit für das Wahlrecht .

Aber eine Mehrheit im Unterhaus garantiert keineswegs den Erfolg einer Maßnahme. Ich werde dies ausführlich erklären, wenn ich zu unserer Arbeit komme, bei der wir Kandidaten bekämpfen, die sich als Suffragistinnen erklärt haben, ein Vorgehen, das unsere amerikanischen Freunde sehr verwirrt hat. Die Liberale Partei war 1884 an der Macht, und ein großes Mahnschreiben wurde an den Premierminister, den sehr ehrenwerten William E. Gladstone, geschickt, in dem er darum bat, dass eine Änderung des County Franchise Bill zum Frauenwahlrecht dem Unterhaus zur freien und unvoreingenommenen Prüfung vorgelegt werde. Herr Gladstone lehnte dies knapp ab und erklärte, dass die Regierung die Verantwortung für das Gesetz ablehnen würde, wenn eine Änderung des Frauenwahlrechts angenommen würde. Die Änderung wurde dennoch vorgelegt, aber Herr Gladstone wollte keine freie Diskussion darüber zulassen und forderte die liberalen Mitglieder auf, dagegen zu stimmen. Gegen die Änderung wurde ein sogenannter „Whip" geschickt, eine Notiz, die den Parteimitgliedern praktisch befahl, zu einer bestimmten Stunde zur Stelle zu sein, um gegen die Änderung des Frauenwahlrechts zu stimmen. Unbeirrt versuchten die Frauen, einen unabhängigen Gesetzentwurf zum Wahlrecht einzubringen, doch Herr Gladstone arrangierte die Geschäfte des Parlaments so, dass der Gesetzentwurf nicht einmal zur Diskussion kam.

Ich werde keine Geschichte der Frauenwahlrechtsbewegung in England vor 1903 schreiben, als die Women's Social and Political Union gegründet wurde . Diese Geschichte ist voller Wiederholungen von Geschichten wie der, die ich erzählt habe. Gladstone war ein unversöhnlicher Gegner des Frauenwahlrechts. Er glaubte, dass die Arbeit und Politik der Frauen im Dienste der Männerparteien standen. Eine der klügsten Taten in Gladstones Karriere war seine Zerschlagung der Wahlrechtsorganisation in England. Er erreichte dies, indem er sie durch „etwas ebenso Gutes" ersetzte, nämlich die Women's Liberal Associations. Diese Vereinigungen begannen 1881 in Bristol und verbreiteten sich rasch im ganzen Land, und 1887 wurde daraus eine National Women's Liberal Federation. Das Versprechen der Föderation war, dass Frauen durch ein Bündnis mit Männern in der Parteipolitik bald das Wahlrecht erlangen würden. Die Gier, mit der die Frauen dieses Versprechen schluckten, ihre eigene Arbeit aufgaben und sich in die Arbeit der Männer stürzten, war erstaunlich.

Die Women's Liberal Federation ist eine Organisation von Frauen, die an die Grundsätze der Liberalen Partei glauben. (Die etwas ältere Primrose League ist eine ähnliche Organisation von Frauen, die sich an die Grundsätze der Konservativen Partei halten.) Keine dieser Organisationen hat das Frauenwahlrecht zum Ziel. Sie wurden gegründet, um Parteiideen zu vertreten und sich für die Wahl von Parteikandidaten einzusetzen.

Mir wurde erzählt, dass sich Frauen in Amerika kürzlich politischen Parteien angeschlossen haben, weil sie wie wir glaubten, dass ein solches Vorgehen den Widerstand gegen das Wahlrecht brechen würde, indem es den Männern zeigt, dass Frauen über politische Fähigkeiten verfügen und dass Politik sowohl für Frauen als auch für Männer Arbeit ist. Lassen Sie sich nicht täuschen. Ich kann den amerikanischen Frauen versichern, dass unser langjähriges Bündnis mit den großen Parteien, unsere Hingabe an Parteiprogramme und unsere treue Arbeit bei Wahlen die Sache des Wahlrechts keinen Schritt vorangebracht haben. Die Männer nahmen die Dienste der Frauen an, aber sie boten ihnen nie irgendeine Art von Bezahlung an.

Ich selbst habe mir in dieser Angelegenheit keine falschen Hoffnungen gemacht. Ich war bei der Gründung der Women's Liberal Federation dabei. Mrs. Gladstone hatte den Vorsitz und sprach viele tröstende Worte über die Abwesenheit „unseres großen Führers", Mr. Gladstone, der natürlich keine Zeit für eine Versammlung von Frauen zu verlieren hatte . Auf Mrs. Jacob Brights Bitte hin trat ich der Föderation bei. In dieser Phase meiner Entwicklung war ich Mitglied der Fabian Society und hatte großes Vertrauen in die durchdringenden Kräfte ihres milden Sozialismus. Aber ich war bereits ziemlich davon überzeugt, dass es sinnlos war, politischen Parteien zu vertrauen. Schon als Kind hatte ich begonnen, mich über den *naiven* Glauben der Parteimitglieder an die Versprechen ihrer Führer zu wundern. Ich erinnere mich noch gut daran, wie mein Vater von politischen Versammlungen nach Hause kam, sein Gesicht glühte vor Begeisterung. „Was ist passiert, Vater?", fragte ich, und er antwortete triumphierend: „Ah! Wir haben die Resolution verabschiedet."

„Dann wirst Du in der nächsten Sitzung Deinen Maßstab erkennen", prophezeite ich.

„Das werde ich nicht sagen", war die übliche Antwort. „So schnell geht es nicht immer. Aber wir haben die Resolution verabschiedet."

Als die Suffragistinnen in die Women's Liberal Federation aufgenommen wurden, müssen sie gespürt haben, dass sie ihren Entschluss gefasst hatten. Sie begannen, für die Partei zu arbeiten und zu beweisen, dass sie ebenso wahlberechtigt waren wie die kürzlich wahlberechtigten Landarbeiter. Natürlich blieben einige Frauen dem Wahlrecht treu. Sie begannen erneut, auf dem alten Bildungsweg für die Sache zu arbeiten. Keine einzige Frau beriet sich mit sich selbst darüber, wie und warum die Landarbeiter ihr Wahlrecht errungen hatten. Tatsächlich hatten sie es errungen, indem sie Heuhaufen verbrannten, randalierten und ihre Stärke auf die einzige Weise demonstrierten, die englische Politiker verstehen können. Die Drohung, hunderttausend Männer ins Unterhaus zu marschieren, wenn das Gesetz nicht verabschiedet würde, trug ebenfalls dazu bei, den Landarbeitern ihre politische Freiheit zu sichern. Aber keine Suffragistin bemerkte das. Ich selbst war damals politisch zu jung, um die Lektion zu lernen. Ich musste jahrelang öffentliche Arbeit leisten, bevor ich die Erfahrung und die Weisheit erlangte, um der englischen Regierung Zugeständnisse abzuringen. Ich musste ein öffentliches Amt bekleiden. Ich musste hinter die Kulissen der staatlichen Schulen, der Arbeitshäuser und anderer karitativer Einrichtungen blicken; ich musste das Elend und Unglück einer von Menschen geschaffenen Welt aus nächster Nähe erleben, bevor ich den Punkt erreichte, an dem ich erfolgreich dagegen revoltieren konnte. Diese neue Phase meiner Karriere begann für mich fast unmittelbar nach dem Zusammenbruch der Frauenwahlrechtsbewegung im Jahr 1884.

# KAPITEL II

1885, ein Jahr nach dem Scheitern des dritten Frauenwahlrechtsgesetzes, kandidierte mein Mann, Dr. Pankhurst, als liberaler Kandidat für das Parlament in Rotherline , einem am Flussufer gelegenen Wahlkreis von London. Ich begleitete ihn während des Wahlkampfes und hielt Reden und warb nach besten Kräften um Stimmen. Dr. Pankhurst war ein beliebter Kandidat und wäre ohne Zweifel wiedergewählt worden, wenn es nicht den Widerstand der Home-Ruler gegeben hätte. Parnell hatte das Kommando und seine feste Politik war die Opposition gegen alle Regierungskandidaten. Obwohl Dr. Pankhurst ein überzeugter Verfechter der Home-Rule war, standen ihm die Parnell-Streitkräfte entschieden ablehnend gegenüber, und er wurde besiegt. Ich erinnere mich, dass ich erhebliche Empörung zum Ausdruck brachte, aber mein Mann erklärte mir, dass Parnells Politik absolut richtig war. Mit seiner kleinen Partei konnte er nie hoffen, die Home-Rule gegen eine feindliche Mehrheit zu erringen, aber durch ständige Obstruktion konnte er die Regierung mit der Zeit zermürben und zur Kapitulation zwingen. Das war eine wertvolle politische Lektion, die ich Jahre später in die Praxis umsetzen sollte.

Im darauffolgenden Jahr lebten wir in London und beschäftigten uns wie üblich mit Arbeitsfragen und anderen sozialen Bewegungen. Dieses Jahr war denkwürdig wegen eines großen Streiks der Frauen, die in den Streichholzfabriken Bryant und May arbeiteten. Ich stürzte mich mit Enthusiasmus in diesen Streik und arbeitete mit den Mädchen und einigen prominenten Frauen zusammen, unter ihnen die berühmte Mrs. Annie Besant. Der Streik war erfolgreich, und die Mädchen erkämpften erhebliche Verbesserungen ihrer Arbeitsbedingungen.

Es war eine Zeit enormer Unruhen, Arbeiterunruhen , Streiks und Aussperrungen. Es war auch eine Zeit, in der ein äußerst dummer reaktionärer Geist von der Regierung und den Behörden Besitz zu ergreifen schien. Die Heilsarmee, die Sozialisten, die Gewerkschafter – eigentlich alle Organisationen, die Versammlungen im Freien abhielten – wurden zu besonderen Angriffszielen gemacht. Als Protest gegen diese Politik wurde in London eine Law and Liberty League gegründet und auf dem Trafalgar Square eine riesige Versammlung zur Meinungsfreiheit abgehalten, bei der John Burns und Cunningham Graham die Hauptredner waren. Ich war bei dieser Versammlung anwesend, die in einem blutigen Aufstand zwischen der Polizei und der Bevölkerung endete. Der Aufstand auf dem Trafalgar Square ist historisch, und ihm verdankt Mr. John Burns größtenteils seinen späteren Aufstieg zu politischer Berühmtheit. Sowohl John Burns als auch Cunningham Graham verbüßten für ihre Rolle bei dem Aufstand Gefängnisstrafen, aber sie erlangten Berühmtheit und taten viel, um das

Recht auf freie Meinungsäußerung für englische Männer durchzusetzen. Englische Frauen kämpfen immer noch für dieses Recht.

1890 wurde mein letztes Kind in London geboren. Ich hatte nun fünf kleine Kinder und war eine Zeit lang weniger in der öffentlichen Arbeit aktiv. Nach dem Ausscheiden von Mrs. Annie Besant aus dem London School Board wurde ich gebeten, für die freie Stelle zu kandidieren , aber obwohl mir die Arbeit Spaß gemacht hätte, beschloss ich, die Einladung nicht anzunehmen. Im nächsten Jahr jedoch wurde eine neue Vereinigung für Frauenwahlrecht, die Women's Franchise League, gegründet und ich fühlte mich verpflichtet, ihr beizutreten. Die Liga bereitete einen neuen Gesetzentwurf für das Frauenwahlrecht vor, dessen Bestimmungen ich unmöglich gutheißen konnte, und ich schloss mich mit alten Freunden zusammen, unter denen Mrs. Jacob Bright, Mrs. Wolstentholm-Elmy , die Mitglied des London School Board war, und Mrs. Stanton Blatch , die damals in England lebte, waren, um den ursprünglichen Gesetzentwurf von Dr. Pankhurst zu ersetzen. Tatsächlich wurde keiner der beiden Gesetzentwürfe in diesem Jahr im Parlament eingebracht. Mr. (jetzt Lord) Haldane, der für die Maßnahme verantwortlich war, brachte einen eigenen Entwurf ein. Es war ein wahrhaft überraschender Gesetzesentwurf, dessen Inhalt königlich umfassend war. Er gab nicht nur allen Frauen, verheiratet und unverheiratet, der Haushälterklasse das Wahlrecht , sondern machte sie auch für alle Ämter unter der Krone wählbar. Der Gesetzesentwurf wurde von der Regierung nie ernst genommen und war, wie wir später erfahren haben, auch nie beabsichtigt, dass er ernst genommen werden sollte. Ich erinnere mich, wie ich mit Mrs. Stanton Blatch zum Gericht ging, um Mr. Haldane zu treffen und gegen die Einführung einer Maßnahme zu protestieren, die nicht die geringste Chance hatte, angenommen zu werden.

„Dieser Gesetzentwurf", sagte Haldane, „ist für die Zukunft gedacht."

Alle ihre Gesetzesentwürfe zum Frauenwahlrecht sind für die Zukunft gedacht, eine Zukunft, die so weit entfernt ist, dass sie nicht wahrnehmbar ist. Wir begannen dies bereits 1891 zu verstehen. Doch solange es einen Gesetzesentwurf gab, waren wir entschlossen, ihn zu unterstützen. Dementsprechend befragten wir die Mitglieder, verteilten jede Menge Literatur und organisierten Versammlungen und hielten Reden. Wir hielten nicht nur selbst Reden, sondern brachten auch befreundete Parlamentsmitglieder dazu, auf unsere Rednerbühnen zu kommen. Bei einer dieser Versammlungen, die in einem radikalen Club im East End stattfand, hielten Mr. Haldane und ein junger Mann, der ihn begleitete, eine Rede. Dieser junge Mann, Sir Edward Grey, damals am Anfang seiner Karriere, hielt ein eloquentes Plädoyer für das Frauenwahlrecht. Dass Sir Edward Grey später im Leben ein erbitterter Gegner des Frauenwahlrechts wurde, braucht niemanden zu überraschen. Ich habe viele junge Engländer gekannt, die ihr politisches Leben als Sprecher für das Frauenwahlrecht begannen und später zu Gegnern des Frauenwahlrechts oder zu verräterischen „Freunden" der Sache wurden. Diese jungen, aufstrebenden Staatsmänner müssen auf die eine oder andere Weise Aufmerksamkeit erregen, und das Eintreten für fortschrittliche Anliegen, etwa in den Bereichen Arbeit oder Frauenwahlrecht, scheint ein einfacher Weg zu sein, dieses Ziel zu erreichen.

Unsere Reden und unsere Agitation haben Herrn Haldanes unmöglichem Gesetzesentwurf überhaupt nicht geholfen. Er kam nie über die erste Lesung hinaus.

Unser Londoner Aufenthalt endete 1893. In diesem Jahr kehrten wir nach Manchester zurück und ich nahm die Arbeit der Suffrage Society wieder auf. Auf meinen Vorschlag hin begannen die Mitglieder, ihre ersten Versammlungen im Freien zu organisieren , und wir machten damit weiter, bis es uns gelang, eine große Versammlung zu organisieren, die die Free Trade Hall füllte und in einen kleineren Saal in der Nähe strömte und ihn überfüllte . Dies war der Beginn einer Propagandakampagne unter den Arbeitern, ein Ziel, das ich schon lange erreichen wollte.


Und nun begann eine neue und, wenn ich zurückblicke, äußerst interessante Phase meiner Karriere. Ich habe erzählt, wie unsere Führer in der Liberalen Partei den Frauen geraten hatten, ihre Eignung für das parlamentarische Wahlrecht durch die Ausübung kommunaler Ämter, insbesondere der unbezahlten Ämter, unter Beweis zu stellen. Viele Frauen hatten diesen Rat befolgt und dienten in Vormundschaftsräten, Schulräten und in anderen Funktionen. Da meine Kinder nun alt genug waren, um sie kompetenten Krankenschwestern zu überlassen, stand es mir frei, mich diesen Reihen anzuschließen. Ein Jahr nach meiner Rückkehr nach Manchester kandidierte ich für den Vormundschaftsrat. Einige Wochen zuvor hatte ich mich erfolglos um einen Sitz im Schulrat beworben. Diesmal jedoch wurde ich gewählt und lag mit sehr großer Mehrheit vorn.

Zum Nutzen der amerikanischen Leser werde ich etwas über die Funktionsweise unseres englischen Armengesetzes erklären. Die Aufgabe des Gesetzes besteht darin, ein Gesetz von Königin Elisabeth zu vollstrecken, eine der größten Reformen, die diese weise und humane Monarchin durchführte. Als Elisabeth den Thron bestieg, fand sie England, das fröhliche England der zeitgenössischen Dichter, in einem Zustand entsetzlicher Armut vor. Horden von Menschen verhungerten buchstäblich in elenden Hütten, auf den Straßen und direkt vor den Toren des Palastes. Die Ursache all dieses Elends war die religiöse Reformation unter Heinrich VIII. und die Abspaltung der englischen Kirche von Rom. König Heinrich, so ist bekannt, beschlagnahmte alle Kirchenländer, Abteien und Klöster und gab sie als Belohnung an jene Adligen und Günstlinge , die seine Politik unterstützt hatten. Aber als die protestantischen Adligen das Eigentum der Kirche übernahmen, übernahmen sie keineswegs die alten Pflichten der Kirche, Reisende zu beherbergen, Almosen zu geben, Kranke zu pflegen, Jugendliche zu erziehen und für die Jungen und Rentner zu sorgen. Als die Mönche und Nonnen aus ihren Klöstern vertrieben wurden, fielen diese Pflichten niemandem mehr zu. Das Ergebnis nach der kurzen Herrschaft von Eduard VI. und der blutigen Herrschaft von Königin Maria war die soziale Anarchie, die Elisabeth erbte.

Diese große Königin und große Frau erkannte, dass die Verantwortung für die Armen und Hilflosen rechtmäßig bei der Gemeinschaft liegt, und veranlasste die Verabschiedung eines Gesetzes, durch das in den Gemeinden öffentliche Stellen geschaffen wurden, die sich mit der örtlichen Armut befassen. Das Board of Poor Law Guardians zahlt das Geld aus den Armensteuern sowie zusätzliche Gelder, die vom örtlichen Regierungsrat bewilligt werden, dessen Vorsitzender ein Kabinettsminister ist, an die Armen aus. Der derzeitige Amtsinhaber ist Mr. John Burns. Das Board of Guardians kontrolliert die Einrichtung, die wir Arbeitshaus nennen. Ich glaube, es gibt Armenhäuser, aber sie sind nicht ganz so umfangreich wie unsere Arbeitshäuser, die alle möglichen Einrichtungen in einem sind. In meinem Arbeitshaus hatten wir ein Krankenhaus mit neunhundert Betten , eine Schule für mehrere hundert Kinder, einen Bauernhof und viele Werkstätten.

Als ich mein Amt antrat, stellte ich fest, dass das Gesetz in unserem Bezirk Chorlton sehr streng gehandhabt wurde. Der alte Rat bestand aus Männern, die als Steuersparer bekannt sind. Sie waren Hüter nicht der Armen, sondern der Steuern, und wie ich bald herausfand, waren sie nicht einmal sehr kluge Hüter des Geldes. Obwohl die Insassen beispielsweise sehr schlecht ernährt wurden, war eine furchtbare Verschwendung von Nahrungsmitteln zu beobachten. Jeder Insasse erhielt täglich eine bestimmte Menge an Nahrungsmitteln, und Brot machte einen so großen Teil der Ration aus, dass kaum jemand seine gesamte Portion verzehrte. In der Landwirtschaftsabteilung wurden Schweine gehalten, um diesen Brotüberschuss zu verzehren, und da Schweine mit einer festen Ernährung aus altbackenem Brot nicht gedeihen, erzielten die Tiere auf dem Markt einen viel niedrigeren Preis als richtig ernährte Nutzschweine. Ich schlug vor, statt einer großen Menge Brot in einem Stück das Brot in Scheiben zu schneiden und mit Margarine zu bestreichen, wobei jeder so viel essen durfte, wie er wollte. Der Rest des Gremiums erhob Einwände und sagte, unsere armen Schützlinge seien sehr eifersüchtig auf ihre Rechte und würden in einer solchen Neuerung einen Versuch vermuten, ihnen einen Teil ihrer Ration vorzuenthalten. Diesem Einwand konnte leicht begegnet werden, indem wir vorschlugen, die Insassen zu konsultieren, bevor wir die Änderung vornehmen. Natürlich stimmten die Armen zu, und mit dem Brot, das wir einsparten, machten wir Puddings mit Milch und Korinthen, um sie den alten Leuten des Arbeitshauses zu geben. Diese alten Leute fand ich auf rückenlosen Bänken oder Bänken sitzend vor. Sie hatten keine Privatsphäre, keine Besitztümer, nicht einmal einen Spind. Die alten Frauen hatten keine Taschen in ihren Kleidern, also waren sie gezwungen, ihre armen kleinen Schätze, die sie in ihren Brüsten trugen, zu behalten. Bald nachdem ich mein Amt angetreten hatte, gaben wir den alten Leuten bequeme Windsor-Stühle zum Sitzen, und auf vielerlei Weise gelang es uns, ihnen das Leben erträglicher zu machen.


Dies waren letztlich nur geringfügige Vorteile. Aber es freut mich, wenn ich zurückblicke und mich daran erinnere, was wir für die Kinder des Manchester Workhouse tun konnten. Als ich das erste Mal das Haus betrat, war ich entsetzt, als ich kleine Mädchen im Alter von sieben und acht Jahren auf den Knien die kalten Steine der langen Korridore schrubben sah. Diese kleinen Mädchen trugen im Sommer wie im Winter dünne Baumwollkleider mit tiefem Ausschnitt und kurzen Ärmeln. Nachts trugen sie überhaupt nichts, da Nachthemden für Arme als zu gut galten. Die Tatsache, dass bei ihnen die meiste Zeit Bronchitis epidemische Ausmaße annahmen, hatte die Erziehungsberechtigten nicht dazu veranlasst, ihre Kleidung zu ändern. Es gab eine Schule für die Kinder, aber der Unterricht war von allergrößter Qualität. Als ich sie das erste Mal traf, waren sie ziemlich verzweifelt, diese armen Unschuldigen. Innerhalb von fünf Jahren hatten wir für sie das Antlitz der Erde verändert. Wir hatten Land auf dem Land gekauft und ein Heim im Cottage-System für die Kinder gebaut, und wir hatten für sie eine moderne Schule mit ausgebildeten Lehrern eingerichtet. Wir hatten für sie sogar eine Turnhalle und ein Schwimmbad gesichert. Ich darf sagen, dass ich im Bauausschuss des Vorstands das einzige weibliche Mitglied war.

Was auch immer man gegen das englische Armengesetz einwenden mag, ich behaupte, dass es nicht notwendig ist, Arbeitshauskindern das Stigma der Armut aufzuerlegen. Wenn sie wie Arme behandelt werden, bleiben sie natürlich Arme und wachsen als Arme auf, eine ständige Belastung für die Gesellschaft; aber wenn man sie bloß als Kinder unter der Vormundschaft des Staates betrachtet, nehmen sie einen ganz anderen Charakter an. Reiche Kinder verarmen nicht, indem sie auf eine der kostenlosen öffentlichen Schulen geschickt werden, mit denen England gesegnet ist. Doch viele dieser Schulen, die jetzt ausschließlich der Ausbildung von Jungen der oberen Mittelschicht dienen, wurden durch Erbschaften gegründet, die der Ausbildung der Armen – Mädchen wie Jungen – überlassen wurden. Das englische Armengesetz sollte, wenn es richtig verwaltet wird, den Kindern der Bedürftigen zurückgeben, was die Oberschicht ihnen genommen hat: eine gute Ausbildung auf einer anständigen Grundlage.

Das Problem ist, wie ich bald nach meinem Amtsantritt erkannte, dass das Gesetz unter den gegebenen Umständen nicht alle Aufgaben erfüllen kann, die es erfüllen sollte, nicht einmal für Kinder. Wir werden neue Gesetze brauchen, und mir wurde bald klar, dass wir nie hoffen können, sie zu bekommen, solange Frauen nicht das Wahlrecht haben. Während meiner Zeit im Gremium und in den Jahren danach haben sich weibliche Vormünder im ganzen Land vergeblich darum bemüht, das Gesetz zu reformieren, um Bedingungen zu verbessern, die den Frauen das Herz brechen, die Männer aber anscheinend kaum betreffen. Ich habe von den kleinen Mädchen gesprochen, die ich beim Schrubben der Fußböden im Arbeitshaus vorfand. Es gab andere bei dieser abscheulichen Arbeit , die mein tiefstes Mitleid erregten. Ich fand heraus, dass es in diesem Arbeitshaus schwangere Frauen gab, die Fußböden schrubbten und die schwerste Arbeit verrichteten, fast bis ihre Babys auf die Welt kamen. Viele von ihnen waren unverheiratete Frauen, sehr, sehr junge, bloße Mädchen. Diese armen Mütter durften nach der Entbindung für nur zwei Wochen im Krankenhaus bleiben. Dann mussten sie sich entscheiden, ob sie im Arbeitshaus bleiben und ihren Lebensunterhalt durch Schrubben und andere Arbeiten verdienen wollten, was sie von ihren Babys trennte, oder ob sie ihre Entlassung annahmen. Sie konnten bleiben und arm sein, oder sie konnten gehen – mit einem zwei Wochen alten Baby in den Armen, ohne Hoffnung, ohne Zuhause, ohne Geld, ohne einen Ort, an den sie gehen konnten. Was wurde aus diesen Mädchen und was wurde aus ihren unglücklichen Kindern? Diese Frage stand im Mittelpunkt der Forderung der Vormünderinnen nach einer Reform eines Teils des Armengesetzes.

Dieser Abschnitt befasst sich mit den kleinen Kindern, die nicht vom Arbeitshaus, sondern von den Eltern in Pension gegeben werden, wobei diese Eltern fast immer die Mutter sind. Aus dieser Klasse von Arbeitshausmüttern – meist junge Dienstmädchen –, von denen gedankenlose Leute sagen, dass alle arbeitenden Mädchen sein sollten, stammen Fälle von unehelicher Geburt mehr als aus jeder anderen Klasse. Diese armen kleinen Dienstmädchen, die vielleicht nur abends rauskommen, deren Geist nicht sehr kultiviert ist und die alle Gefühle ihres Lebens in billigen Novellen finden, fallen denen leicht zum Opfer, die es mit ihnen aufs Spiel setzen. Dies sind die Leute, von denen die Babys meist zum Stillen abgegeben werden, und die Mütter müssen für ihren Unterhalt aufkommen. Natürlich sind die Babys sehr schlecht geschützt. Die Armenpfleger sollen sie schützen, indem sie Inspektoren ernennen, die die Heime besuchen, in denen die Babys untergebracht sind. Aber laut Gesetz ist das Heim von Inspektionen befreit, wenn ein Mann, der ein Mädchen ruiniert , eine

Pauschale von zwanzig Pfund, weniger als hundert Dollar, zahlt. Solange ein Babyfarmer nur ein Kind auf einmal nimmt und die zwanzig Pfund bezahlt sind, können die Inspektoren das Haus nicht inspizieren. Natürlich sterben die Babys mit schrecklicher Schnelligkeit, oft lange bevor die zwanzig Pfund ausgegeben sind, und dann können die Babyfarmer ungehindert ein weiteres Opfer suchen. Jahrelang haben Frauen, wie ich schon sagte, vergeblich versucht, diese eine kleine Reform des Armengesetzes durchzusetzen, um alle unehelichen Kinder zu erreichen und zu schützen und es jedem reichen Schurken unmöglich zu machen, der zukünftigen Haftung für sein Kind zu entgehen, nur weil er eine Pauschalsumme gezahlt hat. Immer wieder wurde es versucht, aber es ist immer gescheitert, weil diejenigen, denen die Sache wirklich am Herzen liegt, ganz normale Frauen sind.

Ich dachte, ich wäre schon eine Frauenrechtlerin gewesen, bevor ich Armenpflegerin wurde, aber jetzt begann ich, das Frauenwahlrecht nicht nur als ein Recht, sondern als eine verzweifelte Notwendigkeit zu betrachten. Ich bin sicher, dass diese armen, schutzlosen Mütter und ihre Babys wichtige Faktoren bei meiner Erziehung zur Aktivistin waren. Tatsächlich trugen alle Frauen, mit denen ich im Arbeitshaus in Kontakt kam, zu dieser Erziehung bei. Sehr bald, nachdem ich in den Vorstand eingetreten war, sah ich, dass die Klasse der alten Frauen, die ins Arbeitshaus kamen, den alten Männern, die ins Arbeitshaus kamen, in vielerlei Hinsicht überlegen waren. Das fiel einem unweigerlich auf. Sie waren zunächst einmal fleißiger. Tatsächlich war es ziemlich rührend, ihren Fleiß und ihre Geduld zu sehen. Alte Frauen, über sechzig und siebzig Jahre alt, erledigten die meiste Arbeit in diesem Haus, den Großteil der Näharbeiten, die meisten Dinge, die das Haus sauber hielten und die Insassen mit Kleidung versorgten. Ich stellte fest, dass die alten Männer anders waren. Man konnte ihnen nicht viel Arbeit abverlangen. Sie hielten sich gern im Wergpflückraum auf, wo sie rauchen durften; richtige Arbeit leisteten unsere alten Männer jedoch sehr wenig.

Ich begann, mich nach diesen alten Frauen zu erkundigen. Ich fand heraus, dass die Mehrheit von ihnen keine Frauen waren, die ausschweifend oder kriminell gewesen waren, sondern Frauen, die ein vollkommen anständiges Leben geführt hatten, entweder als Ehefrauen und Mütter oder als alleinstehende Frauen, die ihren eigenen Lebensunterhalt verdienten. Sehr viele gehörten der Klasse der Hausangestellten an, waren unverheiratet, hatten ihre Arbeit verloren und waren in ein Alter gekommen, in dem es unmöglich war, eine neue Arbeit zu finden. Sie hatten dafür nichts zu verschulden, sondern einfach, weil sie nie genug verdient hatten, um zu sparen . Der Durchschnittslohn berufstätiger Frauen in England beträgt weniger als zwei Dollar pro Woche. Mit diesem Hungerlohn ist es schwer genug, am Leben zu bleiben, und natürlich ist es unmöglich, etwas zu sparen. Jeder, der etwas über die Bedingungen weiß, unter denen unsere berufstätigen Frauen leben, weiß, dass nur wenige von ihnen hoffen können, jemals genug zurückzulegen, um im Alter über die Runden zu kommen. Außerdem muss die durchschnittliche berufstätige Frau andere als sich selbst ernähren. Wie kann sie sparen?

Einige unserer alten Frauen waren verheiratet. Viele von ihnen, so fand ich heraus, waren Witwen von Handwerkern, die Renten von ihren Gewerkschaften bezogen hatten, die aber mit den Männern ausgestorben waren. Diese Frauen, die es aufgegeben hatten, für sich selbst zu arbeiten, und sich ganz der Arbeit für ihre Männer und Kinder verschrieben hatten, blieben mittellos zurück. Ihnen blieb nichts anderes übrig, als ins Arbeitshaus zu gehen. Viele von ihnen waren Witwen von Männern, die ihrem Land in der Armee oder der Marine gedient hatten. Die Männer hatten Renten von der Regierung bezogen, aber die Renten waren mit ihnen ausgestorben, und so waren die Frauen im Arbeitshaus.

Ich hoffe, dass wir in Zukunft nicht mehr so viele anständige alte Frauen in englischen Arbeitshäusern finden werden. Wir haben jetzt ein Altersrentengesetz, das alten Frauen wie alten Männern die Summe von fünf Schilling – 1,20 Dollar – pro Woche zuspricht; kaum genug zum Leben, aber genug, um es den Armen zu ermöglichen, ihre alten Väter und Mütter vom Arbeitshaus fernzuhalten, ohne sich selbst oder ihre Kinder zu verhungern. Aber als ich Armenpflegerin war, konnte man mit einer Frau, deren harte Arbeit aufhörte, einfach nichts anderes machen, als sie zur Bettlerin zu machen.

Ich wünschte, ich hätte genug Platz, um Ihnen von anderen Tragödien von Frauen zu erzählen, die ich während meiner Zeit in diesem Gremium miterlebt habe. In unserer Sozialhilfeabteilung, die hauptsächlich für arbeitsfähige Arme und hilfsbedürftige Personen da ist, kam ich mit Witwen in Kontakt, die verzweifelt darum kämpften, ihre Häuser und Familien zusammenzuhalten. Das Gesetz erlaubte diesen Frauen eine gewisse, sehr unzureichende Unterstützung, aber für sie selbst und ein Kind gab es keine Unterstützung außer dem Arbeitshaus. Selbst wenn die Frau ein Baby an der Brust hatte, wurde sie laut Gesetz als arbeitsfähiger Mann angesehen. Frauen, so wird uns gesagt, sollten zu Hause bleiben und sich um ihre Kinder kümmern. Ich verblüffte meine männlichen Kollegen immer, wenn ich ihnen sagte: „Wenn Frauen das Wahlrecht haben, werden sie sehen, dass Mütter zu Hause *bleiben* und sich um ihre Kinder kümmern können. Ihr Männer habt es diesen Müttern unmöglich gemacht, das zu tun."


Ich bin überzeugt, dass die wahlberechtigte Frau viele Wege finden wird, um zumindest den Fluch der Armut zu lindern. Frauen haben praktischere Ideen zur Hilfe und insbesondere zur Vorbeugung von bitterer Armut als Männer.

Das fiel mir jedes Mal auf, wenn ich die Bezirkskonferenzen und die jährlichen Versammlungen der Poor Law Union besuchte. In unseren Diskussionen zeigten sich die Frauen viel fähiger und einfallsreicher als die Männer. Ich erinnere mich an zwei Aufsätze, die ich verfasste und die erhebliche Diskussionen auslösten. Einer davon handelte von den Pflichten von Vormündern in Zeiten der Arbeitslosigkeit, in dem ich darauf hinwies, dass die Regierung eine Reserve an Arbeitsplätzen für Männer habe, die immer genutzt werden könne. An unserer Nordwestküste kommt es zu einer ständigen Abschwemmung des Küstenvorlandes. Ab und zu kommt die Frage der Küstengewinnung zur Sprache, aber ich habe noch nie jemanden Küstengewinnung als Mittel zur Unterstützung der Arbeitslosen vorschlagen hören.


1898 erlitt ich mit dem Tod meines Mannes einen unwiederbringlichen Verlust. Sein Tod kam plötzlich und hinterließ mir die schwere Verantwortung, für eine Familie mit Kindern zu sorgen, von denen das älteste erst siebzehn Jahre alt war. Ich gab meinen Posten im Board of Guardians auf und wurde fast sofort zum bezahlten Standesbeamten in Manchester ernannt. Wir haben in England Standesbeamte für Geburten, Todesfälle und Eheschließungen, aber da das Gesetz zur Gründung der letzteren die Worte „männliche Person" enthält, kann eine Frau nicht zum Standesbeamten ernannt werden. Leiter dieser Regierungsabteilung ist der Generalstandesbeamte mit Büros in Somerset House, London, wo alle Personenstandsdaten übermittelt und alle Aufzeichnungen abgelegt werden.

Als Standesbeamter war ich für die Volkszählung meines Bezirks verantwortlich. Ich musste alle Geburts- und Sterbedaten entgegennehmen, aufzeichnen und meine Bücher vierteljährlich an das Büro des Generalstandesbeamten schicken. Mein Bezirk lag in einem Arbeiterviertel, und aus diesem Grund führte ich zweimal wöchentlich Abendsprechstunden ein. Es war rührend zu sehen, wie froh die Frauen waren, eine Standesbeamtin zu haben. Sie erzählten mir ihre Geschichten, manche davon waren schreckliche Geschichten, und alle waren sie voller Mitleid mit jenem geduldigen und klaglosen Pathos der Armut. Selbst nach meiner Erfahrung im Board of Guardians war ich schockiert, immer wieder daran erinnert zu werden, wie wenig Respekt es auf der Welt für Frauen und Kinder gibt. Dreizehnjährige Mädchen kamen zu mir ins Büro, um die Geburt ihrer Babys zu registrieren, natürlich unehelich. In vielen dieser Fälle stellte ich fest, dass der eigene Vater des Kindes oder ein naher männlicher Verwandter für ihren Zustand verantwortlich war. In den meisten Fällen konnte nichts getan werden. Das Schutzalter in England beträgt 16 Jahre, aber ein Mann kann immer behaupten, er habe geglaubt, das Mädchen sei über 16 Jahre alt. Während meiner Amtszeit setzte eine sehr junge Mutter eines unehelichen

Kindes ihr Baby aus, und es starb. Das Mädchen wurde wegen Mordes angeklagt und zum Tode verurteilt. Das Urteil wurde zwar später beschnitten, aber das unglückliche Kind musste die schreckliche Erfahrung des Prozesses und des Urteils „am Hals hängen, bis du tot bist" machen. Der Schurke, der aus Sicht der Justiz der wahre Mörder des Babys war, erhielt überhaupt keine Strafe.

Ich brauchte nur noch eine weitere Erfahrung nach dieser, nur noch einen weiteren Kontakt mit dem Leben meiner Zeit und der Stellung der Frauen, um mich davon zu überzeugen, dass, wenn die Zivilisation in Zukunft überhaupt vorankommen soll, dies mit Hilfe der Frauen geschehen muss, Frauen, die von ihren politischen Fesseln befreit sind, Frauen, die die volle Macht haben, ihren Willen in der Gesellschaft durchzusetzen. Im Jahr 1900 wurde ich gebeten, als Kandidatin für den Manchester School Board aufzutreten. Die Schulen unterlagen damals dem alten Gesetz, und die Schulbehörden waren sehr aktive Gremien. Sie verwalteten das Elementary Education Act, kauften Schulgelände, errichteten Gebäude, stellten und bezahlten Lehrer ein. Die Schulordnung und der Lehrplan wurden vom Board of Education ausgearbeitet, das Teil der Zentralregierung ist. Natürlich war das absurd. Eine Gruppe von Männern in London konnte unmöglich alle Bedürfnisse der Jungen und Mädchen in abgelegenen Teilen Englands erfüllen . Aber so war es.

Als Mitglied des Schulrats stellte ich sehr bald fest, dass die Lehrer, Arbeiter der höheren Klassen, in genau derselben Lage waren wie die Arbeiter der unteren Klassen. Das heißt, die Männer hatten alle Vorteile. Die Lehrer hatten einen Vertreter in den Schulratsräten. Natürlich war dieser Vertreter ein männlicher Lehrer, und ebenso selbstverständlich gab er den Interessen der männlichen Lehrer den Vorzug. Männliche Lehrer erhielten viel höhere Gehälter als die weiblichen, obwohl viele der Frauen zusätzlich zu ihrer regulären Unterrichtsarbeit auch noch Nähen und Hauswirtschaft unterrichten mussten. Sie erhielten für ihre zusätzliche Arbeit keinen zusätzlichen Lohn. Trotz dieser zusätzlichen Belastung und trotz der niedrigeren Gehälter stellte ich fest, dass die Frauen sich viel mehr um ihre Arbeit und viel mehr um die Kinder kümmerten als die Männer. Es war ein Winter, in dem es in Manchester viel Armut und Arbeitslosigkeit gab. Ich stellte fest, dass die Lehrerinnen ihre geringen Gehälter dafür ausgaben, regelmäßig Mittagessen für mittellose Kinder zu kochen, und ihre Zeit darauf verwendeten, sie zu bedienen und dafür zu sorgen, dass sie ernährt wurden. Sie sagten ganz einfach zu mir: „Sehen Sie, den kleinen Dingen geht es zu schlecht, um ihre Lektionen zu lernen. Wir müssen sie füttern, bevor wir sie unterrichten können."

Anstatt zu erkennen, dass Frauen sich mehr um Schulen und Schulkinder kümmern als Männer und deshalb mehr Macht im Bildungswesen haben sollten, verabschiedete das Parlament von 1900 tatsächlich ein Gesetz, das das Bildungswesen in England vollständig aus den Händen der Frauen nahm. Dieses Gesetz schaffte die Schulbehörde vollständig ab und legte die Schulverwaltung in die Hände der Kommunen. Bestimmte Unternehmen hatten zuvor bestimmte Zuschüsse an die technische Ausbildung gewährt – Manchester hatte eine großartige technische Hochschule gebaut – und nun hatten die Unternehmen die volle Kontrolle über die Grund- und Sekundarschulbildung.

Das Gesetz sah tatsächlich vor, dass die Unternehmen mindestens eine Frau in ihre Bildungsausschüsse aufnehmen sollten. Manchester kooptierte vier Frauen, und auf die dringende Empfehlung der Labour Party hin war ich eine der ausgewählten Frauen. Auf ihre dringende Bitte hin wurde ich in das Komitee für technische Ausbildung berufen, als einzige Frau, die in dieses Komitee aufgenommen wurde. Ich erfuhr, dass das Manchester Technical College, das als das zweitbeste in Europa gilt und jährlich Tausende von Pfund für technische Ausbildung ausgibt, praktisch keine Vorkehrungen für die Ausbildung von Frauen traf. Sogar in Klassen, in die sie leicht hätten aufgenommen werden können, wie Bäcker- und Konditorenklassen und dergleichen, wurden die Mädchen ausgeschlossen, weil die Männergewerkschaften Einwände gegen ihre Ausbildung für diese qualifizierte Arbeit hatten. Mir wurde schnell klar, dass Männer Frauen als Dienstbotenklasse in der Gesellschaft betrachteten und dass Frauen in dieser Dienstbotenklasse bleiben würden, bis sie sich aus ihr befreiten. Ich fragte mich damals oft, was zu tun sei. Ich war der Labour Party beigetreten, weil ich dachte, dass durch ihre Räte etwas Wichtiges kommen könnte, eine solche Forderung nach dem Frauenwahlrecht, die die Politiker unmöglich ignorieren könnten. Es kam nichts.

All diese Jahre waren meine Töchter herangewachsen. Ihr ganzes Leben lang hatten sie sich für das Frauenwahlrecht interessiert. Christabel und Sylvia hatten als kleine Mädchen geweint, weil sie zu den Versammlungen mitgenommen werden wollten. Sie hatten bei unseren Salonversammlungen auf jede erdenkliche Weise geholfen, wie Kinder helfen können. Als sie älter wurden, sprachen wir gemeinsam über das Wahlrecht, und manchmal war ich ziemlich erschrocken über ihr jugendliches Vertrauen in die Aussicht, die sie für sicher hielten, dass die Bewegung Erfolg haben würde. Eines Tages überraschte mich Christabel mit der Bemerkung: „Wie lange versucht ihr Frauen schon, das Wahlrecht zu bekommen. Ich für meinen Teil will es bekommen.“

Gab es, so dachte ich, einen Unterschied zwischen dem Versuch, das Wahlrecht zu erlangen, und dem, es zu bekommen? Es gibt ein altes französisches Sprichwort: „Wenn die Jugend es wüsste, wenn das Alter es könnte.“ Mir kam der Gedanke, dass die Bewegung zu neuem Leben und neuen Möglichkeiten erwachen könnte, wenn die älteren Suffragistinnen sich irgendwie mit den jungen, unermüdlichen und einfallsreichen Suffragistinnen zusammentun könnten. Danach suchten ich und meine Töchter gemeinsam nach einem Weg, diese Vereinigung von Jung und Alt herbeizuführen, die neue Methoden finden und neue Wege beschreiten würde. Schließlich glaubten wir, einen Weg gefunden zu haben.

# KAPITEL III

Im Sommer 1902 – ich glaube, es war 1902 – besuchte Susan B. Anthony Manchester, und dieser Besuch war einer der Gründe für die Gründung unserer militanten Frauenwahlrechtsorganisation , der Women's Social and Political Union. Während Miss Anthonys Besuch schrieb meine Tochter Christabel, die tief beeindruckt war, einen Artikel für die Manchesterer Zeitungen über das Leben und die Werke der ehrwürdigen Reformerin. Nach ihrer Abreise sprach Christabel oft von ihr, und immer voller Trauer und Empörung darüber, dass eine so großartige Arbeiterin für die Menschheit sterben sollte, ohne die Hoffnungen ihres Lebens verwirklicht zu sehen . „Es ist unerträglich", erklärte meine Tochter, „an eine weitere Generation von Frauen zu denken, die ihr Leben damit vergeuden, um das Wahlrecht zu betteln. Wir dürfen keine weitere Zeit verlieren. Wir müssen handeln."

Zu diesem Zeitpunkt hatte die Labour Party, der ich noch angehörte, Herrn Keir Hardie wieder ins Parlament gewählt, und wir beschlossen, dass der erste Schritt einer Kampagne darin bestehen sollte, die Labour Party für ein neues Wahlrechtsgesetz verantwortlich zu machen. Auf einer kürzlichen Jahreskonferenz der Partei hatte ich eine Resolution eingebracht, in der die Mitglieder aufgefordert wurden, ihren eigenen Abgeordneten anzuweisen, ein Gesetz zur Gleichstellung der Frauen einzubringen. Die Resolution wurde angenommen, und wir beschlossen, eine Frauenvereinigung zu gründen , die die sofortige Gleichstellung fordern sollte, und zwar nicht mit irgendwelchen überholten Missionsmethoden, sondern durch politische Maßnahmen.

Im Oktober 1903 lud ich eine Reihe von Frauen zu Organisationszwecken in mein Haus in der Nelson Street in Manchester ein . Wir beschlossen, unsere neue Gesellschaft Women's Social and Political Union zu nennen, teils um ihre demokratischen Grundsätze zu betonen , teils um ihre Ziele eher politisch als propagandistisch zu definieren. Wir beschlossen, unsere Mitgliedschaft ausschließlich auf Frauen zu beschränken, uns absolut parteifrei zu halten und uns in unserer Frage nur mit Taten zufrieden zu geben. Taten, nicht Worte, sollten unser ständiges Motto sein.

Die Sache des Frauenwahlrechts war in meinem Land so weit gekommen, dass die alten Führer, die in der Vergangenheit so hervorragende Aufklärungsarbeit geleistet hatten, sich nun scheinbar mit Sympathie- und Bedauernsbekundungen seitens heuchlerischer Politiker zufrieden gaben. Diese Tatsache wurde mir durch einen Vorfall erneut vor Augen geführt, der sich fast zeitgleich mit der Gründung der Women's Social and Political Union ereignete. In unserem Parlament hat kein Gesetzesentwurf eine Chance, Gesetz zu werden, es sei denn, er wird zu einer Regierungsmaßnahme.

Abgeordnete können eigene Maßnahmen einbringen, aber diese erreichen selten die zweite Lesung oder die Diskussionsphase. Der Diskussion von Regierungsmaßnahmen wird so viel Zeit gewidmet, dass privaten Gesetzesentwürfen nur sehr wenig Zeit eingeräumt werden kann. Ungefähr ein Tag in der Woche wird der Erörterung privater Maßnahmen gewidmet, denen, wie wir sagen, die Regierung Erleichterungen gewährt; und da eine Sitzungsperiode nur eine begrenzte Anzahl von Wochen umfasst , treffen sich die Abgeordneten an den ersten Tagen des Parlaments und ziehen das Los, um zu bestimmen, wer an den Debatten teilnehmen darf. Nur diese erfolgreichen Männer haben die Möglichkeit, zu ihren Gesetzesentwürfen Stellung zu nehmen, und nur diejenigen, die frühzeitig eine Chance hatten, haben überhaupt Aussicht darauf, dass ihre Maßnahmen eine größere Diskussion anstoßen.

Nun hatten die alten Suffragistinnen die Hoffnung schon lange aufgegeben, ein Gesetz über das Frauenwahlrecht durch die Regierung zu bekommen, aber sie klammerten sich an die Hoffnung, dass ein Gesetzentwurf eines Abgeordneten irgendwann einmal in Erwägung gezogen würde. Jedes Jahr am Eröffnungstag des Parlaments schickte die Vereinigung eine Abordnung von Frauen ins Unterhaus, um sich mit sogenannten befreundeten Abgeordneten zu treffen und den Stand der Sache des Frauenwahlrechts zu erörtern. Die Zeremonie war von höchst konventionellem, um nicht zu sagen possenhaftem Charakter. Die Damen hielten ihre Reden und die Abgeordneten ihre. Die Damen dankten den befreundeten Abgeordneten für ihr Mitgefühl und die Abgeordneten erneuerten ihre Versicherungen, dass sie an das Frauenwahlrecht glaubten und dafür stimmen würden, wenn sie Gelegenheit dazu hätten. Dann verabschiedete sich die Abordnung, ein wenig traurig, aber völlig ruhig, und die Abgeordneten widmeten sich wieder dem wirklichen Leben, nämlich der Unterstützung der Politik ihrer Partei.

Eine solche Zeremonie nahm ich kurz nach der Gründung der WSPU teil. Sir Charles M'Laren war das freundliche Mitglied, das die Versammlung leitete, und er kam seiner Pflicht voll und ganz nach, indem er die Sache des Frauenwahlrechts formell unterstützte. Er versicherte der Delegation sein tiefes Bedauern sowie das Bedauern vieler seiner Kollegen darüber, dass so intelligente, so hingebungsvolle usw. Frauen weiterhin kein Wahlrecht haben . Andere Mitglieder taten dasselbe. Die Zeremonie näherte sich ihrem Ende, aber ich, der nicht gebeten worden war, zu sprechen, beschloss, etwas zum Anlass beizutragen.

„Sir Charles M'Laren ", begann ich abrupt, „hat uns gesagt, dass viele seiner Kollegen sich einen Erfolg der Sache des Frauenwahlrechts wünschen. Nun weiß jeder von uns, dass die Mitglieder des Unterhauses in diesem Moment über einen Platz bei den Debatten abstimmen. Wird Sir Charles M'Laren uns sagen, ob ein Mitglied die Einführung eines Gesetzesentwurfs für das

Frauenwahlrecht plant? Wird er uns sagen, was er und die anderen Mitglieder für die Reform *tun werden* , die sie so leidenschaftlich unterstützen?"

Natürlich war der verlegene Sir Charles nicht bereit, uns etwas dergleichen zu sagen, und die Delegation zog verwirrt und wütend ab. Man sagte mir, ich sei ein Eindringling, ein unverschämter Eindringling. Wer hatte mich aufgefordert, etwas zu sagen? Und welches Recht hatte ich, einzugreifen und den guten Eindruck zu ruinieren, den sie gemacht hatten? Niemand konnte sagen, wie viele freundliche Mitglieder ich durch meine unglücklichen Bemerkungen vergrault hatte.

Ich ging zurück nach Manchester und setzte mit neuer Energie die Organisationsarbeit für die WSPU fort.

Im Frühjahr 1904 besuchte ich die Jahreskonferenz der Independent Labour Party, entschlossen, die Mitglieder nach Möglichkeit dazu zu bewegen, einen Gesetzentwurf zum Wahlrecht vorzubereiten, der dem Parlament in der kommenden Sitzung vorgelegt werden sollte. Obwohl ich Mitglied des National Administrative Council war und vermutlich einen gewissen Einfluss in der Partei hatte, wusste ich, dass mein Plan auf heftigen Widerstand einer starken Minderheit stoßen würde, die der Ansicht war, dass die Labour Party alle ihre Bemühungen auf die Durchsetzung des allgemeinen Wahlrechts für Erwachsene und Männer richten sollte. Theoretisch konnte sich eine Labour Party natürlich mit nichts weniger als dem allgemeinen Wahlrecht für Erwachsene zufrieden geben, aber es war klar, dass zu diesem Zeitpunkt keine solch umfassende Reform durchgeführt werden konnte, es sei denn, die Regierung machte sie zu einer ihrer Maßnahmen. Außerdem war zwar eine große Mehrheit der Mitglieder des Unterhauses verpflichtet, einen Gesetzentwurf zu unterstützen, der Frauen gleiche Wahlrechte wie Männern einräumte, aber es war fraglich, ob man sich darauf verlassen konnte, dass eine Mehrheit einen Gesetzentwurf unterstützen würde, der Erwachsenen das Wahlrecht einräumte, sogar Männern. Ein solcher Gesetzentwurf würde, selbst wenn er eine Regierungsmaßnahme wäre, wahrscheinlich nur schwer verabschiedet werden können.

Nach längeren Diskussionen beschloss der Nationalrat, den ursprünglichen Gesetzentwurf zur Frauenwahl zu verabschieden, der von Dr. Pankhurst ausgearbeitet worden war, und gelangte 1870 zur zweiten Lesung im Unterhaus. Die Entscheidung des Rates wurde von einer überwältigenden Mehrheit der Konferenz gebilligt.

Die mit so großer Spannung erwartete neue Parlamentssitzung fand am 13. Februar 1905 statt. Ich reiste von Manchester an und verbrachte mit meiner Tochter Sylvia, die damals am Royal College of Art in South Kensington studierte, acht Tage in der Strangers' Lobby des Unterhauses, um für das Wahlrechtsgesetz zu arbeiten. Wir befragten jedes der Mitglieder, die sich verpflichtet hatten, ein Wahlrechtsgesetz zu unterstützen, wenn es eingebracht werden sollte, aber wir fanden kein einziges Mitglied, das damit einverstanden gewesen wäre, dass ihm bei der Abstimmung, wenn er eine solche Chance hätte, die Möglichkeit gegeben werden sollte, das Gesetz einzubringen. Jeder Mann hatte eine andere Maßnahme, die er unbedingt voranbringen wollte. Mr. Keir Hardie hatte uns zuvor seine Zusage gegeben, aber sein Name wurde, wie wir befürchtet hatten, nicht auf dem Stimmzettel gezogen. Als nächstes machten wir uns daran, alle Männer zu befragen, deren Namen gezogen worden waren, und schließlich konnten wir Mr. Bamford Slack, der den vierzehnten Platz innehatte, dazu bewegen, unser Gesetz einzubringen. Der vierzehnte Platz war nicht gut, aber er hatte seinen Zweck, und die zweite Lesung unseres Gesetzentwurfs wurde für Freitag, den 12. Mai, als zweiten Tagesordnungspunkt angesetzt.

Da dies das erste Wahlrechtsgesetz seit acht Jahren war, herrschte nicht nur in unseren Reihen, sondern auch in allen alten Wahlrechtsvereinen eine freudige Aufregung. Es wurden Versammlungen abgehalten und eine große Zahl von Petitionen in Umlauf gebracht. Als der Tag der Beratung unseres Gesetzes kam, konnte die Strangers' Lobby die riesige Versammlung von Frauen aller Klassen, reich und arm, die ins Unterhaus strömten, nicht aufnehmen. Es war erbärmlich, den Ausdruck der Hoffnung und Freude auf den Gesichtern vieler dieser Frauen zu sehen. Wir wussten, dass unser armseliges kleines Gesetz nicht die geringste Chance hatte, verabschiedet zu werden. Das Gesetz, das ganz oben auf der Tagesordnung stand, sah vor, dass Karren, die nachts auf öffentlichen Straßen fahren, hinten und vorne ein Licht tragen sollten. Wir hatten versucht, die Initiatoren dieses unwichtigen kleinen Gesetzes dazu zu bewegen, es im Interesse unseres Gesetzes zurückzuziehen, aber sie lehnten ab. Wir hatten auch versucht, die konservative Regierung davon zu überzeugen, unser Gesetz umfassend zu diskutieren, aber auch sie lehnten ab. Wie wir also voll und ganz erwartet hatten, durften die Initiatoren des Gesetzes zur Straßenbeleuchtung unser Gesetz „ausdiskutieren". Dies taten sie, indem sie die Debatte mit albernen Geschichten und albernen Witzen in die Länge zogen. Die Mitglieder hörten sich die beleidigende Darbietung lachend und mit Applaus an.

Als die Nachricht von den Geschehnissen die Frauen erreichte, die in der Strangers' Lobby warteten, erfasste ein Gefühl wilder Aufregung und Empörung die Menge. Als ich ihre Laune sah, hatte ich das Gefühl, dass der Moment für eine Demonstration gekommen war, wie sie noch keine altmodische Frauenrechtlerin versucht hatte. Ich forderte die Frauen auf, mir nach draußen zu folgen, um an einer Protestversammlung gegen die Regierung teilzunehmen. Wir strömten ins Freie, und Mrs. Wolstenholm-Elmy , eine der ältesten Frauenrechtlerinnen in England, begann zu sprechen. Sofort stürmte die Polizei in die Menge der Frauen, schubste sie herum und befahl ihnen, sich zu zerstreuen. Wir gingen weiter bis zur großen Statue von Richard Löwenherz , die den Eingang zum House of Lords bewacht, aber wieder griff die Polizei ein. Schließlich erlaubte uns die Polizei, eine Versammlung im Broad Sanctuary abzuhalten, ganz in der Nähe der Tore der Westminster Abbey. Hier hielten wir Reden und verabschiedeten eine Resolution, in der wir das Vorgehen der Regierung verurteilten, einer kleinen Minderheit zu erlauben, unseren Gesetzesentwurf abzulehnen. Dies war die erste militante Aktion der WSPU. Sie sorgte für Aufsehen und sogar für etwas Beunruhigung, aber die Polizei begnügte sich damit, unsere Namen zu notieren.

Den darauffolgenden Sommer verbrachten wir mit Außenarbeit. Inzwischen hatte die Women's Social and Political Union einige wertvolle Zugänge erhalten, und wir begannen, Geld zu verdienen. Unter unseren neuen Mitgliedern war eines, das dazu bestimmt war, in dem sich entfaltenden Drama der militanten Bewegung eine wichtige Rolle zu spielen . Am Ende eines unserer Treffen in Oldham stellte sich mir ein junges Mädchen als Annie Kenney vor, eine Fabrikarbeiterin und überzeugte Anhängerin des Frauenwahlrechts . Sie wollte mehr über unsere Gesellschaft und ihre Ziele erfahren, und ich lud sie und ihre Schwester Jenny, eine Lehrerin an einer Internatsschule, für den nächsten Tag zum Tee ein. Sie kamen und traten unserer Union bei, ein Schritt, der Miss Kenneys Leben endgültig veränderte und uns eine unserer profiliertesten Führungspersönlichkeiten und Organisatorinnen bescherte . Mit ihrer Hilfe begannen wir, unsere Propaganda einem völlig neuen Publikum nahezubringen.

In Lancashire gibt es eine Institution namens „Wake 's", eine Art Wanderjahrmarkt, auf dem es Karussells, Aunt-Sallies und andere Festspiele, Schausteller aller Art und Stände gibt, an denen allerlei Dinge verkauft werden. Jedes kleine Dorf hat im Sommer und Herbst seine Wakes-Woche, und es ist Brauch, dass die Dorfbewohner den Sonntag vor Eröffnung der Wakes damit verbringen, in Erwartung der Freuden des morgigen Tages zwischen den Ständen umherzuschlendern. Bei diesen Gelegenheiten nutzen die Heilsarmee, Abstinenzredner, Verkäufer von Quacksalbereien, Hausierer und andere das vorgefertigte Publikum für ihre Propaganda aus. Auf Annie Kenneys Vorschlag hin zogen wir von einem Dorf zum anderen, folgten den Wakes und hielten Reden für das Wahlrecht. Schon bald konnten wir an Popularität mit der Heilsarmee und sogar mit den Zahnziehern und Patentmedizin- Hausierern konkurrieren .

Die Women's Social and Political Union existierte bereits zwei Jahre, bevor sich überhaupt eine Gelegenheit für eine Arbeit auf nationaler Ebene bot. Der Herbst 1905 brachte eine politische Situation mit sich, die uns große Hoffnungen auf die Erlangung des Frauenwahlrechts zu geben schien. Das alte Parlament, das fast zwanzig Jahre lang von der Konservativen Partei dominiert worden war, neigte sich seinem Ende zu, und das Land stand am Vorabend einer Parlamentswahl, bei der die Liberalen hofften, wieder an die Macht zu kommen. Ganz natürlich kamen die liberalen Kandidaten mit glühenden Versprechungen von Reformen in jeder Hinsicht ins Land. Sie appellierten an die Wähler, sie als Befürworter und Verfechter einer echten Demokratie wiederzuwählen, und sie versprachen eine Regierung, die sich für die Rechte des Volkes gegen die Macht einer privilegierten Aristokratie einsetzt.

Aus wiederholten Erfahrungen wissen wir, dass die einzige Möglichkeit, das Frauenwahlrecht durchzusetzen, darin besteht, eine Regierung dazu zu verpflichten. Mit anderen Worten: Unterstützungsversprechen von Kandidaten waren schlichtweg nutzlos. Sie waren nicht der Mühe wert. Das einzige Ziel, das es wert war, angestrebt zu werden, waren Versprechen von verantwortlichen Politikern, dass die neue Regierung das Frauenwahlrecht zu einem Teil des offiziellen Programms machen würde . Wir beschlossen, uns an jene Männer zu wenden, die wahrscheinlich dem liberalen Kabinett angehören würden, und zu fragen, ob ihre Reformen auch Gerechtigkeit für Frauen beinhalten würden.

Wir legten unsere Pläne vor, diese Arbeit bei einer großen Versammlung in der Free Trade Hall in Manchester zu beginnen, bei der Sir Edward Grey der Hauptredner sein sollte. Wir wollten Sitzplätze auf der Galerie direkt gegenüber der Bühne bekommen und fertigten für diesen Anlass ein großes Banner mit den Worten: „Wird die Liberale Partei Frauen das Wahlrecht geben?" Wir sollten dieses Banner in dem Moment über das Galeriegeländer herablassen, als unser Redner aufstand, um Sir Edward Grey die Frage zu stellen. Im letzten Moment mussten wir jedoch den Plan ändern, da es unmöglich war, die gewünschten Sitzplätze auf der Galerie zu bekommen. Wir konnten unser großes Banner auf keinen Fall verwenden, also schnitten wir am späten Nachmittag des Versammlungstages ein kleines Banner aus und fertigten es mit der Aufschrift „Frauen das Wahlrecht geben" aus drei Worten an. So entstand ganz zufällig der heutige Slogan der Frauenwahlrechtsbewegung auf der ganzen Welt.

Annie Kenney und meine Tochter Christabel wurden mit der Aufgabe betraut, Sir Edward Grey zu befragen. Sie saßen während der gesamten Sitzung ruhig da, am Ende wurden Fragen gestellt. Mehrere Fragen wurden von Männern gestellt und höflich beantwortet. Dann stand Annie Kenney auf und fragte: „Wenn die Liberale Partei wieder an die Macht kommt, werden sie dann Schritte unternehmen, um Frauen das Wahlrecht zu geben?" Gleichzeitig hielt Christabel das kleine Banner hoch, damit jeder im Saal die Natur der Frage verstehen konnte. Sir Edward Grey antwortete nicht auf Annies Frage, und die Männer, die in ihrer Nähe saßen, zwangen sie grob auf ihren Platz, während ein Ordner der Sitzung ihr seinen Hut ins Gesicht drückte. Ein Wirrwarr von Rufen, Schreien und Pfiffen ertönte aus dem ganzen Saal.

Sobald die Ordnung wiederhergestellt war, stand Christabel auf und wiederholte die Frage: „Wird die liberale Regierung, wenn sie wiedergewählt wird, den Frauen das Wahlrecht geben?" Wieder ignorierte Sir Edward Grey die Frage, und wieder erhob sich ein regelrechter Tumult aus Rufen und wütenden Schreien. Mr. William Peacock, Polizeipräsident von Manchester, verließ die Bühne und kam zu den Frauen herunter, um sie zu bitten, ihre Frage niederzuschreiben, die er dem Sprecher zu übergeben versprach. Sie schrieben: „Wird die liberale Regierung den Arbeiterinnen das Wahlrecht geben? Unterzeichnet im Namen der Women's Social and Political Union, Annie Kenney, Mitglied des Oldham-Komitees der Kardier- und Gießereiarbeiter." Sie fügten eine Zeile hinzu, in der sie sagten, dass Annie Kenney als eine von 96.000 organisierten Textilarbeiterinnen dringend eine Antwort auf die Frage wünschte.

Mr. Peacock hielt Wort und übergab die Frage an Sir Edward Grey, der sie las, lächelte und an die anderen auf dem Podium weitergab. Auch sie lasen sie lächelnd, aber es wurde keine Antwort auf die Frage gegeben. Nur eine Dame, die auf dem Podium saß, versuchte etwas zu sagen, aber der Vorsitzende unterbrach sie, indem er Lord Durham bat, dem Sprecher einen Dank auszusprechen. Mr. Winston Churchill unterstützte den Antrag, Sir Edward Grey antwortete kurz und die Versammlung begann sich aufzulösen. Annie Kenney stand in ihrem Stuhl auf und rief über das Geräusch schlurfender Füße und Gemurmel hinweg: „Wird die liberale Regierung Frauen das Wahlrecht geben?" Dann wurde das Publikum zu einem Mob. Sie heulten, sie schrien und brüllten und schüttelten wild ihre Fäuste gegen die Frau, die es wagte, ihre Frage in eine Männerversammlung einzuschieben. Hände wurden erhoben, um sie aus ihrem Stuhl zu ziehen, aber Christabel legte einen Arm um sie, als sie aufstand, und wehrte mit dem anderen Arm den Mob ab, der sie schlug und kratzte, bis ihr Ärmel rot vom Blut war. Trotzdem hielten die Mädchen zusammen und riefen immer wieder: „Die Frage! Die Frage! Beantworte die Frage!"

Sechs Männer, Ordner der Versammlung, packten Christabel und zerrten sie den Gang entlang, vorbei an der Bühne, andere Männer folgten ihr mit Annie Kenney, die beide immer noch nach einer Antwort auf ihre Frage verlangten. Auf der Bühne saßen die liberalen Führer schweigend und ungerührt, während sich diese schändliche Szene abspielte, und der Mob schrie und kreischte vom Boden aus.

Auf die Straße geschleudert, standen die beiden Mädchen schwankend auf und begannen, zu den Menschenmengen zu sprechen und ihnen zu erzählen, was bei einer Versammlung der Liberalen vorgefallen war. Innerhalb von fünf Minuten wurden sie verhaftet, weil sie Behinderung der Justiz und, im Fall Christabel, Angriff auf die Polizei vorgeworfen hatten. Beide wurden aufgefordert, am nächsten Morgen vor einem Polizeigericht zu erscheinen, wo Annie Kenney nach einem Prozess, der eine reine Farce war, zu einer Geldstrafe von fünf Schilling verurteilt wurde, alternativ zu drei Tagen Gefängnis, und Christabel Pankhurst wurde zu einer Geldstrafe von zehn Schilling oder einer Gefängnisstrafe von einer Woche verurteilt.

Beide Mädchen entschieden sich sofort für die Gefängnisstrafe. Sobald sie den Gerichtssaal verlassen hatten, eilte ich in den Raum, in dem sie warteten, und sagte zu meiner Tochter: „Du hast in dieser Angelegenheit alles getan, was man von dir erwarten konnte. Ich denke, du solltest mich deine Geldstrafen bezahlen lassen und dich nach Hause bringen." Ohne darauf zu warten, dass Annie Kenney sprach, rief meine Tochter aus: „Mutter, wenn du meine Geldstrafe bezahlst, werde ich nie wieder nach Hause gehen." Bevor sie zu dem Treffen ging, hatte sie gesagt: „Wir werden unsere Frage beantwortet bekommen oder heute Nacht im Gefängnis schlafen." Ich wusste jetzt, dass ihr Mut unerschütterlich blieb.

Natürlich erregte die Angelegenheit großes Aufsehen, nicht nur in Manchester, wo mein Mann so bekannt war und ich so lange ein öffentliches Amt bekleidet hatte, sondern in ganz England. Die Kommentare der Presse waren fast einstimmig bitter. Die Zeitungen ignorierten die völlig bekannte Tatsache, dass Männer in jeder politischen Versammlung Fragen stellen und Antworten von den Rednern verlangen, und behandelten das Vorgehen der beiden Mädchen als etwas völlig Beispielloses und Ungeheuerliches. Sie waren sich im Allgemeinen einig, dass ihnen große Nachsicht entgegengebracht worden war. Geld- und Gefängnisstrafen waren zu gut für solche geschlechtslosen Geschöpfe. „Die Disziplin der Kinderstube" wäre weitaus angemessener gewesen. Eine Zeitung aus Birmingham erklärte, dass „wenn es überhaupt ein Argument gegen die Gewährung von politischem Status und Macht für Frauen brauchte, es in Manchester geliefert worden sei". Zeitungen, die das ganze Thema bisher ignoriert hatten, deuteten nun an, dass sie, obwohl sie früher für das Frauenwahlrecht gewesen waren, es nicht mehr dulden könnten. Der Vorfall in Manchester , so hieß es, habe die Sache zurückgeworfen, vielleicht unwiderruflich.


Auf diese Weise wurde die Sache zurückgeworfen. Dutzende Menschen schrieben an die Zeitungen und drückten ihr Mitgefühl mit den Frauen aus. Die Frau von Sir Edward Grey sagte ihren Freunden, dass sie die Maßnahmen, die sie ergriffen hatten, für durchaus gerechtfertigt hielt. Es wurde berichtet, dass Winston Churchill, der wegen seiner eigenen Kandidatur in Manchester nervös war, Strangeways besuchte Gaol , wo die beiden Mädchen eingesperrt waren, und baten den Gouverneur vergeblich, ihm die Zahlung ihrer Geldstrafen zu gestatten. Am 20. Oktober, als die Gefangenen freigelassen wurden, gab es eine riesige Demonstration in der Free-Trade Hall, genau in der Halle, aus der sie in der Woche zuvor hinausgeworfen worden waren. Die Women's Social and Political Union erhielt eine große Zahl neuer Mitglieder. Vor allem wurde die Frage des Frauenwahlrechts sofort zu einem lebhaften Diskussionsthema von einem Ende Großbritanniens bis zum anderen.

Wir beschlossen, dass von diesem Zeitpunkt an überall, wo ein künftiges Mitglied der liberalen Regierung das Wort ergriff, kleine Banner mit der Aufschrift „Stimmen für Frauen" erscheinen sollten, und dass es keinen Frieden mehr geben sollte, bis die Frauenfrage beantwortet sei. Wir erkannten klar, dass die neue Regierung, die sich selbst liberal nannte, in Bezug auf Frauen reaktionär war, dass sie dem Frauenwahlrecht feindlich gegenüberstand und dass man sie bekämpfen musste, bis sie besiegt oder aus dem Amt vertrieben war.

Wir begannen jedoch erst zu kämpfen, nachdem wir der neuen Regierung jede Gelegenheit gegeben hatten, uns das gewünschte Versprechen zu geben. Anfang Dezember war die konservative Regierung abgetreten und Sir Henry Campbell-Bannerman, der liberale Führer, hatte ein neues Kabinett gebildet. Am 21. Dezember fand in der Royal Albert Hall in London eine große Versammlung statt, bei der Sir Henry, umgeben von seinem Kabinett, seine erste Äußerung als Premierminister machte. Vor der Versammlung schrieben wir an Sir Henry und fragten ihn im Namen der Women's Social and Political Union, ob die liberale Regierung Frauen das Wahlrecht geben würde. Wir fügten hinzu, dass unsere Vertreter bei der Versammlung anwesend sein würden, und hofften, dass der Premierminister die Frage öffentlich beantworten würde. Andernfalls wären wir gezwungen, öffentlich gegen sein Schweigen zu protestieren.

Natürlich antwortete Sir Henry Campbell-Bannerman nicht, und seine Rede enthielt auch keine Anspielung auf das Frauenwahlrecht. Am Ende zückte Annie Kenney, die wir verkleidet in den Saal geschmuggelt hatten, ihr kleines weißes Kattunbanner und rief mit ihrer klaren, süßen Stimme: „Wird die liberale Regierung den Frauen das Wahlrecht geben?"

Im selben Moment ließ Theresa Billington von einem Sitz direkt über der Bühne ein riesiges Banner mit den Worten fallen: „Wird die liberale Regierung den arbeitenden Frauen Gerechtigkeit verschaffen?" Nur für einen Moment herrschte atemloses Schweigen, die Menschen warteten darauf, was die Kabinettsminister tun würden. Sie taten nichts. Dann wurden die Frauen inmitten von Aufruhr und widersprüchlichen Rufen gepackt und aus dem Saal geschleudert.

Dies war der Beginn einer Kampagne, wie sie in England oder, was das betrifft, in keinem anderen Land je erlebt wurde. Wären wir stark genug gewesen, hätten wir uns der Wahl jedes liberalen Kandidaten widersetzen können, aber da wir sowohl finanziell als auch in der Mitgliederzahl beschränkt waren, konzentrierten wir uns auf ein Mitglied der Regierung, Mr. Winston Churchill. Nicht, dass wir irgendeinen Groll gegen Mr. Churchill gehabt hätten. Wir wählten ihn einfach, weil er der einzige wichtige Kandidat war, der für Wahlkreise in Reichweite unseres Hauptquartiers antrat. Wir nahmen an jeder Versammlung teil, bei der Mr. Churchill sprach. Wir stachelten ihn gnadenlos an; wir verdarben seine besten Argumente, indem wir so offensichtliche Erwiderungen zurückschickten, dass die Menge vor Lachen brüllte. Wir streckten kleine weiße Banner aus unerwarteten Ecken des Saals in die Höhe, genau in dem Moment, als eine Unterbrechung am wenigsten erwünscht war. Manchmal wurden uns unsere Banner aus den Händen gerissen und mit Füßen getreten. Manchmal wiederum war die Menge auf unserer Seite und wir sprengten die Versammlung tatsächlich. Es ist uns nicht gelungen, Herrn Churchill zu besiegen, aber er wurde mit einer sehr knappen Mehrheit wiedergewählt, der kleinsten aller Kandidaten der Manchester Liberals.

Wir beschränkten uns nicht darauf, Herrn Churchill zu stören. Während des gesamten Wahlkampfs befragten wir weiterhin die Kabinettsminister bei Versammlungen in ganz England und Schottland. Im Sun Hall in Liverpool stellten neun Frauen nacheinander auf eine Ansprache des Premierministers die wichtige Frage und wurden aus dem Saal geworfen; und das, obwohl Sir Campbell-Bannerman ein erklärter Suffragist war. Aber wir befragten ihn nicht nach seiner privaten Meinung zum Wahlrecht; wir fragten ihn, was seine Regierung in Sachen Wahlrecht zu tun gedenke. Wir befragten Herrn Asquith in Sheffield, Herrn Lloyd-George in Altrincham , Cheshire, den Premierminister erneut in Glasgow, und wir störten auch zahlreiche andere Versammlungen. Immer wurden wir gewaltsam hinausgeworfen und beleidigt. Oft wurden wir schmerzhaft verletzt und gequetscht.

Was hat es gebracht? Diese Frage wurde uns oft gestellt, sogar von Frauen, die durch unsere Aktionen zu Aktivitäten angespornt wurden, die sie sich vorher nie zugetraut hätten. Zum einen machte unsere Zwischenruf-Kampagne das Frauenwahlrecht zu einem Thema in den Nachrichten – das war vorher nie der Fall gewesen. Jetzt waren die Zeitungen voll von uns. Zum anderen weckten wir die alten Wahlrechtsverbände auf. Während der Parlamentswahlen erwachten verschiedene Gruppen nichtmilitanter Suffragistinnen zu neuem Leben und organisierten ein riesiges Manifest zugunsten von Maßnahmen der liberalen Regierung. Unterzeichnet wurde das Manifest unter anderem von der Women's Co-operative Guild mit fast 21.000 Mitgliedern, der Women's Liberal Federation mit 76.000 Mitgliedern, der Scottish Women's Liberal Federation mit 15.000 Mitgliedern, der North-of-England Weavers' Association mit 100.000 Mitgliedern und der British Women's Temperance Association mit fast 110.000 Mitgliedern und die Independent Labour Party mit 20.000 Mitgliedern. Das war sicherlich ein Anstoß für all diese Aktivitäten.

Wir beschlossen, dass der nächste Schritt darin bestehen müsse, den Kampf nach London zu tragen, und Annie Kenney wurde dort zur Organisatorin gewählt . Mit nur zwei Pfund, weniger als zehn Dollar, in der Tasche machte sich das unerschrockene Mädchen auf den Weg zu ihrer Mission. Nach etwa vierzehn Tagen überließ ich meine offizielle Arbeit als Standesbeamtin einem Stellvertreter und fuhr nach London, um zu sehen, was erreicht worden war. Zu meinem Erstaunen stellte ich fest, dass Annie zusammen mit meiner Tochter Sylvia einen Frauenzug und eine Demonstration für den Eröffnungstag des Parlaments organisiert hatte. Die selbstbewussten jungen Dinger hatten tatsächlich Caxton Hall in Westminster engagiert; sie hatten eine große Anzahl von Handzetteln drucken lassen, um das Treffen anzukündigen, und waren eifrig damit beschäftigt, die Demonstration vorzubereiten. Mrs. Drummond, die der Gewerkschaft kurz nach der Inhaftierung von Annie Kenney und Christabel beigetreten war, ließ aus Manchester ausrichten, dass sie kommen würde, um uns zu helfen. Sie musste sich das Geld für ihre Bahnfahrkarte leihen, aber sie kam, und wie immer war ihre Hilfe von unschätzbarem Wert.

Und so arbeiteten wir: Wir verteilten Handzettel, schrieben mit Kreide Ankündigungen für die Versammlung auf die Bürgersteige, sprachen jeden an, den wir kannten, und noch viel mehr, die wir nur dem Namen nach kannten, und wir gingen von Tür zu Tür und waren dabei, Stimmen zu reklamieren.

Endlich war der Eröffnungstag des Parlaments gekommen. Am 19. Februar 1906 fand in London die erste Wahlprozession statt. Ich glaube, es waren zwischen drei- und vierhundert Frauen in dieser Prozession, größtenteils arme Arbeiterinnen aus dem East End, die den Weg anführten, dem später zahllose Frauen jeden Standes folgten. Meine Augen waren feucht von Tränen, als ich sie in einer Reihe stehen sah, die einfachen Banner haltend, die meine Tochter Sylvia geschmückt hatte, und auf das Kommando wartend. Natürlich zog unsere Prozession eine große Menge höchst amüsierter Zuschauer an. Die Polizei unternahm jedoch keinen Versuch, unsere Reihen aufzulösen, sondern befahl uns lediglich, unsere Banner einzurollen. Es gab keinen Grund, warum wir keine Banner hätten tragen sollen, außer der Tatsache, dass wir Frauen waren und daher eingeschüchtert werden konnten. So betrat die Prozession ohne Banner Caxton Hall. Zu meinem Erstaunen war sie voller Frauen, von denen ich die meisten noch nie zuvor bei einer Wahlversammlung gesehen hatte.

Unsere Versammlung war von großer Begeisterung geprägt, und während Annie Kenney unter häufigem Applaus sprach, erreichte mich die Nachricht, dass die Rede des Königs (die überhaupt nicht die des Königs ist, sondern das offiziell angekündigte Regierungsprogramm für die Sitzungsperiode) verlesen worden war und dass die Frage des Frauenwahlrechts darin nicht erwähnt wurde. Als Annie ihren Platz einnahm, stand ich auf und verkündete dies und stellte den Antrag, dass die Versammlung sofort ins Unterhaus gehen sollte, um die Mitglieder zu drängen, eine Wahlrechtsmaßnahme einzubringen. Der Antrag wurde angenommen, und wir stürmten in einer Gruppe hinaus und eilten zum Fremdeneingang. Es regnete in Strömen und war bitterkalt, doch niemand kehrte um, selbst als wir am Eingang erfuhren, dass zum ersten Mal seit Menschengedenken die Türen des Unterhauses für Frauen versperrt waren. Wir schickten unsere Karten an Mitglieder, die persönliche Freunde waren, und einige von ihnen kamen heraus und drängten uns, eingelassen zu werden. Die Polizei blieb jedoch hartnäckig. Sie hatte ihre Befehle. Die liberale Regierung, ein Verfechter der Rechte des Volkes, hatte angeordnet, dass Frauen ihre Hochburg nicht mehr betreten dürften.

Der Druck der Mitglieder erwies sich als zu groß, und die Regierung gab so weit nach, dass sie jeweils zwanzig Frauen den Zutritt zur Lobby gestattete. Bei Regen und Kälte warteten Hunderte von Frauen stundenlang, bis sie an der Reihe waren. Manche schafften es nie hinein, und für diejenigen von uns, die es schafften, war die Genugtuung gering. Kein einziges Mitglied konnte davon überzeugt werden, sich unserer Sache anzunehmen.

Trotz der Enttäuschung und Niedergeschlagenheit dieser Erfahrung erntete ich eine reichere Ernte an Glück, als ich sie je zuvor gekannt hatte. Diese Frauen waren mir ins Unterhaus gefolgt. Sie hatten der Polizei getrotzt. Sie waren endlich wach. Sie waren bereit, etwas zu tun, was Frauen noch nie zuvor getan hatten – für sich selbst zu kämpfen. Frauen hatten immer für Männer und für ihre Kinder gekämpft. Jetzt waren sie bereit, für ihre eigenen Menschenrechte zu kämpfen. Unsere militante Bewegung war gegründet.

# KAPITEL IV

Um das phänomenale Wachstum der Women's Social and Political Union nach ihrer Gründung in London zu erklären und um zu erklären, warum sie Frauen, die ihr bis dahin gleichgültig waren, so sofort ansprach, muss ich genau darlegen, worin sich unsere Gesellschaft von allen anderen Stimmrechtsvereinigungen unterscheidet. Erstens sind unsere Mitglieder absolut zielstrebig; sie konzentrieren all ihre Kräfte auf ein Ziel, die politische Gleichstellung mit den Männern. Kein Mitglied der WSPU teilt seine Aufmerksamkeit zwischen dem Stimmrecht und anderen sozialen Reformen auf. Wir sind der Ansicht, dass sowohl Vernunft als auch Gerechtigkeit gebieten, dass Frauen an der Reform der Übel beteiligt werden sollen, die die Gesellschaft plagen, insbesondere jener Übel, die sich direkt auf die Frauen selbst auswirken. Daher fordern wir vor jeder anderen Gesetzgebung die elementare Gerechtigkeit des Stimmrechts für Frauen.

Es besteht nicht der geringste Zweifel, dass die Frauen Großbritanniens schon vor Jahren das Wahlrecht erhalten hätten, wenn alle Suffragistinnen dieses einfache Prinzip angenommen hätten. Das haben sie nie getan, und auch heute weigern sich viele englische Frauen, es anzunehmen. Sie sind zuerst Parteimitglieder und dann Suffragistinnen; oder sie sind zeitweise Suffragistinnen und den Rest der Zeit Sozialtheoretikerinnen. Wir unterscheiden uns außerdem von anderen Suffragistenvereinigungen oder von anderen, die 1906 existierten, dadurch, dass wir die politische Situation klar erkannten, die fest zwischen uns und unserer Erlangung des Wahlrechts stand.

Sieben Jahre lang hatten wir eine Mehrheit im Unterhaus, die sich verpflichtet hatte, für ein Wahlrechtsgesetz zu stimmen. Im Jahr zuvor hatten sie für ein solches gestimmt, aber dieses Gesetz wurde nicht zum Gesetz. Warum? Weil selbst eine überwältigende Mehrheit der Abgeordneten angesichts einer feindseligen Regierung aus elf Kabinettsministern machtlos ist, Gesetze zu erlassen. Einst besaß der Abgeordnete individuelle Macht und Verantwortung, aber die parlamentarische Praxis und ein verändertes Verständnis von Staatskunst haben die Funktionen der Abgeordneten allmählich geschwächt. Gegenwärtig sind ihre Befugnisse praktisch darauf beschränkt, bei der Verabschiedung von Maßnahmen mitzuhelfen, die die Regierung einführt, oder in seltenen Fällen von privaten Maßnahmen, die von der Regierung genehmigt wurden. Es ist wahr, dass das Unterhaus revoltieren und die Regierung durch eine Abstimmung, in der sie ihr Misstrauen ausspricht, zum Rücktritt zwingen kann. Aber das passiert fast nie und es ist heute weniger wahrscheinlich als früher. Galionsfiguren revoltieren nicht.

Das war also unsere Situation: die Regierung allmächtig und durchweg feindselig; die einfachen Abgeordneten machtlos; das Land apathisch; die Frauen in ihren Interessen gespalten. Die Women's Social and Political Union wurde gegründet, um dieser Situation zu begegnen und sie zu überwinden. Darüber hinaus verfolgten wir eine Politik, die, wenn sie lange genug verfolgt wurde, diese Situation zwangsläufig überwinden konnte. Wundert es Sie, dass wir bei jeder Versammlung, die wir abhielten, neue Mitglieder gewannen?

Der Beitritt zur Gewerkschaft war nicht sehr förmlich. Jede Frau konnte Mitglied werden, indem sie einen Schilling zahlte, aber gleichzeitig musste sie eine Erklärung unterzeichnen, in der sie sich loyal unserer Politik verpflichtete und sich verpflichtete, für keine politische Partei zu arbeiten, bis die Frauenstimmen gewonnen waren. Das ist noch immer unser unbeugsamer Brauch. Wenn außerdem ein Mitglied oder eine Gruppe von Mitgliedern zu irgendeinem Zeitpunkt den Glauben an unsere Politik verliert; wenn jemand vorschlägt, dass eine andere Politik ersetzt werden sollte, oder wenn sie versucht, die Sache durch das Hinzufügen anderer Politiken zu verwirren, hört sie sofort auf, Mitglied zu sein. Autokratisch? Ganz genau. Aber, so könnten Sie einwenden, eine Wahlrechtsorganisation sollte demokratisch sein. Nun, die Mitglieder der WSPU stimmen Ihnen nicht zu. Wir glauben nicht an die Wirksamkeit der gewöhnlichen Wahlrechtsorganisation . Die WSPU wird nicht durch eine Komplexität von Regeln behindert. Wir haben keine Verfassung und keine Satzung; nichts, was geändert oder gebastelt oder worüber auf einer Jahresversammlung gestritten werden könnte . Tatsächlich haben wir keine Jahresversammlung, keine Geschäftssitzungen, keine Offizierswahlen. Die WSPU ist einfach eine Wahlrechtsarmee im Feld. Sie ist eine reine Freiwilligenarmee, und niemand ist verpflichtet, darin zu bleiben. Tatsächlich wollen wir niemanden darin haben, der nicht leidenschaftlich an die Politik der Armee glaubt.

Die Grundlage unserer Politik ist die Opposition gegen eine Regierung, die Frauen das Wahlrecht verweigert. Eine Regierung, die dem Frauenwahlrecht feindlich gegenübersteht, in Wort und Tat zu unterstützen, heißt, sie dazu aufzufordern, ihre Feindseligkeit fortzusetzen. Wir sind gegen die Liberale Partei, weil sie an der Macht ist. Wir würden gegen eine unionistische Regierung sein, wenn sie an der Macht wäre und das Frauenwahlrecht ablehnte. Wir sagen den Frauen, dass sie, solange sie in den Reihen der Liberalen Partei bleiben, stillschweigend die wahlrechtsfeindliche Politik der Regierung billigen. Wir sagen den Parlamentsmitgliedern, dass sie, solange sie irgendeine der politischen Maßnahmen der Regierung unterstützen, stillschweigend die wahlrechtsfeindliche Politik billigen. Wir rufen alle aufrichtigen Suffragistinnen auf, die Liberale Partei zu verlassen, bis Frauen das gleiche Wahlrecht wie Männern zugestanden wird. Wir rufen alle Wähler auf, gegen liberale Kandidaten zu stimmen, bis die liberale Regierung den Frauen Gerechtigkeit widerfährt.

Wir haben diese Politik nicht erfunden. Sie wurde von Herrn Parnell in seinem Kampf für die Selbstverwaltung vor mehr als 35 Jahren am erfolgreichsten verfolgt. Jeder , der alt genug ist, um sich an die aufregenden Tage Parnells zu erinnern, kann sich erinnern, wie die Selbstverwaltungsmitglieder 1885 durch beharrliches Stimmen gegen die Regierung im Unterhaus den Rücktritt von Herrn Gladstone und seinem Kabinett erzwangen. Bei den darauf folgenden Parlamentswahlen wurde die Liberale Partei wieder an die Macht gebracht, allerdings mit einer knappen Mehrheit von 84 Stimmen, da die Selbstverwaltungsmitglieder jeden liberalen Kandidaten bekämpft hatten, selbst diejenigen, die wie mein Mann begeisterte Anhänger der Selbstverwaltung waren. Um das Unterhaus zu kontrollieren und seine Führung zu behalten, war Herr Gladstone gezwungen, ein Gesetz über die Selbstverwaltung der Regierung einzubringen. Der durch private Intrigen verursachte Sturz und der anschließende Tod Parnells verhinderten, dass das Gesetz in Kraft trat. Viele Jahre lang fehlte den irischen Nationalisten danach ein Anführer, der stark genug gewesen wäre, um Parnells regierungsfeindliche Politik fortzuführen. In den letzten Jahren wurde diese Politik jedoch von James Redmond wieder aufgenommen, was zur Folge hatte, dass das Unterhaus ein Gesetz zur Selbstverwaltung verabschiedete.

Die altmodischen Suffragistinnen und auch die Politiker haben immer behauptet, dass eine gebildete öffentliche Meinung den Frauen letztlich das Wahlrecht geben wird, ohne dass viel Druck zugunsten der Reform ausgeübt wird. Wir stimmen zu, dass die öffentliche Meinung gebildet werden muss, aber wir behaupten, dass selbst eine gebildete öffentliche Meinung nutzlos ist, wenn sie nicht energisch eingesetzt wird . Die schärfste Waffe ist machtlos, wenn sie nicht mutig eingesetzt wird. Im Jahr 1906 gab es eine immens große öffentliche Meinung zugunsten des Frauenwahlrechts. Aber was hat das der Sache genützt? Wir riefen die Öffentlichkeit zu viel mehr als nur Sympathie auf. Wir riefen sie dazu auf, von der Regierung zu verlangen, der öffentlichen Meinung nachzugeben und Frauen das Wahlrecht zu geben. Und wir erklärten, dass wir nicht nur allen Kräften, die gegen das Wahlrecht sind, sondern auch allen neutralen und nicht aktiven Kräften den Krieg erklären würden. Jeder Mann mit Wahlrecht wurde als Feind des Frauenwahlrechts betrachtet, es sei denn, er war bereit, aktiv ein Freund zu sein.

Nicht, dass wir glaubten, die Aufklärungskampagne sollte aufgegeben werden. Im Gegenteil, wir wussten, dass die Aufklärung weitergehen musste, und zwar viel energischer als je zuvor. Als erstes starteten wir eine Sensationskampagne, um die Öffentlichkeit auf die Bedeutung des

Frauenwahlrechts aufmerksam zu machen und sie für unsere Pläne zu interessieren, die Regierung zum Handeln zu zwingen. Ich denke, wir können behaupten, dass wir in dieser Hinsicht sofort Erfolg hatten und dass er sich als dauerhaft erwiesen hat. Von Anfang an, in jenen frühen Tagen Londons, als wir noch klein und sehr arm an Geld waren, machten wir die Öffentlichkeit auf die Frauenwahlrechtsbewegung aufmerksam wie nie zuvor. Wir übernahmen die Methoden der Heilsarmee und gingen auf die Landstraßen und Nebenstraßen, um Konvertiten zu suchen. Wir warfen alle unsere konventionellen Vorstellungen von „damenhaft" und „gutem Benehmen" über Bord und wandten auf unsere Methoden die eine Testfrage an: Wird es helfen? So wie die Booths und ihre Anhänger die Religion auf eine Art und Weise unter die Leute brachten, die die Kirchenleute entsetzte, so brachten wir das Frauenwahlrecht der breiten Öffentlichkeit auf eine Art und Weise nahe, die die anderen Suffragistinnen verblüffte und schockierte .

Wir ließen eine Menge Literatur zum Frauenwahlrecht drucken, und unsere Mitglieder gingen Tag für Tag auf die Straße und hielten Versammlungen ab. Wir suchten uns einen günstigen Platz mit einem Stuhl als Rednerpult aus und einer von uns läutete eine Glocke, bis die Leute stehen blieben, um zu sehen, was passieren würde. Was dann geschah, war natürlich eine lebhafte Rede zum Frauenwahlrecht und die Verteilung von Literatur. Bald nach Beginn unserer Kampagne war der Klang der Glocke ein Signal für eine Menschenmenge, die wie durch Zauberei aufsprang. In der ganzen Nachbarschaft hörte man den Ruf: „Hier sind die Suffragetten! Kommt!" Auf diese Weise durchzogen wir London; es mangelte uns nie an Publikum, und das Beste von allem war ein Publikum, für das die Doktrin des Frauenwahlrechts neu war. Wir vergrößerten unsere positive Öffentlichkeit und weckten sie gleichzeitig auf. Außer diesen Straßenversammlungen hielten wir viele Versammlungen in Sälen und Salons ab, und wir bekamen viel Presseaufmerksamkeit, was den älteren Methoden des Frauenwahlrechts nie zuteil wurde.

Zu unseren Plänen gehörte die Einführung eines Regierungsgesetzes zum Wahlrecht zum frühestmöglichen Zeitpunkt, und im Frühjahr 1906 schickten wir eine Abordnung von etwa dreißig unserer Mitglieder, um den Premierminister Sir Henry Campbell-Bannerman zu interviewen. Der Premierminister, so hieß es, sei nicht zu Hause; also schickten wir ein paar Tage später eine weitere Abordnung. Diesmal erklärte sich der Diener bereit, unsere Anfrage an den Premierminister zu überbringen. Die Frauen warteten fast eine Stunde lang geduldig vor der Tür der offiziellen Residenz, Downing Street Nr. 10. Dann öffnete sich die Tür und zwei Männer erschienen. Einer der Männer sprach die Leiterin der Abordnung an und befahl ihr und den anderen grob, zu gehen. „Wir haben dem Premierminister eine Nachricht geschickt", antwortete sie, „und wir warten auf die Antwort." „Es wird keine Antwort geben", war die strenge Erwiderung, und die Tür schloss sich.

„Ja, es wird eine Antwort geben", rief die Anführerin, griff nach dem Türklopfer und schlug heftig dagegen. Sofort kamen die Männer wieder und einer von ihnen rief einem Polizisten zu, der in der Nähe stand: „Nehmen Sie diese Frau in Gewahrsam." Der Befehl wurde befolgt und die friedliche Delegation sah, wie ihre Anführerin zur Canon Row Station gebracht wurde.

Sofort protestierten die Frauen heftig. Annie Kenney begann, die versammelte Menge anzusprechen, und Mrs. Drummond bahnte sich tatsächlich ihren Weg am Türsteher vorbei in die heilige Residenz des Premierministers des britischen Empires! Ihre und Annies Verhaftung folgten. Die drei Frauen wurden etwa eine Stunde lang auf der Polizeiwache festgehalten, lange genug, dachte der Premierminister wahrscheinlich, um ihnen gründlich Angst einzujagen und sie zu lehren, solche schrecklichen Dinge nicht noch einmal zu tun. Dann ließ er ihnen ausrichten, dass er beschlossen habe, sie nicht strafrechtlich zu verfolgen, sondern im Gegenteil eine Delegation der WSPU und, falls sie teilnehmen wollten, auch anderer Wahlrechtsgesellschaften empfangen würde.

Alle Frauenwahlrechtsorganisationen begannen sofort mit den Vorbereitungen für das große Ereignis. Gleichzeitig schickten zweihundert Parlamentsmitglieder eine Petition an den Premierminister, in der sie ihn baten, ihren Ausschuss zu empfangen, damit sie ihm die Notwendigkeit einer Regierungsmaßnahme für das Frauenwahlrecht nahelegen könnten. Sir Henry legte den 19. Mai als den Tag fest, an dem er eine gemeinsame Delegation des Parlaments und der Frauenwahlrechtsorganisationen empfangen würde .

Die WSPU beschloss, den Anlass so öffentlich wie möglich zu machen, und begann mit den Vorbereitungen für eine Prozession und eine Demonstration. Als der Tag gekommen war, versammelten wir uns am Fuße des wunderschönen Denkmals für die Kriegerkönigin Boadicea, das den Eingang zur Westminster Bridge bewacht, und marschierten von dort zum Außenministerium. Bei dem Treffen sprachen sich acht Frauen für eine sofortige Wahlrechtsmaßnahme aus, und Herr Keir Hardie trug die Argumente für die wahlberechtigten Parlamentsabgeordneten vor. Ich sprach für die WSPU und versuchte, dem Premierminister klarzumachen, dass es keine Angelegenheit geben könnte, die dringlicher sei als unsere. Ich sagte ihm, dass die in unserer Union organisierte Frauengruppe die Notwendigkeit des Frauenwahlrechts so stark empfinde, dass sie bereit sei, dafür alles zu opfern, was sie besaßen, ihren Lebensunterhalt, wenn nötig sogar ihr Leben. Ich bat ihn, ein solches Opfer unnötig zu machen, indem er uns jetzt Gerechtigkeit widerfahren lasse.

Was glauben Sie, welche Antwort Sir Henry Campbell-Bannerman uns gegeben hat? Er versicherte uns seine Sympathie für unsere Sache, seinen Glauben an ihre Gerechtigkeit und sein Vertrauen in unsere Stimmfähigkeit. Und dann sagte er uns, wir sollten Geduld haben und warten; er könne nichts für uns tun, da einige seiner Kabinettsmitglieder gegen uns seien. Nach ein paar weiteren Worten wurde der übliche Dank ausgesprochen und die Delegation entlassen. Ich hatte nichts Besseres erwartet, aber es schmerzte mich zutiefst, die bittere Enttäuschung der WSPU-Frauen zu sehen, die auf der Straße gewartet hatten, um von den Führern das Ergebnis der Delegation zu erfahren. Wir hielten an diesem Nachmittag eine große Protestversammlung ab und beschlossen, unsere Agitation mit verstärktem Nachdruck fortzusetzen.

Nachdem nun klar war, dass die Regierung entschlossen war, kein Wahlrechtsgesetz einzubringen, blieb uns nichts anderes übrig, als unsere Politik fortzusetzen, das Land aufzurütteln, nicht nur durch öffentliche Reden und Demonstrationen, sondern auch durch ständiges Zwischenrufen der Kabinettsminister. Seit dem denkwürdigen Anlass, als Christabel Pankhurst und Annie Kenney aus Sir Edward Greys Versammlung in Manchester geworfen und anschließend wegen des Verbrechens, eine höfliche Frage gestellt zu haben, inhaftiert wurden, haben wir keine Gelegenheit ausgelassen, jedem Kabinettsminister, dem wir begegneten, dieselbe Frage zu stellen. Dafür wurden wir gnadenlos kritisiert und in vielen Fällen aufs brutalste behandelt.

Bei fast jeder meiner amerikanischen Versammlungen wurde mir die Frage gestellt: „Was versprechen Sie sich von der Unterbrechung von Versammlungen?" Ist es möglich, dass das altehrwürdige , fast heilige englische Privileg des Unterbrechens in Amerika unbekannt ist? Ich kann mir keine politische Versammlung vorstellen, bei der „die Stimme" völlig abwesend wäre. In England ist sie ausnahmslos anwesend. Es gilt als unveräußerliches Recht der Opposition, den Sprecher zu stören und ihm Fragen zuzuwerfen, die seine Argumente zunichte machen sollen. Wenn Liberale beispielsweise eine Versammlung der Konservativen besuchen, sind sie darauf vorbereitet, durch Witzeleien und gezielte Fragen die besten Effekte der konservativen Redner zunichte zu machen. Am nächsten Tag werden Sie in liberalen Zeitungen Schlagzeilen wie diese lesen: „Die Stimme in Bestform", „Kurze Abfuhr für Tory-Geschwätz", „Ungeschickte Antworten von der Plattform des Feindes". Im Hauptteil des Artikels erfahren Sie, dass „Lord X feststellte, dass ihm die Liberalen bei seinem Treffen mehr als gewachsen waren", dass „es während der Rede von Sir Soundso ständig zu Unterbrechungen kam", dass „Lord M gestern Abend bei seiner Begegnung mit der Stimme schlecht abschnitt" oder dass „Captain Z die größten Schwierigkeiten hatte, sich Gehör zu verschaffen".

Gemäß dieser Sitte stören wir Kabinettsminister. So spricht beispielsweise Herr Winston Churchill. „Eine große Frage", ruft er aus, „muss noch geklärt werden."

„Und das ist das Frauenwahlrecht", ruft eine Stimme von der Galerie.

Mr. Churchill kämpft mit seiner Rede weiter: „Die Männer haben sich über mich beschwert —"

„Die Frauen haben sich auch über Sie beschwert, Mr. Churchill", kommt prompt aus dem hinteren Teil des Saals zurück.

„Was können wir unter diesen Umständen anderes tun, als —"

„Geben Sie den Frauen das Wahlrecht."

Unser Ziel ist es natürlich, das Frauenwahlrecht im Vordergrund des Interesses zu halten und bei jeder möglichen Gelegenheit darauf zu bestehen, dass keine andere der befürworteten Reformen von so unmittelbarer Bedeutung ist.

Von Anfang an wurden die Unterbrechungen durch die Frauen mit unvernünftiger Wut übelgenommen. Ich erinnere mich, wie Mr. Lloyd-George einmal über einen Mann sagte, der ihn unterbrach:

„Lassen Sie ihn bleiben. Ich mag Unterbrechungen. Sie zeigen, dass Leute mit anderer Meinung als ich anwesend sind, und geben mir die Chance, sie zu bekehren." Aber wenn Suffragistinnen Herrn Lloyd-George unterbrechen, sagt er etwas Höfliches wie: „Achten Sie nicht auf das Miauen dieser Katzen."

Einige Minister äußern sich höflicher , aber alle sind verächtlich und verärgert. Alle sehen die brutale Vertreibung der Frauen durch die liberalen Verwalter mit Billigung.

Bei einer Versammlung unterbrachen wir Herrn Lloyd-George mit einer Frage, und er reklamierte die Sympathie des Publikums für seine Unterstützung des Frauenwahlrechts. „Warum tun Sie dann nichts, um Frauen das Wahlrecht zu geben?", war die naheliegende Erwiderung. Doch Herr Lloyd-George wich dieser Frage mit der Gegenfrage aus: „Warum gehen sie nicht auf ihre Feinde los? Warum gehen sie nicht auf ihren größten Feind los?" Augenblicklich riefen im ganzen Saal Stimmen: „ Asquith! Asquith!" Denn schon damals war bekannt, dass der damalige Schatzkanzler ein entschiedener Gegner der Unabhängigkeit der Frauen war.

Im Sommer 1906 fuhr ich zusammen mit anderen Mitgliedern der WSPU nach Northampton, wo Mr. Asquith eine große Versammlung zu Gunsten der Bildungsgesetze der Regierung abhielt. Wir organisierten eine Reihe von Versammlungen im Freien und bereiteten uns natürlich darauf vor, an Mr.

Asquiths Versammlung teilzunehmen. Im Gespräch mit der Präsidentin der örtlichen Frauenliberalen Vereinigung erwähnte ich die Tatsache, dass wir mit einem Rauswurf rechneten, und sie erklärte empört, so etwas könne in Northampton nicht passieren, wo die Frauen so viel für die Liberale Partei getan hätten. Ich sagte ihr, dass ich hoffe, sie würde bei der Versammlung dabei sein.

Ich hatte eigentlich nicht vorgehabt, selbst hinzugehen, sondern wollte vor der Tür eine eigene Versammlung abhalten. Doch bevor Herr Asquith zu sprechen begann, versuchten unsere Mitglieder, ihn zu befragen, und wurden mit Gewalt hinausgeworfen. Ich überließ ihnen also meine Versammlung, schlich mich leise in den Saal und setzte mich in die erste Reihe eines Bereichs, der für die Ehefrauen und Freundinnen der liberalen Führer reserviert war. Ich saß schweigend da und hörte, wie Männer den Redner unterbrachen und Antworten auf ihre Fragen erhielten. Am Ende der Rede stand ich auf und sagte zum Vorsitzenden: „Ich möchte Herrn Asquith eine Frage zum Thema Bildung stellen." Der Vorsitzende wandte sich fragend an Herrn Asquith, der stirnrunzelnd den Kopf schüttelte. Doch ohne auf ein Wort des Vorsitzenden zu warten, fuhr ich fort: „Mr. Asquith hat gesagt, dass die Eltern von Kindern das Recht haben, in Fragen der Erziehung ihrer Kinder konsultiert zu werden, insbesondere in Fragen wie der Art des Religionsunterrichts, den sie erhalten sollten. Frauen sind Eltern. Ist Mr. Asquith nicht der Meinung, dass Frauen das Recht haben sollten, die Erziehung ihrer Kinder zu kontrollieren, wie es die Männer tun, nämlich durch Stimmabgabe?" An diesem Punkt packten mich die Ordner an Armen und Schultern und trieben mich – oder eher zerrten mich, denn ich verlor bald den Halt – zur Tür und warfen mich aus dem Gebäude.

Die Wirkung auf die Präsidentin der Northampton Women's Liberal Association war äußerst heilsam. Sie gab ihr Amt auf und wurde Mitglied der WSPU. Vielleicht wurde ihr Handeln auch durch die Presseberichte über den Vorfall beeinflusst. Mr. Asquith soll nach meinem Rauswurf gesagt haben, es sei schwierig, sich in die Köpfe von Leuten hineinzuversetzen, die glaubten, sie könnten einer Sache dienen, die angeblich an die Vernunft der Wähler des Landes appelliere, indem sie öffentliche Versammlungen stören. Offenbar konnte er sich in die Köpfe der Männer hineinversetzen, die öffentliche Versammlungen stören.

Zu unserer Gewohnheit, die verantwortlichen Mitglieder der feindlichen Regierung öffentlich zu belästigen, fügten wir die Praxis hinzu, ihnen Abordnungen zu schicken, um ordentliche Argumente zugunsten unserer Sache vorzubringen . Nachdem sich Mr. Asquith als so uninformiert über die Ziele der Suffragistinnen erwiesen hatte, beschlossen wir, ihn zu bitten, eine Abordnung der WSPU zu empfangen. Auf unseren höflichen Brief antwortete Mr. Asquith mit einer eisernen Ablehnung, zu einem Thema interviewt zu werden, das nicht mit seinem Amt zusammenhängt. Daraufhin schrieben wir erneut und erinnerten Mr. Asquith daran, dass er als Mitglied der Regierung mit allen Fragen befasst sei, die wahrscheinlich vom Parlament behandelt würden. Wir sagten, dass wir ihm unsere Frage dringend vorlegen wollten und dass wir eine Abordnung zu seinem Haus schicken würden, in der Hoffnung, dass er es als seine Pflicht empfinden würde, uns zu empfangen.

Unserer ersten Delegation wurde mitgeteilt, dass Mr. Asquith nicht zu Hause sei. Er war tatsächlich durch die Hintertür aus dem Haus geflohen und in einem schnellen Auto davongerast. Zwei Tage später schickten wir eine größere Delegation von etwa dreißig Frauen zu seinem Haus am Cavendish Square. Genau genommen kam die Delegation dem Haus bis zum Eingang des Cavendish Square nahe; dort trafen die Frauen auf eine starke Polizeitruppe, die ihnen mitteilte, dass sie nicht weiter gehen dürften.

Viele der Frauen trugen kleine „Stimmrecht für Frauen"-Banner, die ihnen die Polizei, in einigen Fällen unter Schlägen und Beleidigungen, vom Leib riss. Als der Anführer der Delegation dies sah, rief er: „Wir werden weitermachen. Sie haben kein Recht, Frauen so zu schlagen." Die Antwort eines Polizisten in ihrer Nähe war ein Schlag ins Gesicht. Sie schrie vor Schmerz und Empörung, woraufhin der Mann sie an der Kehle packte und sie gegen das Parkgeländer würgte, bis sie blau im Gesicht war. Die junge Frau wehrte sich und wurde dafür wegen Körperverletzung an der Polizei verhaftet. Drei weitere Frauen wurden verhaftet, eine, weil es ihr trotz der Polizei gelang, an Mr. Asquiths Tür zu klingeln , und eine andere, weil sie gegen das Gelächter einiger Damen protestierte, die die Angelegenheit von einem Wohnzimmerfenster aus beobachteten. Sie war eine arme Arbeiterin, und es schien ihr schrecklich, dass reiche und behütete Frauen eine Sache lächerlich machten, die ihr so zutiefst ernst war. Die vierte Frau wurde in Gewahrsam genommen, weil sie es wagte, einen Schritt zurückzutreten, nachdem sie vom Bürgersteig gestoßen worden war. Wegen ungebührlichen Verhaltens wurden diese Frauen zu sechs Wochen Haft in der zweiten Abteilung verurteilt. Zwar wurde ihnen die Möglichkeit einer Geldstrafe eingeräumt, aber die Zahlung einer Geldstrafe wäre einem Schuldeingeständnis gleichgekommen, was ein solches Vorgehen unmöglich machte. Die Leiterin der Abordnung wurde zu einer zweimonatigen Haftstrafe mit der Möglichkeit einer Geldstrafe von zehn Pfund verurteilt. Auch sie weigerte sich zu zahlen und wurde ins Gefängnis geschickt; aber ein unbekannter Freund bezahlte die Geldstrafe heimlich, und sie wurde vor Ablauf ihrer Haftstrafe freigelassen.

Etwa zur gleichen Zeit, als diese Dinge in London passierten, wurden unsere Frauen in Manchester ähnlich gewalttätig, als John Burns, Lloyd-George und Winston Churchill, alle drei Kabinettsminister, bei einer großen liberalen

Demonstration sprachen. Die Frauen waren wie üblich dort, um die Regierung um Unterstützung für unsere Maßnahme zu bitten. Auch dort wurden sie aus der Versammlung geworfen und drei von ihnen ins Gefängnis gesteckt.

In England gibt es viele Leute, die Ihnen erzählen werden, dass die Suffragetten wegen Sachbeschädigung ins Gefängnis kamen. Tatsächlich wurden Hunderte von Frauen wegen genau der von mir beschriebenen Straftaten verhaftet, bevor es einer von uns überhaupt in den Sinn kam, Sachbeschädigung zu begehen. Wir waren zu Beginn unserer Bewegung entschlossen, uns Gehör zu verschaffen und die Regierung zu zwingen, unsere Frage aufzugreifen und sie durch Maßnahmen im Parlament zu beantworten. Vielleicht sehen Sie eine Parallele zu unserem Fall in der Haltung der frühen Abolitionisten Wendell Phillips und William Lloyd Garrison in Massachusetts. Auch sie mussten erbittert kämpfen, mussten Beleidigungen und Verhaftungen in Kauf nehmen, weil sie darauf bestanden, gehört zu werden. Und sie wurden gehört; und mit der Zeit auch wir.

Ich glaube, wir wurden nach unserem ersten Erfolg bei der Bekämpfung eines liberalen Kandidaten ernsthaft wahrgenommen. Dies geschah bei einer Nachwahl in Cockermouth im August 1906. Ich muss erklären, dass eine Nachwahl eine lokale Wahl ist, um einen durch einen Todesfall oder Rücktritt frei gewordenen Sitz im Parlament zu besetzen. Das Urteil einer Nachwahl gilt entweder als Billigung oder als Tadel für die Art und Weise, in der die Regierung ihre Wahlversprechen erfüllt hat. Also gingen wir nach Cockermouth und erzählten den Wählern, wie die Liberale Partei ihre demokratischen Versprechen erfüllt und ihrem erklärten Glauben an die Rechte aller Menschen gerecht geworden war. Wir erzählten ihnen von den Verhaftungen in London und Manchester, von der beschämenden Behandlung von Frauen in liberalen Versammlungen, und wir baten sie, die Regierung zu tadeln, die so brutal auf unsere Forderung nach einer Abstimmung reagiert hatte. Wir sagten ihnen, dass die einzige Rüge, die die Politiker bemerken würden, ein verlorener Sitz im Parlament wäre, und dass wir sie aus diesem Grund baten, den liberalen Kandidaten zu besiegen.

Wie wurden wir verspottet! Mit welcher Verachtung erklärten die Zeitungen, dass „diese wilden Weiber“ nicht eine einzige Stimme umstimmen könnten. Doch als die Wahl vorbei war, stellte sich heraus, dass der liberale Kandidat den Sitz verloren hatte, den er bei den Parlamentswahlen etwas mehr als ein Jahr zuvor mit einer Mehrheit von 655 Stimmen gewonnen hatte. Diesmal wurde der unionistische Kandidat mit einer Mehrheit von 609 Stimmen zurückgewonnen. In rasender Euphorie schickten wir unsere Truppen eilig zu einer weiteren Nachwahl.

Jetzt verwandelte sich der Spott in stürmische Beschimpfungen. Wohlgemerkt, die liberale Regierung weigerte sich immer noch, die Frauenfrage zur Kenntnis zu nehmen. Sie erklärte durch die liberale Presse, die Niederlage in Cockermouth sei unbedeutend und jedenfalls nicht von den Suffragetten verursacht worden. Dennoch waren die liberalen Führer wütend auf die WSPU. Viele unserer Mitglieder waren Liberale gewesen, und die Männer waren der Ansicht, diese Frauen seien kaum mehr als Verräterinnen. Sie seien sehr dumm und schlecht beraten, sagten die Liberalen, denn die Stimmen, wenn sie überhaupt gewonnen würden, müssten von der liberalen Partei gewonnen werden. Und wie, so die Frauen, würde die liberale Partei jemals offenen und erklärten Feinden das Wahlrecht geben? Dieses weise Argument wurde auch von den Liberalen und den Verfassungs-Suffragistinnen verwendet . Sie rieten uns, der richtige Weg sei, für die Partei zu arbeiten. Wir entgegneten, dass wir das schon zu viele Jahre erfolglos getan hätten, und beharrten auf der entgegengesetzten Überzeugungsmethode.

Den ganzen Sommer und Herbst über widmeten wir uns der Nachwahlarbeit. Manchmal besiegten wir den liberalen Kandidaten, manchmal verringerten wir die liberale Mehrheit, und immer sorgten wir für großes Aufsehen und gewannen Hunderte neuer Mitglieder für die Union. In fast jedem Viertel, das wir besuchten, gründeten wir den Kern einer örtlichen Gewerkschaft, sodass wir noch vor Jahresende in ganz England und viele in Schottland und Wales Zweigstellen hatten. Ich erinnere mich besonders an eine Nachwahl in Wales, bei der sich Mr. Samuel Evans, der ein Amt unter der Krone angenommen hatte, zur Wiederwahl stellen musste. Leider war kein Gegenkandidat aufgestellt worden. Also blieb meinen Gefährten und mir nichts anderes übrig, als seinen Wahlkampf so lebendig wie möglich zu gestalten. Mr. – jetzt Sir Samuel – Evans war der Mann, der die Frauen erzürnt hatte, indem er eine von Keir Hardie ins Parlament eingebrachte Resolution zum Wahlrecht aussprach . Also gingen wir zu zwei seiner Versammlungen und sprachen ihn buchstäblich aus, wobei wir die Versammlungen unter dem Gelächter und Jubel der begeisterten Menge auflösten.

Am 23. Oktober trat das Parlament zu seiner Herbstsession zusammen, und wir führten eine Delegation ins Unterhaus, um die Regierung erneut zu veranlassen, Maßnahmen zum Frauenwahlrecht zu ergreifen. Auf Anweisung der Polizei wurden nur zwanzig von uns in die Strangers' Lobby eingelassen. Wir ließen den obersten Einpeitscher der Liberalen rufen und baten ihn, dem Premierminister eine Nachricht zu überbringen. Die Nachricht war die übliche Bitte, Frauen in dieser Session das Wahlrecht zu gewähren. Wir fragten den Premierminister auch, ob er beabsichtige, die Registrierung wahlberechtigter Frauen in die Bestimmungen des Gesetzes zur Mehrfachwahl aufzunehmen, das damals erörtert wurde. Der Einpeitscher der Liberalen antwortete, dass in dieser Session nichts für Frauen getan werden könne.

**Frau Pankhurst spricht vor einer Menschenmenge bei einer Nachwahl**

„Gibt es für den Premierminister irgendeine Hoffnung für die Frauen", fragte ich, „für eine Sitzung dieser Legislaturperiode oder für eine künftige Sitzung?" Sie werden sich erinnern, dass der Premierminister sich selbst als Suffragist bezeichnete.

Der Einpeitscher der Liberalen antwortete: „Nein, Frau Pankhurst, das tut der Premierminister nicht."

Was hätte eine Abordnung nicht wahlberechtigter Männer unter diesen Umständen getan – Männer, die wussten, dass sie für das Wahlrecht qualifiziert waren, die den Schutz des Wahlrechts dringend brauchten und die eine Mehrheit der Abgeordneten hatten, die für die Gewährung des Wahlrechts waren? Ich hoffe, sie hätten mindestens so viel getan wie wir, nämlich an Ort und Stelle eine Protestversammlung einberufen. Die Zeitungen beschrieben unsere Aktion als eine schändliche Szene in der Lobby des Unterhauses, aber ich denke, die Geschichte wird es anders beschreiben. Eine der Frauen sprang auf ein Sofa und begann, zur Menge zu sprechen. In weniger als einer Minute wurde sie heruntergezogen, aber sofort nahm eine andere Frau ihren Platz ein; und nachdem sie heruntergezogen worden war, sprang noch eine andere auf ihren Platz, und ihr folgten eine weitere und eine weitere, bis der Befehl kam, die Lobby zu räumen, und wir alle hinausgedrängt wurden.

In dem Handgemenge wurde ich zu Boden geworfen und schmerzhaft verletzt. Die Frauen, die dachten, ich sei schwer verletzt, drängten sich um mich und weigerten sich, sich zu rühren, bis ich wieder auf die Beine gekommen war. Das erzürnte die Polizei, die noch wütender wurde, als sie feststellte, dass die Demonstration draußen fortgesetzt wurde. Elf Frauen wurden verhaftet, darunter Mrs. Pethick Lawrence, unsere Schatzmeisterin, Mrs. Cobden Sanderson, Annie Kenney und drei weitere unserer Organisatorinnen ; und sie alle wurden für zwei Monate nach Holloway geschickt. Aber die Stärke unserer Bewegung zeigte sich an der Zahl der Freiwilligen, die sich sofort meldeten, um die Arbeit fortzusetzen. Mrs. Tuke , heute Ehrensekretärin der WSPU, trat zu diesem Zeitpunkt der Gewerkschaft bei. Die Behörden hatten nicht damit gerechnet, dass ihr Vorgehen diese Wirkung haben würde. Sie dachten, die Gewerkschaft mit einem Schlag zu vernichten, aber sie gaben ihr den größten Aufschwung, den sie je erfahren hatte. Die damaligen Führerinnen der älteren Wahlrechtsorganisationen vergaßen ihre Missbilligung unserer Methoden und schlossen sich Schriftstellerinnen, Ärztinnen, Schauspielerinnen, Künstlerinnen und anderen prominenten Frauen an, um die Angelegenheit als barbarisch anzuprangern.

Eine weitere Sache haben die Behörden nicht berücksichtigt. Die Zustände in den englischen Gefängnissen waren bekanntermaßen sehr schlecht, aber als zwei unserer Frauen in Holloway so krank wurden, dass sie innerhalb weniger Tage freigelassen werden mussten, begannen die Politiker um ihr Ansehen zu zittern. Im Parlament wurden Fragen gestellt, ob es ratsam sei, die Suffragetten nicht als gewöhnliche Kriminelle, sondern als politische Straftäter mit dem Recht auf Inhaftierung in der Ersten Abteilung zu behandeln. Mr. Herbert Gladstone, der Innenminister, antwortete auf diese Fragen, dass er nicht befugt sei, in die Entscheidungen der Richter einzugreifen, und in Bezug auf die Bestrafung der Suffragetten nichts unternehmen könne. Ich werde Sie bitten, sich an diese Aussage von Mr. Herbert Gladstone zu erinnern, da wir später beweisen konnten, dass es sich um eine bewusste Lüge handelte – obwohl sich die Lüge tatsächlich als erwiesen hat, als die Frauen auf Anordnung der Regierung aus dem Gefängnis entlassen wurden, nachdem sie gerade die Hälfte ihrer Strafe verbüßt hatten. Der Grund hierfür war, dass im Norden Englands eine wichtige Nachwahl stattfand und wir im gesamten Wahlkreis Handzettel verteilt hatten, auf denen den Wählern mitgeteilt wurde, dass neun Frauen, darunter die Tochter von Richard Cobden, von der liberalen Regierung als gewöhnliche Kriminelle festgehalten würden und um ihre Stimmen baten.

Ich nahm eine Gruppe der entlassenen Häftlinge mit nach Huddersfield , und sie erzählten Gefängnisgeschichten mit solcher Wirkung, dass die liberale Mehrheit um 540 Stimmen schrumpfte. Wie üblich bestritten die liberalen Führer, dass unsere Arbeit irgendetwas mit der knappen Mehrheit zu tun hatte, mit der die Partei den Sitz verteidigte. Aber zu unseren Souvenirs gehört ein Flugblatt, eines von Tausenden, die vom liberalen Hauptquartier verteilt wurden:

**MEN OF HUDDERSFIELD**

**DON'T BE MISLED**

**BY SOCIALISTS, SUFFRAGETTES**

**OR TORIES**

**VOTE FOR SHERWELL**

Inzwischen hatten vor dem Unterhaus weitere Demonstrationen stattgefunden, und zu Weihnachten saßen 21 Suffragetten im Holloway-Gefängnis, obwohl sie kein Verbrechen begangen hatten. Die Regierung gab sich ungerührt, und die Parlamentsmitglieder sprachen höhnisch von den „selbstgemachten Märtyrerinnen". Eine beträchtliche Gruppe von Mitgliedern, die von der Leidenschaft und dem unstillbaren Eifer dieser neuen Suffragistinnen stark bewegt waren, traf sich jedoch in der letzten Woche des Jahres und bildete ein Komitee, dessen Ziel es war, der Regierung die Notwendigkeit aufzuzeigen, Frauen während dieser Legislaturperiode das Wahlrecht zu geben. Das Komitee beschloss, dass seine Mitglieder daran arbeiten würden, eine breitere öffentliche Meinung zu dieser Frage zu erziehen und insbesondere das Wahlrecht zu befürworten, wenn sie in Versammlungen in ihren Wahlkreisen sprechen, bei jeder möglichen Gelegenheit parlamentarische Maßnahmen zu ergreifen und so viele Parlamentsmitglieder wie möglich dazu zu bewegen, in der nächsten Legislaturperiode für die Einführung eines Wahlrechtsgesetzes oder -antrags zu stimmen.

Unser erstes Jahr in London hatte wunderbare Früchte getragen. Wir waren von einer Handvoll Frauen, einer „Familienpartei", wie die Zeitungen uns spöttisch nannten, zu einer starken Organisation mit Zweigstellen im ganzen Land und ständigem Hauptsitz in Clements Inn, Strand, herangewachsen; wir hatten eine gute finanzielle Unterstützung gefunden und vor allem hatten wir im Unterhaus ein Wahlrechtskomitee gegründet.

# BUCH II
# VIER JAHRE FRIEDLICHER KRIEGSKAMPF

# KAPITEL I

Die Kampagne von 1907 begann mit einem Frauenparlament, das am 13. Februar in Caxton Hall zusammenkam, um die Bestimmungen der Rede des Königs zu erörtern, die am Eröffnungstag der Sitzungsperiode, dem 12. Februar, im nationalen Parlament verlesen worden war. Die Rede des Königs ist, wie ich bereits erklärt habe, die offizielle Ankündigung des Regierungsprogramms für die Sitzungsperiode. Als unser Frauenparlament am 13. Februar um drei Uhr nachmittags zusammentrat, wussten wir, dass die Regierung in der bevorstehenden Sitzungsperiode nichts für die Frauen tun wollte.

Ich leitete die Frauenversammlung, die von einer Inbrunst und Entschlossenheit geprägt war, die zu dieser Zeit beispiellos war. Eine Resolution, die die Empörung darüber zum Ausdruck brachte, dass das Frauenstimmrecht aus der Rede des Königs gestrichen worden war, und das Unterhaus aufforderte, eine solche Maßnahme unverzüglich zu ermöglichen, wurde eingebracht und angenommen. Ein Antrag, die Resolution aus dem Saal an den Premierminister zu senden, wurde ebenfalls angenommen. Der Slogan „Erhebt euch, Frauen!" wurde von der Bühne gerufen, und der Antwortruf kam wie von einer Frau zurück: „Jetzt!" Mit Kopien der Resolution in den Händen eilte die ausgewählte Delegation in die Februardämmerung hinaus, bereit für das Parlament oder das Gefängnis, je nachdem, was das Schicksal wollte.

Das Schicksal ließ sie nicht lange im Ungewissen. Die Regierung, so schien es, hatte beschlossen, dass die heiligen Hallen des Parlaments nicht noch einmal von Frauen entweiht werden sollten, die um ihr Wahlrecht baten, und es waren Anordnungen erlassen worden, die Frauen von nun an daran hindern würden, auch nur die äußeren Bereiche des Unterhauses zu erreichen. Als unsere Frauendelegation in der Nähe der Westminster Abbey ankam, sah sie sich einer geschlossenen Polizeikette gegenüber, die auf einen scharfen Befehl ihres Chefs hin begann, durch die Reihen der Prozession zu marschieren und die Frauen zurückzuschlagen. Mutig sammelten sich die Frauen und drängten ein Stück weiter vor. Plötzlich kam eine Gruppe berittener Polizisten in flottem Trab angeritten, und die nächsten fünf Stunden oder länger dauerte ein Kampf von unbeschreiblicher Brutalität und Rücksichtslosigkeit.

Die Reiter ritten direkt in die Prozession hinein und zerstreuten die Frauen rechts und links. Aber die Frauen wollten immer noch nicht umkehren. Immer wieder kehrten sie um, nur um immer wieder vor den gnadenlosen Hufen zu fliehen. Einige der Frauen verließen die Straße und gingen auf das Bürgersteig, aber selbst dort verfolgten sie die Reiter und drängten sie so dicht an Mauern und Geländer, dass sie vorübergehend zurückweichen mussten, um nicht zerquetscht zu werden. Andere Strategen suchten Zuflucht in Hauseingängen, wurden aber von der Fußpolizei herausgezerrt und direkt vor die Pferde geworfen. Trotzdem kämpften die Frauen, um mit ihrer Entschlossenheit das Unterhaus zu erreichen. Sie kämpften, bis ihre Kleider zerrissen, ihre Körper verletzt und ihre letzte Kraft erschöpft war. Fünfzehn der Frauen kämpften sich tatsächlich durch diese Hunderte und Aberhunderte von Polizisten, zu Fuß und beritten, bis zur Fremdenlobby des Hauses. Hier versuchten sie, eine Versammlung abzuhalten, und wurden verhaftet. Draußen wurden viele weitere Frauen in Gewahrsam genommen. Es war zehn Uhr, bevor die letzte Verhaftung erfolgte und der Platz sich von der Menge leerte. Danach bewachten die berittenen Männer weiterhin die Zugänge zum Unterhaus, bis das Haus um Mitternacht seine Pforten öffnete.

Am nächsten Morgen wurden 57 Frauen und zwei Männer, jeweils zwei und drei auf einmal, vor dem Polizeigericht in Westminster angeklagt. Christabel Pankhurst war die erste, die auf die Anklagebank gesetzt wurde. Sie versuchte dem Richter zu erklären, dass die Delegation vom Vortag ein vollkommen friedlicher Versuch gewesen sei, eine Resolution vorzulegen, die früher oder später vorgelegt und umgesetzt werden würde. Sie versicherte ihm, dass die Delegation nur der Beginn einer Kampagne sei, die nicht enden werde, bis die Regierung der Forderung der Frauen nachgebe. „Es gibt für uns kein Zurück", erklärte sie, „und es wird noch mehr passieren, wenn wir keine Gerechtigkeit bekommen."

Der Richter, Mr. Curtis Bennett, der später Frauen für dieses „Mehr" vor Gericht stellen sollte, tadelte meine Tochter streng und sagte ihr, dass die Regierung nichts mit den Unruhen vom Vortag zu tun habe, dass die Frauen voll und ganz für das Geschehene verantwortlich seien und dass diese schändlichen Szenen auf der Straße ein Ende haben müssten – so wie König Knud dem Ozean befahl, er solle hinausrollen, statt hinein. „Die Szenen können nur auf eine Weise gestoppt werden", antwortete der Gefangene. Seine einzige Antwort darauf war: „Zwanzig Schilling oder vierzehn Tage." Christabel entschied sich für die Gefängnisstrafe, und alle anderen Gefangenen taten dies ebenfalls. Mrs. Despard, die die Delegation anführte, und Sylvia Pankhurst, die bei ihr war, wurden zu drei Wochen Gefängnis verurteilt.

Natürlich verschaffte der sogenannte Überfall der Women's Social and Political Union enorme Aufmerksamkeit, im Großen und Ganzen positive. Die Zeitungen verurteilten die Regierung fast einstimmig dafür, dass sie berittene Truppen gegen unbewaffnete Frauen aussandte. Im Parlament wurden wütende Fragen gestellt, und unsere Reihen wurden noch einmal größer und leidenschaftlicher. Die altmodischen Suffragistinnen, Männer wie Frauen, schrien, wir hätten alle unsere Freunde im Parlament vergrault;

aber das erwies sich als falsch. Tatsächlich stellte sich heraus, dass ein liberales Mitglied, Mr. Dickinson, den ersten Platz bei der Abstimmung gewonnen hatte und angekündigt hatte, er wolle diesen nutzen, um ein Gesetz für das Frauenwahlrecht einzubringen. Mehr noch, der Premierminister, Sir Henry Campbell-Bannerman, versprach, das Gesetz zu unterstützen. Eine Zeit lang, eine sehr kurze Zeit, das ist wahr, hatten wir das Gefühl, die Stunde unserer Freiheit könnte gekommen sein, dass unsere Gefangenen uns vielleicht bereits unser kostbares Symbol erkämpft hatten – das Wahlrecht.

Bald jedoch begannen einige bekennende Frauenrechtlerinnen im Repräsentantenhaus zu klagen, dass Mr. Dickinsons Gesetzentwurf, praktisch der ursprüngliche, nicht „demokratisch" genug sei und nur den Frauen der oberen Klassen das Wahlrecht geben würde – zu denen übrigens die meisten von ihnen gehörten. Dass dies nicht stimmte, wurde immer wieder anhand der Gemeinderegister bewiesen, die die Namen der meisten berufstätigen Frauen als qualifizierte Haushaltsvorstände ausweisten. Diese Behauptung war nur eine oberflächliche Ausrede, und wir wussten das. Daher waren wir nicht überrascht, als Sir Henry Campbell-Bannerman von seiner Unterstützungszusage abrückte und zuließ, dass über den Gesetzentwurf diskutiert wurde.

Nach diesem Ereignis trat am Nachmittag des 20. März 1907 das zweite Frauenparlament zusammen. Wie zuvor verabschiedeten wir eine Resolution, in der wir die Regierung aufforderten, eine offizielle Wahlrechtsmaßnahme einzuführen, und stimmten erneut dafür, die Resolution aus dem Saal an den Premierminister zu senden. Lady Harberton wurde ausgewählt, die Delegation anzuführen, und sofort sprangen Hunderte von Frauen auf und meldeten sich freiwillig, sie zu begleiten. Diesmal empfing die Polizei die Frauen an der Tür des Saals, und es kam zu einer weiteren sinnlosen, schändlichen Szene barbarischer, brutaler Opposition. Etwa tausend Polizisten waren ausgesandt worden, um das Unterhaus vor der friedlichen Invasion einiger hundert Frauen zu schützen. Den ganzen Nachmittag und Abend über hielten wir Caxton Hall offen, und die Frauen kamen ab und zu zurück, einzeln und in kleinen Gruppen, um ihre blauen Flecken waschen oder ihre zerrissene Kleidung reparieren zu lassen. Als die Nacht hereinbrach, wurden die Menschenmengen auf der Straße dichter, und der Kampf zwischen den Frauen und der Polizei wurde verzweifelter. Lady Harberton , so hörten wir, hatte es geschafft, den Eingang zum Unterhaus zu erreichen, ja, sie hatte es sogar geschafft, an den Wachen vorbei in die Lobby zu gelangen, aber ihr Entschluss war dem Premierminister nicht vorgelegt worden. Sie und viele andere wurden verhaftet, bevor es der Polizei endlich gelang, die Straßen zu räumen, und die schreckliche Angelegenheit vorüber war.

Am nächsten Tag verhängte der Richter im Polizeigericht von Westminster Strafen von zwanzig Schilling oder vierzehn Tagen bis zu vierzig Schilling oder einem Monat Gefängnis. Zwei der Frauen, Miss Woodlock und Mrs. Chatterton, die Holloway erst eine Woche zuvor verlassen hatten, erhielten als „alte Straftäter" dreißig Tage ohne die Möglichkeit einer Geldstrafe. Eine andere Frau, Mary Leigh, erhielt dreißig Tage, weil sie die Würde des Richters verletzt hatte, indem sie ein „Votes for Women"-Banner über die Kante der Anklagebank hängte. Diejenigen meiner Leser, die mit dem Wort „Militanz" nichts Geringeres als Brandstiftung in Verbindung bringen können, seien darauf hingewiesen, dass die englische Regierung in den ersten beiden Monaten des Jahres 1907 einhundertdreißig Frauen ins Gefängnis schickte, deren „Militanz" lediglich darin bestand, zu versuchen, eine Resolution aus einem Saal zum Premierminister im Unterhaus zu bringen. Unser Verbrechen wurde Behinderung der Polizei genannt. Es wird sich zeigen, dass es die Polizei war, die die Behinderung durchführte.

Man könnte fragen, warum ich keine dieser Delegationen persönlich anführte. Der Grund war, dass ich in einer anderen Funktion gebraucht wurde, nämlich als Führer und Aufseher der Wahlkampfkräfte vor Ort, um Regierungskandidaten bei Nachwahlen zu besiegen. In der Nacht des zweiten „Aufruhrs", als unsere Frauen noch immer auf den Straßen kämpften, verließ ich London und ging nach Hexham in Northumberland, wo durch unsere Arbeit die Mehrheit des liberalen Kandidaten um tausend Stimmen reduziert wurde. Sieben weitere Nachwahlen folgten in rascher Folge.

Unsere Arbeit bei den Nachwahlen war in der englischen Politik so neu, dass wir überall, wo wir hinkamen, enorme Aufmerksamkeit erregten. Es war unsere Gewohnheit, gleich in der Stunde mit der Arbeit zu beginnen, in der wir eine Stadt betraten. Wenn wir auf unserem Weg vom Bahnhof zum Hotel beispielsweise auf dem Marktplatz auf eine Gruppe von Männern trafen, hielten wir entweder an und hielten an Ort und Stelle eine Versammlung ab, oder wir blieben lange genug, um ihnen mitzuteilen, wann und wo unsere Versammlungen stattfinden würden, und sie zum Kommen aufzufordern. Der übliche erste Schritt, nachdem wir eine Unterkunft gefunden hatten, bestand darin, ein leerstehendes Geschäft zu mieten, die Schaufenster mit Wahlrechtsliteratur zu füllen und unsere violett-grün-weiße Flagge auszubreiten. In der Zwischenzeit waren einige von uns damit beschäftigt, den besten verfügbaren Saal zu mieten. Wenn wir das Schlachtfeld vor den Männern eroberten, „besetzten" wir manchmal alle guten Säle und ließen dem Kandidaten für seine Versammlungen in geschlossenen Räumen nichts als Schulgebäude. Ehrlich gesagt waren unsere Versammlungen so viel beliebter als ihre, dass wir die größeren Säle wirklich brauchten. Oft sprach ein Kandidat, dessen Rivalen die Suffragetten waren, vor fast leeren Bänken. Die Menschenmassen waren weg und hörten den Frauen zu.

Natürlich missfiel das den Politikern sehr, und es schockierte viele der altmodischen liberalen Parteigänger. An einem Ort, ich glaube, es war Colne Valley in Yorkshire, kam es zu einem amüsanten Beispiel männlicher Feindseligkeit. Wir waren an einem Tag angekommen, an dem sowohl konservative als auch liberale Komitees ihre Kandidaten wählten, und wir dachten, das wäre eine gute Gelegenheit, eine Reihe von Versammlungen im Freien abzuhalten. Wir versuchten, einen Lastwagen als Rednerpult zu bekommen, aber der einzige Mann in der Stadt, der diese großen Lieferwagen zu vermieten hatte, missbilligte die Suffragetten so sehr, dass er uns keinen davon überlassen wollte. Also liehen wir uns einen Stuhl von einer Ladenbesitzerin und legten los. Bald hatten wir eine große Menschenmenge und ein interessiertes Publikum. Wir erregten auch die Aufmerksamkeit einer Reihe kleiner Jungen mit Erbsenpistolen und mussten unsere Reden unter einem glühenden Feuer aus getrockneten Erbsen halten.

Während ich sprach, hörte das Feuer zu meiner Erleichterung auf, denn getrocknete Erbsen brennen. Ich setzte meine Rede mit neuer Kraft fort, nur um einen meiner besten Punkte durch schallendes Gelächter der Menge zunichtemachen zu lassen. Irgendwie beendete ich meine Rede und setzte mich; dann erklärte man mir, dass die Erbsenkanonen von einem der prominentesten Liberalen der Stadt finanziert worden waren, einem weiteren Mann, der unsere Politik der Opposition gegen die Regierung missbilligte. Sobald die Munition ausging, versorgte dieser Mann die Jungen mit einem erlesenen Vorrat an faulen Orangen. Diese waren offenbar nicht so leicht zu handhaben, denn die allererste ging wild und traf den ritterlichen Herrn heftig am Hals. Dies war es, was das Gelächter verursacht und den Angriff auf die Frauen beendet hatte.

Bei mehreren Nachwahlen erlebten wir ziemlich grobe Raufereien und sogar Brutalität, aber im Großen und Ganzen waren die Männer und die Frauen bereit, uns zuzuhören. Wir zähmten und erzogen ein Publikum, das immer an Gewalt bei Wahlen gewöhnt war. Wir zähmten sogar die Jungen, die zu den Versammlungen kamen, um zu albern. Als wir in jenem Frühjahr in Rutlandshire waren , kamen drei Schuljungen zu mir und erzählten mir schüchtern, dass sie sich für das Wahlrecht interessierten. Sie hatten in ihrer Schule eine Debatte zu diesem Thema geführt, und obwohl die Entscheidung zugunsten der anderen Seite ausgefallen war, wollten alle Jungen mehr darüber erfahren. Ob ich nicht bitte eine Versammlung speziell für sie einberufen könnte? Natürlich willigte ich ein, und ich fand mein männliches Publikum ganz entzückend. Ich hoffe wirklich, dass sie mich halb so sehr mochten wie ich sie.

Den ganzen Frühling hindurch lief unsere Arbeit bei den Nachwahlen mit erstaunlichem Erfolg, obwohl die Politiker unseren Anteil an den Regierungsverlusten kaum zugaben. Die Wähler wussten es jedoch. Bei einer Wahl in Suffolk, bei der wir dazu beitrugen, die Stimmenzahl der Unionisten zu verdoppeln, fragte der erfolgreiche Kandidat aus seinem Hotelfenster zur Menge: „Was war der Grund für diesen großen und glorreichen Sieg?" Sofort brüllte die Menge: „Stimmen für Frauen!" – „Ein dreifaches Hoch auf die Suffragetten!" Das war überhaupt nicht die Absicht des erfolgreichen Kandidaten, aber er winkte gnädig mit der Hand und sagte: „Zweifellos hatten die Damen etwas damit zu tun."

Die Zeitungskorrespondenten scheuten sich nicht, unseren Einfluss anzuerkennen. Selbst wenn sie unsere Politik verurteilten, waren sie in ihrer Bewunderung für unsere Energie und den Mut und die Begeisterung unserer Arbeiter nicht zögerlich. Der Korrespondent der London *Tribune* , einer liberalen Zeitung, die unsere Taktiken ablehnt, sagte: „Ihr Durchhaltevermögen ist, gemessen an den Maßstäben der Männer, außergewöhnlich. Da sie sowohl nachmittags als auch abends an Sitzungen teilnahmen, haben sie doppelt so hart gearbeitet wie die Männer. Sie stehen früher auf und gehen genauso spät zu Bett. Frauen sind im Vergleich zu Männern die besseren Redner, logischer, besser informiert, ausdrucksvoller und haben einen sichereren Blick für die stichhaltigen Argumente."

Nachdem wir den Sommer damit verbracht hatten, unsere Kräfte zu stärken, neue Zweigstellen zu organisieren , Versammlungen abzuhalten – etwa dreitausend davon zwischen Mai und Oktober –, in Kabinettssitzungen einzudringen – das schafften wir etwa einmal täglich –, Wahlkampf zu betreiben und in verschiedenen Städten riesige Demonstrationen zu organisieren, kamen wir ans Jahresende. In den letzten Monaten des Jahres leitete ich mehrere hart umkämpfte Nachwahlen, bei einer davon erlebte ich eines der schlimmsten Missgeschicke meines Lebens.

Diese Nachwahl fand im Wahlkreis Mid-Devon statt, einer Hochburg des Liberalismus. Seit seiner Gründung im Jahr 1885 wurde dieser Sitz nie von einem anderen als einem liberalen Mitglied besetzt. Der Wahlkreis ist groß und in acht Bezirke unterteilt. Die Bevölkerung der Städte ist rau und ungestüm, und ihre blinde und unvernünftige Hingabe an die liberale Partei hat immer den rohen Geist der Wähler widergespiegelt. Eine Unionistin sagte mir kurz nach meiner Ankunft, dass mein Leben in Gefahr wäre, wenn ich es wagen würde, mich offen gegen den liberalen Kandidaten zu stellen. Sie habe es nie gewagt, versicherte sie mir, die Farben ihrer Partei in der Öffentlichkeit zu tragen. Ich habe jedoch gesprochen – in unserem Hauptquartier in Newton Abbott, der Hauptstadt des Wahlkreises, in Hull und in Bovey Tracey. Wir hielten zweimal täglich Versammlungen ab und forderten die Wähler auf, „die Regierung in Mid-Devon zu schlagen, als

Zeichen dafür, dass Frauen nächstes Jahr wählen dürfen müssen". Obwohl einige der Versammlungen turbulent waren, wurden wir mit viel mehr Rücksicht behandelt als die Kandidaten, die nicht selten niedergebrüllt und in die Flucht geschlagen wurden. Oft war die Luft bei ihren Versammlungen erfüllt von verfaultem Gemüse und schmutzigen Schneebällen. Wir hatten auch einige ziemlich lebhafte Sitzungen. Einmal, bei einer Versammlung im Freien, schleiften ein paar junge Raufbolde unseren Lastwagen im Kreis herum, bis es schien, als müssten wir aufgeregt sein, und mehrmals war die Sprache, die uns aus der Menge entgegengeschleudert wurde, für mich völlig ungeeignet, sie zu wiederholen. Trotzdem entgingen wir tatsächlicher Gewalt bis zum Tag der Wahl, als bekannt gegeben wurde, dass der Kandidat der Unionisten den Sitz mit einer Mehrheit von zwölfhundertachtzig Stimmen gewonnen hatte. Wir wussten sofort, dass der tiefste Groll der Liberalen geweckt werden würde, aber es kam uns nicht in den Sinn, dass sich der Groll aktiv gegen uns richten würde.

Nach der Wahlerklärung machten sich meine Begleiterin, Mrs. Martel, und ich auf den Weg zu unserer Unterkunft. Einige unserer Freunde hielten uns auf und lenkten unsere Aufmerksamkeit auf das neu gewählte unionistische Parlamentsmitglied, das von einer starken Polizeiwache aus dem Wahllokal eskortiert wurde. Wir wurden gewarnt, dass unsere Sicherheit eine sofortige Flucht aus der Stadt erfordere. Lachend versicherte ich unseren Freunden, dass ich nie Angst hätte, mich in einer Menschenmenge zu trauen, und wir gingen weiter. Plötzlich standen wir einer Gruppe junger Männer und Jungen gegenüber, Tonschneider aus den Gruben am Rande der Stadt. Diese jungen Männer, die die roten Rosetten der Liberalen Partei trugen, hatten gerade von der Niederlage ihres Kandidaten erfahren und waren außer sich vor Wut und Demütigung. Einer von ihnen zeigte auf uns und rief: „Sie haben es getan! Diese Frauen haben es getan!" Ein Schrei erhob sich aus der Menge, und wir wurden mit einem Regen aus Lehm und faulen Eiern überschüttet. Wir hatten keine besondere Angst, aber die Eier waren unerträglich, und um ihnen zu entkommen, rannten wir in einen kleinen Lebensmittelladen in der Nähe. Die Frau des Lebensmittelhändlers schloss und verriegelte die Tür, aber der arme Lebensmittelhändler schrie, dass sein Laden verwüstet würde. Ich wollte natürlich nicht, dass das passierte, also bat ich sie, uns durch die Hintertür hinauszulassen. Sie führten uns durch die Tür in einen kleinen Hinterhof, der in eine kleine Gasse führte, von wo aus wir zu entkommen hofften . Aber als wir den Hof erreichten, stellten wir fest, dass die Raufbolde, die unseren Schritt erwartet hatten, um die Ecke geströmt waren und auf uns warteten.

Sie packten zuerst Frau Martel und begannen, ihr mit den Fäusten auf den Kopf zu schlagen, aber die tapfere Frau des Ladenbesitzers, die die Schreie und Flüche der Männer hörte, riss die Tür auf und eilte uns zu Hilfe.

Gemeinsam gelang es uns, Frau Martel ihren Entführern zu entreißen und sie ins Haus zu bringen. Ich erwartete, auch ins Haus zu gelangen, aber als ich die Schwelle erreichte, traf mich ein heftiger Schlag auf den Hinterkopf, grobe Hände packten den Kragen meines Mantels und ich wurde heftig zu Boden geschleudert. Betäubt musste ich für einen Moment das Bewusstsein verloren haben, denn als nächstes spürte ich kalten, nassen Schlamm, der durch meine Kleidung sickerte. Als ich wieder sehen konnte, bemerkte ich, wie die Männer, die jetzt still waren, aber mit einer schrecklichen, düsteren Stille, einen Kreis um mich bildeten. In der Mitte des Kreises stand ein leeres Fass, und mir kam der schreckliche Gedanke, dass sie vielleicht vorhatten, mich hineinzuwerfen. Es schien lange zu vergehen, während der Kreis der Männer langsam näher kam. Ich sah sie in ihren schäbigen, mit gelbem Grubenlehm beschmierten Kleidern an, und sie wirkten so unterernährt, so schwächlich und durchnässt, dass mich ein tiefes Mitleid mit ihnen überkam. „Arme Seelen", dachte ich, und dann sagte ich plötzlich: „Sind Sie alle keine *Männer*?" Dann stürzte sich einer der Jugendlichen auf mich, und ich wusste, dass das, was auch immer mir passieren würde, nun beginnen würde.

In diesem Moment erklangen Rufe und ein Ansturm von Polizisten, die sich ihren Weg durch die feindselige Menge gebahnt hatten, um uns zu retten. Natürlich machte der Pöbel kehrt und floh, und ich wurde vorsichtig in den Laden getragen, den die Polizei zwei Stunden lang bewachte, bevor es für uns sicher schien, in einem geschlossenen Auto zu gehen. Es dauerte viele Monate, bis Mrs. Martel oder ich uns von unseren Verletzungen erholten.

Die Rowdys, denen ihre weibliche Beute entgangen war, gingen in den Konservativen Club, zerschlugen alle Fenster im Haus und belagerten die Mitglieder dort die ganze Nacht. Am nächsten Morgen wurde im Mühlgraben die Leiche eines Mannes mit schrecklichen Verletzungen am Kopf gefunden. Während all dieser Unruhen und wahrscheinlichen Verbrechen wurde kein einziger Mann verhaftet. Vergleichen Sie dies, wenn Sie möchten, mit der Behandlung, die unsere Frauen in London erfahren.

Der König eröffnete das Parlament am 29. Januar 1908 mit großem Pomp. Wieder fehlte in seiner Rede jede Erwähnung des Frauenwahlrechts, und wieder rief die WSPU zu einem Frauenparlament für den 11., 12. und 13. Februar auf. Bevor es einberufen wurde, hörten wir, dass ein Freund der Bewegung, Mr. Stanger, einen hervorragenden Platz bei der Abstimmung errungen hatte, der versprach, einen Gesetzentwurf zum Frauenwahlrecht einzubringen. Der 28. Februar war der für die zweite Lesung festgelegte Tag, und wir erkannten , dass starker Druck ausgeübt werden musste, um zu verhindern, dass der Gesetzentwurf scheiterte, wie es im Vorjahr mit dem Dickinson-Gesetz geschehen war. Daher meldete sich am ersten Tag des Frauenparlaments fast jede anwesende Frau freiwillig für die Abordnung, die versuchen sollte, die Resolution dem Premierminister vorzulegen. Angeführt von zwei bekannten Porträtmalern verließ die Abordnung Caxton Hall und begab sich in geordneten Reihen, vier nebeneinander, zum Unterhaus. Die Menschenmassen auf den Straßen waren enorm. Tausende Sympathisanten kamen, um den Frauen zu helfen, Tausende Polizisten entschieden, dass den Frauen nicht geholfen werden sollte, und Tausende neugierige Zuschauer. Als der Kampf vorbei war, wurden fünfzig Frauen in Polizeizellen eingesperrt.

Am nächsten Morgen, als die Fälle verhandelt wurden, hielt Mr. Muskett, der die Krone verklagte und der es vielleicht ein wenig leid war, den Suffragetten zu sagen, dass diese Szenen auf den Straßen aufhören müssten, und sie dann genau so weitergehen zu sehen, als hätte er nichts gesagt, eine sehr strenge und furchteinflößende Ansprache. Er sagte den Frauen, dass sie diesmal der üblichen Höchststrafe von zwei Monaten Gefängnis mit der Option einer Geldstrafe von fünf Pfund unterliegen würden, dass das Gesetz aber noch Schrecklicheres für sie bereithalte, falls sie jemals wieder straffällig würden. Es wurde vorgeschlagen, zum Wohle der Suffragetten ein Gesetz wiederzubeleben, das während der Herrschaft von Charles II. verabschiedet worden war und sich mit „aufrührerischen Petitionen an die Krone oder das Parlament" befasste. Dieses Gesetz sah vor, dass niemand es wagen sollte, „mit einer Petition, Beschwerde, Gegendarstellung, Erklärung oder anderen Ansprache" in Begleitung von mehr als zwölf Personen zum König oder zum Parlament zu gehen. Nach diesem Gesetz könnte eine Geldstrafe von einhundert Pfund oder drei Monaten Gefängnis verhängt werden. Der Richter verurteilte dann alle Frauen außer zwei zu zwölf Monaten Gefängnis oder zu sechs Wochen in der zweiten Abteilung. Zwei weitere Frauen, „alte Straftäterinnen", wurden zu einem Monat in der dritten Abteilung, der niedrigsten Klasse, verurteilt. Alle Gefangenen, außer zwei, die zu Hause sehr kranke Verwandte hatten, entschieden sich für die Gefängnisstrafe.

Die Sitzung des Frauenparlaments am nächsten Tag war von großer Aufregung geprägt, als die Frauen die Ereignisse des Vortages, die Prozesse und insbesondere die Drohung, das überholte Gesetz von Charles II. wieder in Kraft zu setzen, ein Gesetz, *das verabschiedet wurde, um den Fortschritt der Liberalen Partei zu behindern, die unter den Stuarts ins Leben gerufen wurde und unter deren zweiter Charles um ihr Überleben kämpfte, noch einmal Revue passieren ließ*. Es war erstaunlich, dass die politischen Nachkommen dieser Männer vorschlugen, das Gesetz wieder in Kraft zu setzen, um den Fortschritt der Frauenbewegung zu behindern, die unter George V. und seiner liberalen Regierung um ihr Überleben kämpfte. Zumindest war es ein Beweis dafür, dass die Regierung mit ihrem Versuch, unsere Bewegung zu zerschlagen, gescheitert war. Christabel Pankhurst, die der zweiten Sitzung des Frauenparlaments vorstand, sagte: „Endlich wird erkannt, dass Frauen für die Freiheit kämpfen, wie ihre Väter gekämpft haben. Wenn sie zwölf Frauen wollen, ja, und mehr als zwölf, wenn hundert Frauen nach diesem Gesetz vor Gericht gestellt und für drei Monate ins Gefängnis geschickt werden sollen, können sie gefunden werden."

Ich war bei dieser Sitzung nicht anwesend, ebenso wenig wie bei der ersten. Ich war bei einer Nachwahl in South Leeds dabei, der letzten von mehreren wichtigen Nachwahlen in großen Industriezentren , bei denen unser Erfolg außer von der liberalen Presse nicht in Frage gestellt wurde. Die Wahlen waren mit einem großen Festzug und einer Versammlung von 100.000 Menschen auf Hounslet Moor zu Ende gegangen . Diese Versammlung war von wunderbarer Begeisterung geprägt. Ich werde nie vergessen, welch großartige Ordnung die Menschen bewahrten, obwohl wir keinen Polizeischutz hatten; wie die riesige Menge sich teilte, um unseren Festzug durchzulassen; wie die Scharen der Fabrikfrauen im weiten Yorkshire einen Chor anstimmten: „Werden wir gewinnen? Werden wir wählen dürfen? Wir werden!" Kein Wunder, dass die alten Leute ihre Perlen schüttelten und erklärten, „so etwas habe es noch nie gegeben . "

# KAPITEL II

Mit diesen tapferen Rufen in den Ohren eilte ich nach London zur Abschlusssitzung des Parlaments, denn ich hatte beschlossen, dass ich die erste Person sein musste, die die Regierung aufforderte, ihre Drohung wahr zu machen und das alte Gesetz von Charles II. wieder in Kraft zu setzen. Ich hielt an diesem Tag eine lange Rede vor den Frauen und erzählte ihnen von meinen Erfahrungen der letzten Monate und wie alles, was ich im ganzen Land gesehen und gehört hatte, meine Überzeugung von der Notwendigkeit des Frauenwahlrechts nur noch verstärkt hatte. „Ich fühle", schloss ich, „dass die Zeit gekommen ist, in der ich handeln muss, und ich möchte eine von denen sein, die unsere Resolution heute Nachmittag ins Parlament bringen. Meine Erfahrung auf dem Land und insbesondere in South Leeds hat mich Dinge gelehrt, die Kabinettsminister, die diese Erfahrung nicht gemacht haben, nicht wissen, und hat mir das Gefühl gegeben, dass ich einen letzten Versuch unternehmen muss, sie zu sehen und sie zu drängen, ihre Position zu überdenken, bevor eine schreckliche Katastrophe passiert."

Inmitten einer Menge Aufregung und Emotionen wählten wir die erforderlichen dreizehn Frauen aus, die bereit waren, verhaftet und nach dem „Tumultuous Petitions"-Gesetz von Charles II vor Gericht gestellt zu werden. Ich hatte mich noch nicht vollständig von dem Angriff erholt, der in Mid-Devon auf mich verübt worden war, und mein verrenkter Knöchel war noch zu empfindlich, um das Gehen zu etwas anderem als schmerzhaft zu machen. Als Mrs. Drummond sah, dass ich fast sofort anfing, stark zu hinken, rief sie mit ihrer für sie typischen, unverblümten Freundlichkeit einen Mann, der einen Dogcart fuhr, an und fragte ihn, ob er mich zum Unterhaus fahren würde. Er willigte bereitwillig ein, und ich stieg auf den Sitz hinter ihm, während die anderen Frauen sich hinter dem Wagen in einer Reihe aufstellten. Wir waren noch nicht weit gekommen, als die Polizei, die uns bereits in großer Zahl umzingelt hatte, mir befahl, abzusteigen. Natürlich gehorchte ich und ging, oder vielmehr humpelte ich mit meinen Begleiterinnen weiter. Sie hätten mich unterstützt, aber die Polizei bestand darauf, dass wir hintereinander gingen. Plötzlich wurde mir vom Schmerz in meinem Knöchel so ohnmächtig, dass ich zwei Frauen rief, die mich an den Armen hielten und mir halfen, weiterzugehen. Dies war unser einziger Akt des Ungehorsams gegenüber den Anweisungen der Polizei. Wir konnten uns nur mit Mühe fortbewegen, denn die Menge war unglaublich groß. So weit das Auge reichte, war die große, sich bewegende, aufgeregte Menge um uns herum, und von allen Seiten waren Regimenter uniformierter Polizisten zu Fuß und zu Pferd um uns herum. Man hätte meinen können, dass statt dreizehn Frauen, eine davon lahm, die ruhig dahingingen, die Stadt in den Händen eines bewaffneten Mobs war.

Wir waren bis zum Eingang des Parliament Square vorgerückt, als zwei kräftige Polizisten plötzlich meine Arme an beiden Seiten packten und mir mitteilten, dass ich verhaftet sei. Meine beiden Begleiterinnen wurden ebenfalls verhaftet, weil sie sich weigerten, mich zu verlassen, und ein paar Minuten später wurden auch Annie Kenney und fünf weitere Frauen verhaftet. In dieser Nacht wurden wir gegen Kaution freigelassen und am nächsten Morgen wurden wir vor dem Polizeigericht in Westminster angeklagt, um nach dem Charles II Act vor Gericht gestellt zu werden. Doch wie sich herausstellte, waren die Behörden durch unsere Bereitschaft, das Gesetz auszuprobieren, in Verlegenheit gebracht worden und gaben bekannt, dass sie ihre Meinung geändert hätten und uns vorerst weiterhin wie gewöhnliche Straßenschläger behandeln würden.

Dies war mein erster Prozess, und ich hörte mir die erstaunlichsten Meineide der Staatsanwaltschaft an, mit dem Verdacht, dass meine Ohren meinem Verstand Streiche spielten. Ich hörte, dass wir mit lautem Geschrei und Gesang von Caxton Hall aufgebrochen waren, dass wir uns auf das aufrührerischste und vulgärste Verhalten eingelassen hatten , Polizisten die Helme vom Kopf geschlagen und die Beamten während des Marschierens rechts und links angegriffen hatten. Unsere Aussage und die unserer Zeugen wurden ignoriert. Als ich versuchte, zu meiner Verteidigung zu sprechen , wurde ich grob unterbrochen und mir wurde kurz gesagt, dass ich und die anderen wählen müssten, ob wir gefesselt würden oder für sechs Wochen ins Gefängnis der zweiten Abteilung gingen.

Ich erinnere mich nur vage an die lange, holprige Fahrt durch London zum Holloway-Gefängnis. Wir hielten in Pentonville , dem Männergefängnis, an, um mehrere männliche Gefangene zu entlassen, und ich weiß noch, wie mich der Gedanke schauderte, dass unsere Frauen, viele von ihnen kaum älter als Mädchen, im selben Wagen wie Kriminelle ins Gefängnis gebracht wurden. Als wir im Gefängnis ankamen, tasteten wir uns durch dunkle Korridore in die Aufnahmestation, wo wir für eine oberflächliche medizinische Untersuchung an der Wand aufgereiht wurden. Danach wurden wir in getrennte Zellen gesperrt, die bis auf niedrige Holzstühle unmöbliert waren.

Es schien eine Ewigkeit zu dauern, bis eine Wärterin meine Zellentür öffnete und mir befahl, ihr zu folgen. Ich betrat einen Raum, in dem eine andere Wärterin an einem Tisch saß und bereit war, eine Bestandsaufnahme meiner Sachen zu machen. Ich gehorchte der Anweisung, mich auszuziehen, zog mein Kleid aus und hielt dann inne. „Zieh alles aus", war der nächste Befehl. „Alles?", stammelte ich. Es schien unmöglich, dass sie von mir erwarteten, dass ich mich auszog. Tatsächlich erlaubten sie mir, im Schutz eines Badezimmers meine letzten Kleidungsstücke auszuziehen. Ich zitterte und schlüpfte in furchtbare Unterwäsche, alt und geflickt und fleckig, grobe braune Wollstrümpfe mit roten Streifen und die abscheuliche

Gefängniskleidung, die überall mit dem breiten Pfeil der Schande gestempelt war. Ich angelte ein Paar Schuhe aus einem großen Korb mit Schuhen, alt und größtenteils von den falschen Paaren . Man gab mir ein Paar grobe, aber saubere Laken, ein Handtuch, eine Tasse kalten Kakao und eine dicke Scheibe Schwarzbrot, und ich wurde in meine Zelle geführt.

Meine ersten Empfindungen, als die Tür hinter mir verschlossen wurde, waren nicht ganz unangenehm. Ich war verzweifelt müde, denn ich hatte mehrere anstrengende Monate lang hart gearbeitet, vielleicht ein bisschen zu hart. Die Aufregung und Erschöpfung des Vortages und die Empörung, die ich während des gesamten Prozesses erlitten hatte, hatten mich an den Rand der Erschöpfung gebracht, und ich war froh, mich auf mein hartes Gefängnisbett werfen und die Augen schließen zu können. Aber bald verging die Erleichterung, allein zu sein und nichts zu tun, von mir. Das Holloway-Gefängnis ist ein sehr alter Ort und hat die Nachteile alter Orte, die nie genug Luft und Sonnenschein hatten. Es stinkt nach den Gerüchen von Generationen schlechter Belüftung und ist zugleich das stickigste und zugigste Gebäude, in dem ich je gewesen bin. Bald sehnte ich mich nach frischer Luft. Mein Kopf begann zu schmerzen. Der Schlaf floh. Ich lag die ganze Nacht da, litt unter Kälte, rang nach Luft, hatte Schmerzen vor Müdigkeit und war schmerzlich hellwach.

Am nächsten Tag war ich ziemlich krank, aber ich sagte nichts darüber. Man erwartet nicht, dass es einem im Gefängnis gut geht. Tatsächlich ist das seelische Leiden so viel größer als jedes normale körperliche Leiden, dass man das letztere fast vergisst. Das englische Gefängnissystem ist durch und durch mittelalterlich und überholt. In einigen Einzelheiten hat sich das System verbessert, seit man begann, die Suffragetten nach Holloway zu schicken. Ich kann sagen, dass wir durch unsere öffentliche Verurteilung des Systems diese geringfügigen Verbesserungen erzwungen haben. 1907 waren die Regeln übermäßig grausam. Die arme Gefangene fiel, als sie in Holloway eingeliefert wurde, sozusagen in ein Grab. Im ersten Monat der Haftstrafe waren weder Briefe noch Besucher erlaubt. Stellen Sie sich das vor – ein ganzer Monat, mehr als vier Wochen, ohne ein einziges Wort zu senden oder zu empfangen. Die Nächsten und Liebsten eines Menschen mögen in der Zwischenzeit schreckliches Leid durchgemacht haben, vielleicht krank gewesen sein, vielleicht gestorben sein. Man hatte reichlich Zeit, sich all diese Dinge vorzustellen, denn der Gefangene wurde 23 von 24 Stunden in Einzelhaft in einer engen, schwach beleuchteten Zelle gehalten. Einzelhaft ist eine zu schreckliche Strafe, um sie einem Menschen aufzuerlegen, ganz gleich, was für ein Verbrechen er begangen hat. Hartgesottene Kriminelle in den Männergefängnissen, so heißt es, betteln stattdessen oft um die Peitsche. Stellen Sie sich vor, wie es einer Frau ergehen muss, die ein kleines Vergehen begangen hat, denn die meisten Frauen, die nach Holloway kommen, sind

Kleinkriminelle, die Tag für Tag allein in der drückenden Stille einer Zelle sitzen – und an ihre Kinder zu Hause denken – und nachdenken und nachdenken. Manche Frauen werden verrückt. Viele leiden noch lange nach ihrer Entlassung an Nervenzerrüttungen. Es ist unmöglich zu glauben, dass jemals eine Frau aus einem solchen Horror weniger kriminell hervorgegangen ist, als sie ihn betreten hat.

Nach zwei Tagen Einzelhaft, jeden Tag unterbrochen durch eine Stunde stiller Bewegung in einem bitterkalten Hof, wurde ich ins Krankenhaus eingeliefert. Dort dachte ich, es würde mir etwas besser gehen. Das Bett war besser, das Essen ein wenig besser, und kleine Annehmlichkeiten wie warmes Wasser zum Waschen waren erlaubt. In der ersten Nacht schlief ich ein wenig. Gegen Mitternacht erwachte ich, setzte mich im Bett auf und lauschte. Eine Frau in der Zelle neben meiner stöhnte in langen, schluchzenden Atemzügen tödlicher Schmerzen. Sie hörte für ein paar Minuten auf, dann stöhnte sie wieder schrecklich. Die Wahrheit blitzte über mich hinweg und machte mich krank, als ich erkannte , dass dort in diesem schrecklichen Gefängnis ein Leben entstand. Eine Frau, gefangen nach menschlichen Gesetzen, schenkte der Welt ein Kind. Ein Kind, das in einer Zelle geboren wurde! Ich werde diese Nacht nie vergessen, noch was ich während der Geburtswehen dieser Frau erlitt, die, wie ich später erfuhr, einfach nur auf ihren Prozess wartete , weil eine Anklage gegen sie haltlos war.

Die Tage vergingen sehr langsam , die Nächte noch langsamer. Da ich im Krankenhaus war, konnte ich weder in die Kapelle noch zur Arbeit. Verzweifelt bat ich die Wärterin schließlich um etwas Näharbeit, und sie gab mir freundlicherweise einen eigenen Rock zum Säumen und später etwas grobes Strickzeug zum Stricken. Gefangenen waren einige Bücher erlaubt, hauptsächlich solche aus der „Sonntagsschule". Eines Tages fragte ich den Kaplan, ob es in der Bibliothek nicht einige französische oder deutsche Bücher gäbe, und er brachte mir einen Schatz, „ *Autour de mon Jardin* " von Jules Janin . Ein paar Tage lang war ich ganz glücklich, las mein Buch und übersetzte es auf der absurden kleinen Tafel, die sie uns anstelle von Papier und Bleistift gaben. Diese Tafel war schließlich eine große Hilfe. Ich machte alle möglichen Dinge damit. Ich führte einen Kalender, schrieb alle französischen Gedichte, an die ich mich erinnern konnte, darauf und nahm sogar Chorgesänge und alte englische Übungen auf. Es half mir wunderbar, die endlosen Stunden bis zu meiner Entlassung zu überbrücken. Ich vergaß sogar die Kälte, die ich umso schwerer ertragen musste, weil ich den Pelzmantel, von dem ich wusste, dass er mit einem Schild mit meinem Namen versehen war, weggepackt hatte. Ich bettelte um den Mantel, aber sie wollten ihn mir nicht geben.

Endlich kam die Zeit, als sie mir alle meine Sachen zurückgaben und mich freiließen. An der Tür sprach mich der Gouverneur an und fragte mich, ob ich mich über etwas zu beschweren hätte. „Nicht über Sie", antwortete ich, „noch über eine der Wärterinnen. Nur über dieses Gefängnis und alle Männergefängnisse. Wir werden sie dem Erdboden gleichmachen."

Zurück in meinem gemütlichen Zuhause, umgeben von liebevollen Freunden, hätte ich mich ein paar Tage lang ruhig ausgeruht, aber an diesem Abend fand in der Albert Hall eine große Versammlung statt, die den Abschluss einer Woche der Selbstverleugnung markierte, um Geld für die diesjährige Kampagne zu sammeln. Frauen hatten Zeitungen, Blumen und Spielzeug verkauft, Kreuzungen gefegt und auf der Straße für die Sache gesungen. Viele Frauen, die in der Welt der Kunst und Literatur wohlbekannt waren, taten dies. Ich hatte das Gefühl, dass ich wenig tun würde, wenn ich nur an der Versammlung teilnahm. Also ging ich hin. Meine Freilassung wurde erst am nächsten Morgen erwartet, und niemand dachte daran, dass ich bei der Versammlung erscheinen würde. Mein Stuhl als Vorsitzender war mit einem großen Plakat mit der Aufschrift „Mrs. Pankhursts Stuhl" geschmückt. Nachdem alle anderen Platz genommen hatten, die Redner und Hunderte von ehemaligen Häftlingen, ging ich leise auf die Bühne, nahm das Plakat vom Stuhl und setzte mich. Ein lautes Geschrei erhob sich von den Frauen, als sie von ihren Sitzen sprangen und ihre Hände nach mir ausstreckten. Es dauerte eine Weile, bis ich sie vor lauter Tränen sehen oder vor lauter Emotionen, die mich wie ein Sturm erschütterten, mit ihnen sprechen konnte.

Am nächsten Morgen fuhr ich mit den anderen entlassenen Gefangenen nach Peckham , einem Wahlkreis in London, wo die WSPU-Mitglieder einen harten Nachwahlkampf führten. In offener Kleidung zogen wir durch die Straßen, gekleidet in Gefängniskleidung oder in exakter Nachbildung davon. Natürlich erregten wir viel Aufmerksamkeit und Sympathie, und unsere täglichen Versammlungen auf Peckham Rye, wie ihr Gemeindebezirk genannt wird, zogen riesige Menschenmengen an. Am Wahltag standen unsere Mitglieder an jedem Wahllokal, und viele Männer, die zu den Wahllokalen kamen, sagten uns, dass sie zum ersten Mal „für die Frauen" stimmten, womit sie gegen die Regierung meinten. In dieser Nacht wurde unter großer Aufregung bekannt gegeben, dass die liberale Mehrheit von 2.339 bei der letzten Parlamentswahl in eine konservative Mehrheit von 2.494 umgewandelt worden war. In den Zeitungen häuften sich Leserbriefe, in denen erklärt wurde, der Verlust dieses wichtigen liberalen Sitzes sei fast ausschließlich der Arbeit der Suffragetten zuzuschreiben, und viele prominente Liberale forderten die Parteiführer auf, vor den nächsten Parlamentswahlen etwas für die Frauen zu tun. Die liberalen Führer reagierten mit der üblichen Scharfsinnigkeit von Politikern überhaupt nicht. Stattdessen sahen sie mit Billigung dem Aufstieg des Erzfeindes der Suffragistinnen, Herrn Asquith, in die höchste Macht zu.

Herr Asquith wurde etwa Ostern 1908 Premierminister, nachdem Sir Henry Campbell-Bannerman aus gesundheitlichen Gründen zurückgetreten war. Herr Asquith wurde nicht wegen seiner bemerkenswerten staatsmännischen Leistungen und auch nicht wegen seiner großen persönlichen Popularität gewählt – denn er besaß weder das eine noch das andere –, sondern einfach, weil gerade kein besserer Mann verfügbar schien. Er war als kluger, scharfsinniger und etwas skrupelloser Anwalt bekannt. Er hatte zur Zufriedenheit seiner Partei mehrere hohe Ämter innegehabt und war unter Sir Henry Campbell-Bannerman Schatzkanzler gewesen, ein Posten, der allgemein als Sprungbrett zum Amt des Premierministers angesehen wird. Das Beste, was die liberale Presse über den neuen Premierminister zu sagen hatte, war, dass er ein „starker" Mann war. In der Politik wird dieser Begriff im Allgemeinen verwendet, um einen hartnäckigen Mann zu beschreiben, und das wussten wir bereits von Herrn Asquith. Er war ein unverblümter Gegner des Frauenwahlrechts, und es war uns klar genug, dass sich keine Methoden der Erziehung oder Überzeugung bei ihm als erfolgreich erweisen würden. Daher war der Handlungsbedarf unsererseits größer denn je.

Eine solche Gelegenheit bot sich sofort durch die Veränderungen, die im neuen Kabinett stattfanden. Nach englischem Recht sind alle Neuzugänge im Kabinett verpflichtet, ihre Sitze im Parlament aufzugeben und sich ihren Wahlkreisen zur Wiederwahl zu stellen. Neben diesen Vakanzen gab es noch mehrere andere, die durch Tod oder Erhebung in den Adelsstand entstanden waren. Dies machte eine Reihe von Nachwahlen notwendig, und die Women's Social and Political Union trat erneut gegen die liberalen Kandidaten an. Ich werde auf diese Nachwahlen nicht näher eingehen, als nötig ist, um die Auswirkungen unserer Arbeit auf die Regierung und ihre anschließende Auswirkung auf unsere Bewegung aufzuzeigen – die uns zu immer mehr Militanz zwang. Ich überlasse es dem ehrlichen Urteil meiner Leser, die Verantwortung für diese ersten zerbrochenen Fenster dort zu suchen, wo sie hingehört.

Als unseren ersten Kandidaten wählten wir Herrn Winston Churchill, der gerade dabei war, in seinem Wahlkreis im Nordwesten Manchesters seine Ernennung zum Präsidenten des Board of Trade zu genehmigen. Meine Tochter Christabel übernahm die Leitung dieser Wahl und ihre Arbeit und die ihrer Kräfte waren so erfolgreich, dass Herr Churchill seinen Sitz mit 420 Stimmen verlor. Alle Zeitungen gaben zu, dass es die Suffragetten waren, die Herrn Churchill besiegt hatten, und eine liberale Zeitung, die London *Daily News* , forderte die Partei auf, einem unerträglichen Zustand ein Ende zu setzen, indem sie der Forderung der Frauen nach Wahlrecht nachkam.

Ein weiterer Sitz wurde Herrn Churchill sofort gesichert, nämlich der von Dundee, das damals - rein parteipolitisch - stark liberal und daher sicher war. Trotzdem beschlossen wir, dort gegen Herrn Churchill zu kämpfen, ihn wenn möglich zu besiegen und auf jeden Fall die liberale Mehrheit zu stürzen. Ich übernahm persönlich die Leitung des Wahlkampfs und hielt am Abend vor Herrn Churchills Ankunft eine sehr große Versammlung in Kinnaird Hall ab. Obwohl er sich seiner Wahl in diesem schottischen Wahlkreis absolut sicher war, fürchtete Herr Churchill die Wirkung unserer Anwesenheit auf die liberalen Frauen. Die zweite Versammlung, vor der er in Dundee sprach, war nur für Frauen, und anstatt um Unterstützung der verschiedenen Maßnahmen zu bitten, die tatsächlich auf dem Regierungsprogramm standen - die übliche Methode der Politiker -, sprach er davon, dass wir mit Sicherheit innerhalb kurzer Zeit das Parlamentswahlrecht für Frauen sichern würden. "Niemand", erklärte er, "kann die Tatsache ignorieren, dass das Frauenwahlrecht bei den nächsten Parlamentswahlen ein echtes, praktisches Thema sein wird; und ich denke, das nächste Parlament sollte die Erfüllung der Forderungen der Frauen erleben. Ich schließe nicht aus, dass das Thema Frauenwahlrecht in diesem Parlament behandelt wird." Churchill bekräftigte nachdrücklich seinen Anspruch, als wahrer Freund der Frauenfrage zu gelten; als er jedoch zu einer Zusage gedrängt wurde, dass seine Regierung Maßnahmen ergreifen werde, berief er sich auf seine Unfähigkeit, für seine Kollegen zu sprechen.

Dieses trügerische Versprechen oder vielmehr die Prophezeiung des Frauenwahlrechts zu einem unbestimmten Zeitpunkt überzeugte viele liberale Frauen, die sich sofort entschlossen für die Wahl von Herrn Churchill einsetzten. Dundee hat eine große Bevölkerung von extrem armen Menschen, Arbeiter in den Jute- und Marmeladenfabriken. Einige rechtzeitig gemachte Zugeständnisse in Sachen Zuckersteuer und die Ankündigung, dass die neue Regierung Altersrenten einführen wolle, lösten eine enorme Welle liberaler Begeisterung aus, die Herrn Churchill trotz unserer unermüdlichen Arbeit ins Amt spülte. Wir hielten etwa zweihundert Versammlungen ab und am Wahlabend fünf riesige Demonstrationen – vier davon im Freien und eine, die eine große Exerzierhalle füllte. Der Wahltag, der 9. Mai, war sehr aufregend. Auf jede Suffragette an den Wahllokalen kamen ein halbes Dutzend liberale Männer und Frauen, die Plakate mit Aufschriften wie „Wählen Sie Churchill und kümmern Sie sich nicht um die Frauen" und „Wählen Sie Churchill und halten Sie die Frauen draußen" verteilten. Trotz aller Bemühungen erhielt Churchill bei den Parlamentswahlen 2.200 Stimmen weniger als sein liberaler Vorgänger.

In den ersten sieben Nachwahlen nach der Ernennung von Herrn Asquith zum Premierminister gelang es uns, die Stimmenzahl der Liberalen um 6663 zu senken. Dann geschah etwas, das unseren Fortschritt bremste. Herr Asquith empfing eine Abordnung liberaler Parlamentsmitglieder, die ihn drängten, den Stanger-Wahlrechtsentwurf, der seine zweite Lesung mit großer Mehrheit angenommen hatte, in ein Gesetz umzusetzen. Herr

Asquith antwortete, dass er selbst nicht wünsche, dass Frauen das Wahlrecht erhalten, und dass es der Regierung nicht möglich sei, Herrn Stangers Gesetzentwurf die erforderlichen Erleichterungen zu gewähren. Er fügte hinzu, dass er sich der vielen Mängel des Wahlsystems durchaus bewusst sei und dass die Regierung beabsichtige, „vorbehaltlich etwaiger Zufälle", vor Ende dieser Legislaturperiode einen Reformentwurf einzubringen. Das Frauenwahlrecht würde darin keinen Platz haben, aber der Entwurf würde so formuliert sein, dass ein Änderungsantrag zum Frauenwahlrecht hinzugefügt werden könnte, wenn ein Mitglied dies vorbringen würde. In diesem Fall, sagte Herr Asquith, sollte er es nicht als Pflicht der Regierung ansehen, sich der Änderung zu widersetzen, wenn sie von der Mehrheit des Unterhauses angenommen würde – *vorausgesetzt* , die Änderung folgte demokratischen Grundsätzen und hätte die Unterstützung, die starke und unzweifelhafte Unterstützung der Frauen des Landes sowie der gegenwärtigen Wählerschaft hinter sich.

Man würde nicht annehmen, dass eine so ausweichende Äußerung wie diese irgendwo als Versprechen aufgefasst würde, dass das Frauenwahlrecht unter der Regierung Asquith echte Erfolgschancen erhalten würde. Dass es von vielen durchaus ernst genommen wurde, ist nur ein weiterer Beweis für die Leichtgläubigkeit der parteiblinden Öffentlichkeit. Die liberale Presse lobte Herrn Asquiths „Versprechen" und rief zu einem Waffenstillstand auf, damit die Regierung jede Gelegenheit zum Handeln habe. Der *Star sagte* in einem Leitartikel, der für viele andere typisch ist: „Die Bedeutung von Herrn Asquiths Versprechen ist klar. Das Frauenwahlrecht wird im Unterhaus verabschiedet, bevor die gegenwärtige Regierung ins Land geht."

Was die Frauenvereinigungen der Liberalen angeht, so waren sie vor Freude außer sich. Auf einer Konferenz, die einberufen wurde, um Resolutionen der Dankbarkeit zu verabschieden, sagte Lady Carlisle: „Dies ist ein herrlicher Tag der Freude. Unser großartiger Premierminister, ihm gebührt alle Ehre , hat uns einen Weg eröffnet, auf dem wir jenes Erbe antreten können, das uns zu lange verwehrt blieb."

Bei den beiden folgenden Nachwahlen, den letzten der Reihe, wurden riesige Plakate mit dem Titel „Großes Reformgesetz des Premierministers: Frauenwahlrecht" aufgehängt. Wir versuchten den Wählern zu erklären, dass das Versprechen auf den ersten Blick falsch war; dass die fadenscheinige Klausel, dass der Änderungsantrag „demokratisch" sein müsse, keinen Zweifel daran ließe, dass die Regierung jeden praktischen Änderungsantrag, der eingebracht werden könnte, ablehnen würde. Unsere Worte stießen auf taube Ohren und die liberalen Mehrheiten stiegen rasant.

Nur eine Woche später wurde Herr Asquith im Unterhaus von einem leicht beunruhigten Mitglied, das gegen das Frauenwahlrecht war, befragt. Das

Mitglied fragte Herrn Asquith, ob er sich verpflichtet fühle, den Reformentwurf während dieser Legislaturperiode einzubringen, ob er beabsichtige, einem solchen Gesetzentwurf eine Änderung des Frauenwahlrechts zu erlauben, falls eine solche vorgeschlagen würde, und ob in diesem Fall die Änderung des Frauenwahlrechts Teil der Regierungspolitik werden würde. Ausweichend wie immer antwortete der Premierminister nach einigem Geplänkel: „Mein ehrenwerter Freund hat mir eine Frage bezüglich einer fernen und spekulativen Zukunft gestellt." So wurde unsere Interpretation von Herrn Asquiths „Versprechen" aus seinem eigenen Mund gerechtfertigt. Doch die liberalen Frauen klammerten sich immer noch an die Hoffnung auf Maßnahmen der Regierung, und die liberale Presse gab vor, daran festzuhalten. Was die Women's Social and Political Union betraf, bereiteten wir uns auf mehr Arbeit vor. Wir mussten einen neuen Weg einschlagen, da es offensichtlich war, dass die Regierung unsere Arbeit bei den Nachwahlen zumindest für eine Weile durch weitere falsche Versprechungen neutralisieren konnte. Im Einklang mit unserer Politik, nie weiter zu gehen, als die Regierung es uns erlaubt, war unsere erste Aktion vollkommen friedlich.

An dem Tag, als der Stanger-Gesetzentwurf seine zweite Lesung im Repräsentantenhaus erreichte und mehrere Tage, nachdem ich zum ersten Mal nach Holloway gegangen war, hielt Herr Herbert Gladstone, der Innenminister, eine Rede, die die Suffragetten sehr interessierte. Er bekannte sich als Suffragist und erklärte, dass er beabsichtige, für den Gesetzentwurf zu stimmen. Dennoch war er überzeugt, dass er nicht verabschiedet werden könne, da es im Kabinett Uneinigkeit gebe und keine politische Partei dafür oder dagegen einig sei. Das Frauenwahlrecht, sagte Herr Gladstone, müsse alle Phasen durchlaufen, die erforderlich sind, damit große Reformen reifen können. Erst akademische Diskussionen, dann wirksame Maßnahmen, das sei die Geschichte des Männerwahlrechts; das müsse auch beim Frauenwahlrecht der Fall sein. "Die Menschen", erklärte Herr Gladstone, "haben diese Lektion gelernt und wissen, dass es notwendig ist, die Größe ihrer Bewegung zu demonstrieren und jene *höhere Gewalt zu etablieren* , die eine Regierung zu wirksamer Arbeit antreibt und ausrüstet. Das ist die Aufgabe, die vor den Anhängern dieser großen Bewegung liegt. Wenn man auf die großen politischen Krisen der dreißiger, sechziger und achtziger Jahre zurückblickt, wird man feststellen, dass die Menschen nicht in kleinen Gruppen unterwegs waren und sich auch nicht mit begeisterten Versammlungen in großen Sälen zufrieden gaben; sie versammelten sich zu Zehntausenden im ganzen Land.

„Natürlich", fügte Herr Gladstone hinzu, „ist nicht zu erwarten, dass sich Frauen in solchen Massen versammeln können, aber die Macht gehört den Massen, und durch diese Macht kann eine Regierung zu wirksameren

Maßnahmen bewegt werden, als sie unter den gegenwärtigen Bedingungen wahrscheinlich ergreifen würde."

Die Women's Social and Political Union war entschlossen, diese Herausforderung anzunehmen. Wenn es ausreichte, große Menschenmengen zu versammeln, um die Regierung davon zu überzeugen, dass das Frauenwahlrecht das akademische Stadium überschritten hatte und nun politische Maßnahmen erforderte, dann glaubten wir, dass wir auch das skeptischste Mitglied des Kabinetts überzeugen konnten. Wir wussten, dass wir eine Demonstration organisieren konnten , die jede der großen Wahlrechtsdemonstrationen der Männer in den dreißiger, sechziger und achtziger Jahren in den Schatten stellen würde. Die größte Zahl von Menschen, die sich jemals in Hyde Park versammelt hatte, soll bei etwa 72.000 gelegen haben. Wir beschlossen, eine Demonstration in Hyde Park mit mindestens 250.000 Menschen zu organisieren . Sonntag, der 21. Juni 1908, wurde als Datum für diese Demonstration festgelegt, und viele Monate lang arbeiteten wir daran, diesen Tag zu einem denkwürdigen Tag in der Geschichte der Bewegung zu machen. Die nichtmilitanten Suffragistinnen folgten unserem Beispiel und organisierten etwa eine Woche vor unserer Demonstration eine eigene schöne Prozession. Dreizehntausend Frauen, so hieß es, marschierten in dieser Prozession mit.

Für unsere Demonstration gaben wir allein für Werbung über tausend Pfund oder fünftausend Dollar aus. Wir bedeckten die Plakatwände von London und allen größeren Provinzstädten mit großen Plakaten, auf denen die Frauen abgebildet waren, die die zwanzig Redenbühnen besetzen sollten; außerdem waren eine Karte von London mit den Routen der sieben Prozessionen und ein Plan des Versammlungsortes im Hyde Park zu sehen. London war natürlich gründlich organisiert . Wochenlang war eine kleine Armee von Frauen damit beschäftigt, mit Kreide Ankündigungen auf Bürgersteige zu schreiben, Handzettel zu verteilen, von Haus zu Haus zu gehen und die Demonstration mit Plakaten und Sandwich-Tafeln bekannt zu machen, die durch die Straßen getragen wurden. Wir luden alle ein, daran teilzunehmen, auch die beiden Häuser des Parlaments. Einige Tage vor der Demonstration mieteten und dekorierten Mrs. Drummond und eine Reihe anderer Frauen ein Boot und segelten die Themse hinauf zu den Houses of Parliament, wo sie zu der Zeit ankamen, zu der die Abgeordneten ihre Freundinnen zum Tee auf der Terrasse empfingen. Alle verließen die Tische und drängten sich zum Wasser, als das Boot anhielt und Mrs. Drummonds starke, klare Stimme ihre Einladung an das Kabinett und die Parlamentsmitglieder erschallen ließ, an der Frauendemonstration im Hyde Park teilzunehmen. „Kommen Sie am Sonntag in den Park", rief sie. „Sie werden Polizeischutz haben und es wird keine Verhaftungen geben, das versprechen wir Ihnen." Ein alarmierter Mensch rief nach den Polizeibooten, aber als diese auftauchten, fuhr das Frauenboot davon.

Was für ein Tag war der Sonntag, der 21. Juni – klar, strahlend, erfüllt von goldenem Sonnenschein! Als ich mit der ehrwürdigen Mrs. Wolstenholm-Elmy die erste der sieben Prozessionen anführte, kam es mir so vor, als sei ganz London gekommen, um unserer Demonstration beizuwohnen. Und ein guter Teil Londons folgte den Prozessionen. Als ich meine Plattform im Hyde Park bestieg und die gewaltigen Menschenmengen betrachtete, die dort warteten, und die endlosen Menschenmengen, die noch immer aus allen Richtungen in den Park strömten, war ich von Erstaunen erfüllt, nicht ohne Ehrfurcht. Niemals hätte ich geglaubt, dass so viele Menschen zusammenkommen könnten, um an einer politischen Demonstration teilzunehmen. Es war ein fröhliches und schönes sowie ehrfurchtgebietendes Schauspiel, denn die weißen Gewänder und blumenbesetzten Hüte der Frauen vor dem Hintergrund der alten Bäume verliehen dem Park das Aussehen eines riesigen Gartens in voller Blüte.

Die Signalhörner ertönten, und die Redner auf jeder der zwanzig Tribünen begannen ihre Ansprachen, die höchstens die Hälfte oder ein Drittel des riesigen Publikums hören konnten. Trotzdem blieben sie bis zum Ende. Um fünf Uhr ertönten die Signalhörner erneut, die Reden hörten auf, und die Resolution, die die Regierung aufforderte, unverzüglich ein offizielles Gesetz zum Frauenwahlrecht einzubringen, wurde auf jeder Tribüne angenommen, oft ohne Gegenstimme. Dann löste sich die große Versammlung unter einem dreimal wiederholten Ruf „Stimmen für Frauen!" aus der versammelten Menge auf.

Die Londoner *Times* schrieb am nächsten Tag: „Die Veranstalter hatten mit 250.000 Zuschauern gerechnet. Diese Erwartung wurde mit Sicherheit erfüllt, und wahrscheinlich hat sich die Zahl sogar verdoppelt, und es dürfte schwierig sein, jemandem zu widersprechen , der behauptet, sie sei verdreifacht worden. Wie die Entfernungen und die Zahl der Sterne lagen auch diese Fakten jenseits der Wahrnehmungsschwelle."

Im *Daily Express* hieß es: „Wahrscheinlich haben noch nie zuvor irgendwo in England so viele Menschen auf einem Platz gestanden. Menschen, die vor Jahren das große Treffen von Gladstone miterlebt haben, sagten, im Vergleich zu der Menschenmenge von gestern sei das nichts gewesen."

Wir waren der Meinung, dass wir die Herausforderung in Herrn Gladstones Erklärung, dass „die Macht den Massen gehört", beantwortet hatten und dass die Regierung durch diese Macht beeinflusst werden könnte. Daher schickten wir voller Hoffnung eine Kopie der Resolution an den Premierminister und fragten ihn, welche Antwort die Regierung dieser beispiellosen Versammlung von Männern und Frauen geben würde. Herr Asquith antwortete förmlich, dass er seiner vorherigen Erklärung nichts hinzuzufügen habe – dass die Regierung beabsichtige, zu einem unbestimmten Zeitpunkt ein allgemeines Reformgesetz einzubringen, das geändert werden *könnte* , um das Frauenwahlrecht einzuschließen. Unsere wunderbare Demonstration hatte, so schien es, überhaupt keinen Eindruck auf ihn gemacht.

# KAPITEL III

Nun waren wir an einem Punkt angelangt, an dem wir zwischen zwei Alternativen wählen mussten. Wir hatten alle Argumente erschöpft. Daher mussten wir entweder unsere Agitation ganz aufgeben, wie es die Suffragistinnen der achtziger Jahre praktisch getan hatten, oder wir mussten handeln und weiter handeln, bis der Egoismus und die Sturheit der Regierung gebrochen oder die Regierung selbst zerstört war. Solange die Regierung nicht dazu gezwungen wurde, so erkannten wir, würde sie den Frauen niemals das Wahlrecht geben.

Wir erkannten die Wahrheit der Worte von John Bright, die er während der Debatte um das Reformgesetz von 1867 sprach. John Bright erklärte damals, das Parlament sei nie für Reformen zu haben. Das Reformgesetz von 1832 sei der damaligen Regierung mit Gewalt abgerungen worden, und bevor ein weiteres Gesetz verabschiedet werden könne, müssten die Agitatoren die Straßen von Charing Cross bis Westminster Abbey mit Menschen füllen. Auf John Brights Rat hin riefen wir die Öffentlichkeit dazu auf, sich uns bei einer großen Demonstration am 30. Juni vor dem Unterhaus anzuschließen. Wir wollten sicherstellen, dass die Regierung unsere große Anhängerschaft nicht nur sah, sondern auch las. Eine öffentliche Proklamation des Polizeipräsidenten wurde sofort herausgegeben, in der die Öffentlichkeit davor gewarnt wurde, sich auf dem Parliament Square zu versammeln, und in der erklärt wurde, dass die Zufahrten zum Parlamentsgebäude offen gehalten werden müssten.

Wir beharrten darauf, die Demonstration anzukündigen, und ich schrieb Herrn Asquith einen Brief, in dem ich ihm mitteilte, dass eine Abordnung ihn am Nachmittag des 30. Juni um halb fünf erwarten würde. Wir hielten das übliche Frauenparlament in Caxton Hall ab, wonach Mrs. Pethick Lawrence, elf andere Frauen und ich aufbrachen. Wir stießen auf keinen Widerstand seitens der Polizei, sondern marschierten durch jubelnde Zuschauermengen zum Fremdeneingang des Unterhauses. Hier wurden wir von einer großen Gruppe uniformierter Männer unter dem Kommando von Inspektor Scantlebury von der Polizei empfangen. Der Inspektor, den ich persönlich kannte, trat vor und fragte offiziell: „Sind Sie Mrs. Pankhurst, und ist dies Ihre Abordnung?"

„Ja", antwortete ich.

„Mein Befehl lautet, Sie aus dem Unterhaus auszuschließen."

„Hat Mr. Asquith meinen Brief erhalten?" fragte ich.

Als Antwort zog der Inspektor meinen Brief aus der Tasche und reichte ihn mir.

„Hat Mr. Asquith keine Nachricht oder sonst eine Antwort zurückgeschickt?", erkundigte ich mich.

„Nein", antwortete der Inspektor.

Wir drehten uns um und gingen zurück zum Caxton Hall, um dem wartenden Publikum zu erzählen, was geschehen war. Wir beschlossen, dass wir nichts anderes tun konnten, als geduldig bis zum Abend zu warten und zu sehen, wie gut die Öffentlichkeit auf unseren Aufruf, uns auf dem Parliament Square zu treffen, reagieren würde. Wir wussten bereits, dass die Straßen voller Menschen waren, und obwohl es noch früh war, wuchs die Menschenmenge schnell. Um acht verließen wir Caxton Hall in Gruppen und fanden den Parliament Square vollgestopft vor, der am nächsten Tag auf mindestens 100.000 Menschen geschätzt wurde. Von den Stufen öffentlicher Gebäude, von Steinwällen, von den Eisengeländern des Palace Yard, an denen sie sich unsicher festklammerten, hielten unsere Frauen Reden, bis die Polizei sie herunterzog und in die bewegte, schwankende, aufgeregte Menge schleuderte. Einige der Frauen wurden verhaftet, andere wurden lediglich aufgefordert, weiterzugehen. Von den Zuschauern erschallte ein gemischtes Beifall- und Hohngeschrei. Einige der Männer waren Schlägertypen, die gekommen waren, um sich zu amüsieren. Andere zeigten aufrichtiges Mitgefühl und versuchten tapfer, uns zu helfen, das Unterhaus zu erreichen. Immer wieder wurden die Polizeiketten durchbrochen, und nur durch wiederholte Angriffe der berittenen Polizei konnten die Angriffe der Menschen abgewehrt werden. Viele Parlamentsmitglieder, darunter Mr. Lloyd-George, Mr. Winston Churchill und Mr. Herbert Gladstone, kamen, um dem Kampf beizuwohnen, der bis Mitternacht dauerte und mit der Verhaftung von 29 Frauen endete. Zwei dieser Frauen wurden verhaftet, nachdem sie jeweils einen Stein durch ein Fenster von Mr. Asquiths Amtssitz in der Downing Street geworfen hatten. Der Wert der Fenster betrug etwa 2,40 Dollar.

Dies war der erste Fenstereinschlag in unserer Geschichte. Mrs. Mary Leigh und Miss Edith New, die die Steine geworfen hatten, ließen mir vom Polizeigericht aus ausrichten, dass sie, da sie ohne Befehl gehandelt hatten, eine Verurteilung durch das Hauptquartier nicht übelnehmen würden. Statt sie zu verurteilen, besuchte ich sie sofort in ihren Zellen und versicherte ihnen meine Zustimmung zu ihrer Tat. Das Einschlagen von Fenstern ist eine althergebrachte Methode, in einer politischen Situation Missfallen zu zeigen. Wie eine der Zeitungen in einem Kommentar zu der Angelegenheit richtig sagte: „Wenn der König und die Königin am 13. dieses Monats in Apsley speisen , werden sie in Räumen bewirtet, deren Fenster der Herzog von Wellington mit eisernen Fensterläden vor der Wut seiner politischen Gegner schützen musste."

In Winchester kam es beispielsweise vor einigen Jahren zu einem großen Aufruhr als Protest gegen die Verbringung einer historischen Kanone von einem Stadtteil in einen anderen. Im Zuge des Aufruhrs wurden Fenster eingeschlagen und andere Besitztümer zerstört, wobei sehr große Schäden entstanden. Dieser Aufruhr wurde nicht geahndet und die Behörden gaben der öffentlichen Meinung nach, die auf diese Weise zum Ausdruck kam, und brachten die Kanone an ihren ursprünglichen Platz zurück.

Das Einschlagen von Fenstern wird von Engländern als ehrlicher Ausdruck politischer Meinung angesehen. Das Einschlagen von Fenstern von Engländern wird als Verbrechen geahndet. Als der Richter Mrs. Leigh und Miss New zu zwei Monaten Haft in der ersten Abteilung verurteilte, verwendete er sehr strenge Worte und erklärte, dass so etwas nie wieder passieren dürfe. Natürlich versicherten ihm die Frauen, dass es wieder passieren würde. Mrs. Leigh sagte: „Wir haben keine andere Möglichkeit, als uns gegen die Unterdrückung aufzulehnen und, wenn nötig, zu härteren Maßnahmen zu greifen. Dieser Kampf geht weiter."

Der Sommer 1908 gilt als eine der drückendsten Hitzeperioden, die das Land seit Jahren erlebt hatte. Unsere Gefangenen in Holloway litten sehr, einige wurden durch die Hitze, die schlechte Luft und das miserable Essen schwer krank. Wir, die wir den Sommer mit Wahlkampf verbrachten, litten ebenfalls, wenn auch in geringerem Maße. Es war eine enorme Erleichterung, als die kühlen Herbsttage einsetzten, und mit neuer Kraft bereiteten wir uns auf den Eröffnungstag des Parlaments am 12. Oktober vor. Wieder beschlossen wir, eine Abordnung zum Premierminister zu schicken, und wieder luden wir die breite Öffentlichkeit ein, an der Demonstration teilzunehmen. Wir hatten Tausende kleiner Handzettel mit der Aufschrift gedruckt: „Männer und Frauen, helft den Suffragetten, das Unterhaus am Dienstagabend, dem 13. Oktober, um 19:30 Uhr zu stürmen."

## FRAU PANKHURST UND CHRISTABEL VERSTECKEN SICH VOR DER POLIZEI AUF DEM DACHGARTEN DES CLEMENTS INN

### *Oktober 1908*

Am Sonntag, dem 11. Oktober, hielten wir eine große Versammlung auf dem Trafalgar Square ab. Meine Tochter Christabel, Mrs. Drummond und ich sprachen vom Sockel des Nelson-Denkmals. Wie wir später erfuhren, war Mr. Lloyd-George im Publikum. Die Polizei war dort und machte sich ausführlich Notizen von unseren Reden. Es war uns nicht entgangen, dass sie uns täglich beobachteten, uns auf Schritt und Tritt folgten und auf zahlreiche Weisen zeigten, dass sie den Befehl hatten, all unsere Bewegungen zu verfolgen. Der Höhepunkt kam am Mittag des 12. Oktober, als Christabel, Mrs. Drummond und mir jeweils ein eindrucksvolles juristisches Dokument zugestellt wurde, in dem es hieß: „Der Polizeipräsident hat heute mitgeteilt, dass Sie sich im Oktober des Jahres 1908 eines Verhaltens schuldig gemacht haben, das wahrscheinlich einen Friedensbruch provoziert hat, indem Sie ein bestimmtes Flugblatt initiierten und initiieren ließen, indem Sie es veröffentlichten und veröffentlichen ließen, in dem die Öffentlichkeit aufgefordert und angestachelt wurde, eine bestimmte unrechtmäßige und illegale Handlung zu begehen, nämlich am 13. Oktober d. M. um 19:30 Uhr das Unterhaus zu stürmen ."

Der letzte Absatz war eine Vorladung, am selben Nachmittag um drei Uhr auf der Polizeiwache Bow Street zu erscheinen. Wir gingen nicht zur Polizeiwache Bow Street. Wir gingen stattdessen zu einem überfüllten „At Home" in Queen's Hall, wo unsere Neuigkeiten vermutlich große Aufregung auslösten. Der Ort war von Polizisten umringt, und die Polizeireporter waren zur Stelle, um stenografische Berichte über alles aufzunehmen, was auf der Bühne gesagt wurde. Einmal erklang ein aufgeregter Ruf, dass ein Polizeiinspektor kommen würde, um uns zu verhaften. Aber der Beamte brachte nur eine Nachricht, dass die Vorladung auf den nächsten Morgen vertagt worden sei.

Da es uns nicht recht war, der vertagten Vorladung so früh Folge zu leisten, schrieb ich der Polizei eine höfliche Nachricht, in der ich mitteilte, dass wir am nächsten Abend um sechs Uhr in unserem Hauptquartier, Clements Inn Nr. 4, sein würden und dann zu seiner Verfügung stünden. Schnell wurden Haftbefehle gegen uns ausgestellt und Inspektor Jarvis angewiesen, diese sofort zu vollstrecken. Dies war ihm jedoch unmöglich, da Mrs. Drummond ihren letzten freien Tag mit privaten Angelegenheiten verbrachte, während meine Tochter und ich uns in einen anderen Teil des Clements Inn zurückgezogen hatten, einem großen, weitläufigen Gebäude. Dort, im Dachgarten der Privatwohnung der Pethick Lawrences, blieben wir den ganzen Tag beschäftigt, unter dem sanften Blau des Herbsthimmels, mit unserer Arbeit und unseren Vorbereitungen für eine lange Abwesenheit. Um sechs gingen wir die Treppe hinunter, straßentauglich gekleidet. Mrs. Drummond kam pünktlich an, die wartenden Beamten lasen die Haftbefehle vor, und wir fuhren alle in Taxis nach Bow Street. Für die Verhandlung war es zu spät. Wir beantragten Kaution, aber die Behörden waren nicht gewillt, uns an dem „Ansturm", den wir angestiftet hatten, teilnehmen zu lassen, und so mussten wir die Nacht auf der Polizeiwache verbringen. Die ganze Nacht lag ich wach und dachte an die Szenen, die sich auf den Straßen abspielten.

Am nächsten Morgen stand meine Tochter in einem bis auf den letzten Platz gefüllten Gerichtssaal auf, um ihren ersten Fall vor Gericht zu führen. Sie hatte sich das Recht auf einen Abschluss als LL.B. nach ihrem Namen verdient, aber da Frauen in England nicht als Anwältinnen zugelassen sind , war sie noch nie in einer anderen Funktion als der der Angeklagten vor Gericht erschienen. Jetzt schlug sie vor, die beiden Rollen der Angeklagten und der Anwältin zu kombinieren und den Fall für uns drei zu führen. Sie begann damit, den Richter zu bitten, den Fall nicht vor diesem Gericht zu verhandeln, sondern ihn vor einen Richter und eine Jury zu schicken. Wir hatten schon lange den Wunsch gehabt, die Fälle der Suffragetten vor einer Gruppe von Privatpersonen zu bringen, weil wir allen Grund hatten zu vermuten, dass die Polizeibeamten unter dem direkten Befehl eben jener Personen handelten, gegen die sich unsere Agitation richtete. Ein Schwurgerichtsverfahren wurde uns verweigert; aber nachdem die Voruntersuchung abgeschlossen war, gewährte der Richter, Mr. Curtis Bennett, eine Vertagung von einer Woche zur Vorbereitung des Falls.

Am 21. Oktober wurde der Prozess wieder aufgenommen. Der Gerichtssaal war genauso voll wie zuvor und der Pressetisch sogar noch voller, denn es war weithin bekannt geworden, dass wir tatsächlich zwei Mitglieder der Regierung vorgeladen hatten , die die Szenen am Abend des 13. Oktober miterlebt hatten. Der erste Zeuge, der den Zeugenstand betrat, war Mr. Lloyd-George. Christabel befragte ihn ausführlich über die Bedeutung und den Wert des Wortes „Ansturm" und schaffte es, ihn sehr unbehaglich zu machen – und die Anklage gegen uns sah sehr fadenscheinig aus. Dann befragte sie ihn über die Reden, die er am Trafalgar Square gehört hatte, und ob es irgendwelche Vorschläge gegeben hatte, Eigentum zu zerstören oder persönliche Gewalt anzuwenden. Er gab zu, dass die Reden gemäßigt und die Menschenmengen geordnet waren. Dann fragte Christabel plötzlich: „Es wurden keine Worte verwendet, die so wahrscheinlich zu Gewalt anstiften würden wie der Rat, den Sie in Swansea gaben, die Frauen rücksichtslos aus Ihrer Versammlung zu werfen?" Mr. Lloyd-George sah finster aus und antwortete nichts. Der Richter eilte Herrn Lloyd-George zu Hilfe. „Das ist völlig irrelevant", sagte er. „Das war eine private Versammlung." Es war eine öffentliche Versammlung, und Christabel sagte das auch. „ *In gewissem Sinne war es eine private Versammlung* ", beharrte der Richter.

Mr. Lloyd-George legte eine Miene großspuriger Empörung an den Tag, als Christabel ihn fragte: „Haben Sie uns nicht ermutigt, und wenn nicht Sie, dann Ihre Kollegen, derartige Maßnahmen zu ergreifen?" Mr. Lloyd-George verdrehte die Augen und antwortete: „Das würde mich sehr überraschen, Miss Pankhurst."

„Ist es nicht eine Tatsache", fragte Christabel, „dass Sie selbst uns ein Beispiel für Aufruhr gegeben haben?" „Ich habe nie eine Menschenmenge zur Gewalt angestachelt", rief der Zeuge. „Nicht im Fall des walisischen Friedhofs?", fragte sie. „Nein!", rief er wütend. „Sie haben ihnen nicht gesagt, sie sollen eine Mauer niederreißen und eine Leiche exhumieren?", fuhr Christabel fort. Er konnte dies nicht leugnen, aber „ich habe Ratschläge gegeben, die vom Berufungsgericht als fundierte Rechtsberatung befunden wurden", fauchte er und drehte sich in dem engen Zeugenstand so weit um, wie er konnte.

Mr. Herbert Gladstone hatte darum gebeten, früher aussagen zu dürfen, da er von wichtigen öffentlichen Aufgaben abgehalten wurde. Christabel bat darum, einen Zeugen befragen zu dürfen, bevor Mr. Gladstone den Zeugenstand betrat. Die Zeugin war Miss Georgiana Brackenbury , die kürzlich wegen der Sache sechs Wochen im Gefängnis verbracht hatte und seitdem Mr. Horace Smith, den Richter, kennengelernt und mit ihm gesprochen hatte. Dieser hatte ihr gegenüber ein äußerst wichtiges und schädliches Eingeständnis der Einmischung der Regierung in die Prozesse der Suffragistinnen abgelegt. Christabel stellte ihr eine Frage. „Hat Mr. Horace Smith Ihnen bei der Urteilsverkündung gesagt, dass er das tut, was ihm befohlen wurde?" „Diese Frage dürfen Sie nicht stellen!", rief der Richter. Aber der Zeuge hatte bereits mit „Ja" geantwortet. Im Gerichtssaal herrschte aufgeregte Aufregung. Unter Eid wurde festgehalten, dass ein Amtsrichter zugegeben hatte, dass die Suffragetten den vorliegenden Beweisen und dem Gesetz zufolge nicht von ihm selbst, sondern von der Regierung verurteilt wurden, da niemand daran zweifeln konnte, woher die Anordnungen von Mr. Horace Smith kamen.

Mr. Gladstone, rundlich, kahl und rothaarig, hat in keiner Weise Ähnlichkeit mit seinem berühmten Vater. Er betrat den Zeugenstand lächelnd und selbstbewusst, aber seine Selbstzufriedenheit verschwand, als Christabel ihn direkt fragte, ob die Regierung dem Polizeipräsidenten nicht befohlen habe, diese Maßnahmen gegen uns zu ergreifen. Natürlich intervenierte der Richter, und Mr. Gladstone beantwortete die Frage nicht. Christabel versuchte es erneut. „Haben Sie Mr. Horace Smith angewiesen, gegen Miss Brackenbury zu entscheiden und sie für sechs Wochen ins Gefängnis zu schicken?" Auch dagegen wurde Einspruch erhoben, wie gegen alle Fragen zu diesem Thema.

Während der gesamten Vernehmung griff der Richter ständig ein, um den Kabinettsminister vor Verlegenheiten zu bewahren, doch schließlich gelang es Christabel, Herrn Gladstone Punkt für Punkt dazu zu bringen, seine Aussage zuzugeben, dass Frauen niemals das Wahlrecht erhalten könnten, weil sie nicht wie die Männer dafür kämpfen könnten.

Eine große Zahl von Zeugen bezeugte den ordnungsgemäßen Ablauf der Demonstration am 13., und dann erhob sich Christabel, um zu plädieren. Sie begann mit der Erklärung, dass diese Maßnahmen, wie es in der Rechtsprechung heißt, „aus Bosheit und Ärger" ergriffen worden seien, um einen politischen Feind lahmzulegen. Sie erklärte, dass laut Gesetz die Anklage, die gegen uns erhoben werden könnte, die der illegalen Versammlung sei, aber die Regierung habe uns dieses Vergehens nicht angeklagt, weil sie den Fall vor ein Polizeigericht bringen wolle.

„Die Behörden wagen es nicht, diesen Fall vor ein Schwurgericht zu bringen", erklärte sie, „denn sie wissen ganz genau, dass wir freigesprochen würden, wenn er vor einem Schwurgericht unserer Landsleute verhandelt würde, so wie John Burns vor Jahren freigesprochen wurde, obwohl er Handlungen begangen hatte, die den öffentlichen Frieden weitaus gefährlicher machten als wir. Uns wird ein Schwurgerichtsverfahren verwehrt. Uns wird auch das Recht verwehrt, gegen die Entscheidung des Richters Berufung einzulegen. Dieses Verfahren ist sehr sorgfältig durchdacht."

Über den Handzettel sagte sie: „Wir bestreiten nicht, dass wir diesen Gesetzesentwurf herausgegeben haben; keiner von uns dreien wollte die Verantwortung leugnen. Wir haben den Gesetzesentwurf herausgegeben; wir haben dafür gesorgt, dass er in Umlauf kam; wir haben die Worte darauf geschrieben: ‚Kommen Sie und helfen Sie den Suffragetten, das Unterhaus zu stürmen.' Für diese Worte entschuldigen wir uns nicht . Es ist allgemein bekannt, dass wir diese Maßnahme ergriffen haben, um eine Forderung durchzusetzen, zu der wir laut der britischen Verfassung durchaus berechtigt sind."

**Christabel, Frau Drummond und Frau Pankhurst auf der
Anklagebank,**
erster Verschwörungsprozeß

*Oktober 1908*

Bei allem, was die Suffragetten getan haben und was sie noch tun könnten, so erklärte meine Tochter, würden sie nur in die Fußstapfen der Männer treten, die jetzt im Parlament sitzen. „Herr Herbert Gladstone hat uns in der

Rede, die ich ihm vorgelesen habe, gesagt, dass der Sieg durch Argumente allein nicht ausreicht. Da wir nicht hoffen können, allein durch Argumente zu gewinnen, ist es notwendig, den wilden Widerstand der Regierung gegen unseren Anspruch auf Staatsbürgerschaft mit anderen Mitteln zu überwinden. Er sagt: ‚Macht weiter, kämpft wie die Männer.' Und dann, wenn wir unsere Macht zeigen und die Menschen dazu bringen, uns zu helfen, geht er auf eine Weise gegen uns vor, die selbst in den alten Tagen der Zwangsmaßnahmen schändlich gewesen wäre. Dann ist da noch Herr Lloyd-George, der uns, wenn überhaupt jemand, ein Beispiel gegeben hat. Seine gesamte Karriere war eine Reihe von Revolten. Er hat gesagt, wenn wir das Wahlrecht nicht bekommen – merken Sie sich diese Worte –, wären wir berechtigt, die Methoden anzuwenden, die die Männer anwenden mussten, nämlich das Geländer von Hyde Park niederzureißen." Sie zitierte Lord Morley mit den Worten zu den Unruhen in Indien: „„Wir sind in Indien Zeuge einer lebendigen Bewegung, und eine Bewegung wofür? Für Dinge, von denen wir sie selbst gelehrt haben, sie seien erstrebenswert. Und wenn es uns nicht gelingt, Ordnung mit der Erfüllung dieser Ideale und Hoffnungen in Einklang zu bringen, wird die Schuld nicht bei ihnen liegen, sondern bei uns. Das wird den Zusammenbruch der britischen Staatskunst bedeuten.' – Wenden Sie diese Worte auf unseren Fall an", fuhr sie fort.

"Denken Sie daran, dass wir von liberalen Staatsmännern das verlangen, was für uns der größte Segen und das wesentlichste Recht ist – und wenn die gegenwärtige Regierung die Ordnung nicht mit unserer Forderung nach einer unverzüglichen Abstimmung in Einklang bringen kann , wird dies den Zusammenbruch ihrer Staatskunst bedeuten. Ja, ihre Staatskunst ist bereits zusammengebrochen. Sie sind in Ungnade gefallen. Nur vor diesem Gericht haben sie die geringste Hoffnung, Unterstützung zu finden."

Meine Tochter hatte mit Leidenschaft und Inbrunst gesprochen , und ihre berechtigte Empörung hatte sie zu Worten bewegt, die das Gesicht des Richters vor Zorn erröten ließen. Als ich aufstand, um vor Gericht zu sprechen, tat ich zunächst so, als sei ich ruhig, obwohl ich das nicht ganz empfand. Ich unterstützte alles, was Christabel über die Ungerechtigkeit unseres Prozesses und die Boshaftigkeit der Regierung gesagt hatte; ich protestierte gegen den Prozess gegen politische Straftäter vor einem gewöhnlichen Polizeigericht und sagte, dass wir keine Frauen seien, die als gewöhnliche Gesetzesbrecher vor Gericht kämen. Ich beschrieb Mrs. Drummonds ehrenwerte Karriere als Ehefrau, Mutter und selbständige Geschäftsfrau. Ich sagte: „Bevor Sie entscheiden, was mit uns geschehen soll, möchte ich, dass Sie von mir eine Erklärung darüber hören, was mich heute Morgen auf die Anklagebank gebracht hat." Und dann erzählte ich von meinem Leben und meinen Erfahrungen, von denen ich auf diesen Seiten vieles erzählt habe, von dem, was ich als Armenpflegerin und

Standesbeamtin gesehen und erfahren hatte; wie ich erkannt hatte, wie dringend notwendig es ist, den Status der Frauen zu ändern, die Gesetze zu verändern, unter denen sie und ihre Kinder leben, und wie wichtig es ist, Frauen zu selbstbestimmten Bürgern zu machen.

„Ich habe gesehen", sagte ich, „dass Männer durch das Gesetz ermutigt werden, die Hilflosigkeit der Frauen auszunutzen. Viele Frauen haben wie ich gedacht und viele, viele Jahre lang versucht, diese Gesetze durch den Einfluss, an den wir so oft erinnert wurden, zu ändern, aber wir haben festgestellt, dass dieser Einfluss nichts zählt. Wenn wir ins Unterhaus gingen, wurde uns, wenn wir hartnäckig blieben, immer wieder gesagt, dass die Abgeordneten den Frauen gegenüber keine Verantwortung tragen, sondern nur den Wählern gegenüber, und dass sie zu sehr mit der Reform dieser Gesetze beschäftigt seien, obwohl sie zustimmten, dass sie reformiert werden müssten.

„Wir Frauen haben größere Petitionen zur Unterstützung unseres Wahlrechts eingereicht, als jemals für irgendeine andere Reform eingereicht wurden; wir haben es geschafft, größere öffentliche Versammlungen abzuhalten, als Männer jemals für irgendeine Reform abgehalten haben, trotz der Schwierigkeiten, die Frauen haben, ihre natürliche Schüchternheit abzuschütteln, jenen Wunsch, der Öffentlichkeit zu entgehen, den wir von Generationen unserer Vormütter geerbt haben. Wir haben das durchbrochen. Wir haben uns an Straßenecken feindlichen Mobs gegenübergesehen, weil uns gesagt wurde, dass wir nicht die Vertretung für unsere Steuern haben könnten, die die Männer gewonnen haben, wenn wir nicht das ganze Land auf unsere Seite ziehen würden. Weil wir dies getan haben, wurden wir falsch dargestellt, wir wurden verspottet, wir wurden mit Verachtung überschüttet, und der unwissende Mob wurde dazu angestachelt, uns Gewalt anzutun, der wir unbewaffnet und ohne den Schutz der Kabinettsminister ausgesetzt waren. Wir wurden dazu getrieben; wir sind entschlossen, mit dieser Agitation fortzufahren, weil wir uns ehrenhaft dazu verpflichtet fühlen. So wie es die Pflicht Ihrer Vorfahren war, ist es unsere Pflicht, die Welt für Frauen zu einem besseren Ort zu machen, als sie es heute ist.

„Zuletzt möchte ich auf die Selbstbeherrschung aufmerksam machen, die unsere Anhänger in der Nacht des 13. nach unserer Verhaftung gezeigt haben. Unsere Regel war immer, geduldig zu sein, Selbstbeherrschung zu üben, unseren sogenannten Vorgesetzten zu zeigen, dass wir nicht hysterisch sind; keine Gewalt anzuwenden, sondern uns der Gewalt anderer auszusetzen.

„Das ist alles, was ich Ihnen zu sagen habe, Sir. Wir sind nicht hier, weil wir Gesetze brechen. Wir sind hier, um Gesetzgeber zu werden."

Die stämmigen Polizisten, die Reporter und die meisten Zuschauer weinten, als ich zu Ende sprach. Aber der Richter, der einen Teil der Zeit mit der Hand vor dem Gesicht zugehört hatte, war immer noch der Meinung, dass wir vor einem normalen Polizeigericht wegen Aufwieglers angeklagt worden waren. Da wir uns weigerten, uns zur Aufrechterhaltung des Friedens verpflichten zu lassen, verurteilte er Mrs. Drummond und mich zu drei Monaten Gefängnis und Christabel zu zehn Wochen Gefängnis. Es sollte eine Art Gefängnisstrafe werden, mit der die Behörden noch nie zu tun gehabt hatten.

# KAPITEL IV

Als ich Holloway erreichte, verlangte ich als Erstes, dass der Gouverneur gerufen wird. Als er kam, sagte ich ihm, dass die Suffragetten beschlossen hätten, sich nicht länger wie gewöhnliche Gesetzesbrecher behandeln zu lassen. Im Laufe unseres Prozesses hatten zwei Kabinettsminister zugegeben, dass wir politische Straftäter seien und uns deshalb von nun an weigern sollten, uns durchsuchen zu lassen oder uns in Gegenwart der Aufseherinnen auszuziehen. Ich für meinen Teil beanspruchte das Recht, während der Übungen oder wann immer ich mit ihnen in Kontakt käme, mit meinen Freunden zu sprechen, und ich hoffte, die anderen würden das auch tun. Der Gouverneur gab nach einigem Nachdenken den ersten beiden Forderungen nach, sagte jedoch, dass er das Innenministerium konsultieren müsse, bevor er uns gestatte, das Gebot des Schweigens zu brechen. Wir durften uns also privat umziehen und wurden als weiteres Zugeständnis in benachbarte Zellen gebracht. Dies war für mich jedoch kein großer Vorteil, da ich innerhalb weniger Tage in eine Krankenzelle verlegt wurde, da ich an der Krankheit litt, die mir das Leben im Gefängnis immer auferlegt. Hier besuchte mich der Gouverneur mit der unwillkommenen Nachricht, dass der Innenminister mir das Recht verweigert hatte, mit meinen Mitgefangenen zu sprechen. Ich fragte ihn, ob ich, wenn ich wieder stark genug zum Gehen wäre, mit meinen Freunden Sport treiben könnte. Er willigte ein, und bald hatte ich die Freude, meine Tochter und die anderen tapferen Kameraden wiederzusehen und mit ihnen durch den düsteren Hof des Gefängnisses zu gehen. Im Gänsemarsch gingen wir, in einem Abstand von drei oder vier Fuß voneinander, unter den steinernen Augen der Aufseherinnen hin und her. Die rauen Pflastersteine schmerzten an unseren Füßen, die wir in schwere, formlose Gefängnisstiefel steckten. Die Herbsttage waren kalt und freudlos, und wir zitterten heftig unter unseren knappen Umhängen. Aber von all unseren Strapazen war das unaufhörliche Schweigen unseres Lebens das Schlimmste.

## FRAU PANKHURST UND MISS CHRISTABEL PANKHURST IN GEFÄNGNISKLEIDUNG

Am Ende der zweiten Woche beschloss ich, dass ich es nicht länger ertragen würde. An diesem Nachmittag beim Training rief ich meine Tochter plötzlich beim Namen und forderte sie auf, still zu stehen, bis ich bei ihr wäre. Natürlich hielt sie inne, und als ich an ihrer Seite war, hakten wir uns unter und begannen leise zu reden. Eine Aufseherin lief auf uns zu und sagte: „Ich werde mir alles anhören, was Sie sagen." Ich antwortete: „Das können Sie gern tun, aber ich werde auf meinem Recht bestehen, mit meiner Tochter zu sprechen." Eine andere Aufseherin hatte hastig den Hof verlassen und kam nun mit einer großen Anzahl von Aufseherinnen zurück. Sie packten mich und brachten mich schnell in meine Zelle, während die anderen Häftlinge mit Wahlrecht meine Aktion lautstark bejubelten. Für ihre „Meuterei" bekamen sie drei Tage Einzelhaft und ich für meine eine viel strengere Strafe. Reuelos sagte ich dem Gouverneur, dass ich mich, ungeachtet der Strafe, die er mir auferlegen würde, nie wieder der Schweigepflicht unterwerfen würde. Einer Mutter zu verbieten, mit ihrer Tochter zu sprechen, war schändlich. Aus diesem Grund wurde ich als „gefährlicher Verbrecher" eingestuft und in Einzelhaft gesteckt, ohne Bewegung oder Kapelle, während ständig eine Aufseherin an meiner

Zellentür postiert war, um darauf zu achten, dass ich mit niemandem kommunizierte.

Es dauerte zwei Wochen, bis ich meine Freunde wiedersah, und inzwischen war Mrs. Drummonds Gesundheitszustand so ernsthaft angeschlagen, dass sie ins Krankenhaus entlassen wurde. Ich erfuhr, dass auch meine Tochter krank war, und in meiner Verzweiflung beantragte ich beim Board of Visiting Magistrates, sie besuchen zu dürfen. Nach einer langen Besprechung, während der ich draußen im Korridor warten musste, lehnten die Richter ab und sagten, ich könne meinen Antrag in einem Monat erneuern. Die Antwort, sagten sie, würde dann von meinem Verhalten abhängen. Ein Monat! Mein Mädchen könnte bis dahin tot sein. Meine Angst ließ mich wieder krank zu Bett gehen, aber obwohl ich es nicht wusste, war Erleichterung bereits auf dem Weg. Ich hatte den besuchenden Richtern gesagt, ich würde warten, bis die öffentliche Meinung in diese Mauern gelangt, und das geschah schneller, als ich zu hoffen gewagt hatte. Sobald Mrs. Drummond wieder in der Lage war, öffentlich aufzutreten, und die anderen Suffragetten-Gefangenen verbreiteten nach ihrer Freilassung die Geschichte unserer Meuterei und einer darauffolgenden Meuterei unter der Führung von Miss Wallace Dunlop, die eine große Zahl von Frauen in Einzelhaft brachte. Die Suffragetten marschierten zu Tausenden nach Holloway und drängten sich an den Zugängen zur Gefängnisstraße. Sie marschierten immer wieder rund um das Gefängnis, sangen die Marseillaise der Frauen und jubelten. Schwach drang der Klang an unsere Ohren und erleichterte unsere Last von Schmerz und Einsamkeit ungemein. In der folgenden Woche kamen sie wieder, wie wir später erfuhren, aber dieses Mal schickte die Polizei sie zurück, lange bevor sie das Gefängnis erreichten.

Die Demonstrationen und eine Flut von Fragen im Unterhaus brachten schließlich die Wahrheit. Aus dem Innenministerium kam die Anweisung, dass ich meine Tochter sehen sollte und dass wir täglich eine Stunde lang Sport treiben und miteinander reden dürften. Außerdem sollte uns das seltene Privileg zuteil werden, eine Tageszeitung zu lesen. Dann, am 8. Dezember, dem Tag von Christabels Freilassung, kam die Anweisung, dass auch ich zwei Wochen vor Ablauf meiner Haftstrafe entlassen werden sollte.

Beim Willkommensfrühstück, das uns als entlassenen Gefangenen im Lincoln's Inn Hotel gegeben wurde, sagte ich unseren Mitgliedern, dass wir alle von nun an darauf bestehen würden, uns nicht mehr an die normalen Gefängnisregeln zu halten. Wir hatten nicht vor, Gesetze zu brechen und uns dann der Strafe zu entziehen. Wir wollten einfach unser Recht geltend machen, als politische Gefangene anerkannt zu werden . Zu diesem Punkt gelangten wir nach reiflicher Überlegung. Wir nahmen uns zunächst vor, uns nicht über das Gefängnis zu beschweren, nichts darüber zu sagen, es zu vermeiden, uns von allen Nebensächlichkeiten fernzuhalten, auf dem geraden Weg der politischen Reform zu bleiben und das Wahlrecht zu bekommen; denn wir wussten, dass wir, wenn wir es gewonnen hätten, auch die Gefängnisse und viele andere Missstände reformieren könnten. Aber jetzt, da wir im Zeugenstand das Eingeständnis der Kabinettsminister gehört hatten, dass wir politische Straftäter seien, sollten wir in Zukunft die Behandlung fordern, die politischen Straftätern in allen zivilisierten Ländern zuteil wird. "Wenn Nationen", sagte ich, "immer noch so regiert werden, dass sie politische Straftäter schaffen, dann wird Großbritannien seine politischen Straftäter genauso behandeln, wie andere Nationen politische Straftäter behandeln. Wenn es üblich wäre, politische Straftäter so zu behandeln, wie gewöhnliche Straftäter gegen das Wohl der Gesellschaft behandelt werden, würden wir uns nicht beschweren, wenn wir so behandelt würden; aber es ist nicht internationale Sitte, dies zu tun, und deshalb werden wir der Würde der Frauen des Landes, dem Gewissen der Männer des Landes und dem Wohl unserer Nation unter den Nationen der Erde zuliebe nicht zulassen, dass die liberale Regierung uns in Zukunft wie gewöhnliche Gesetzesbrecher behandelt."

Das Gleiche sagte ich an jenem Abend bei einer großen Versammlung in Queen's Hall zur Begrüßung der freigelassenen Gefangenen, und obwohl wir alle wussten, dass unsere Entschlossenheit einen erbitterten Kampf mit sich brachte, unterstützten unsere Frauen sie ohne einen Moment zu zögern. Hätten sie die Ereignisse voraussehen können, die uns damals schon überschatteten, hätten sie die neuen Formen des Leidens und der Gefahr vorhersehen können, die uns erwarteten, so bin ich sicher, dass sie trotzdem dasselbe getan hätten, denn unsere Erfahrungen hatten uns gelehrt, auf Furcht zu verzichten. Was auch immer an Ängstlichkeit, an Scheu vor Schmerz oder Not einer von uns ursprünglich besessen haben mochte, es war alles verschwunden. Es gab keine Schrecken, denen wir uns jetzt nicht stellen mussten.

Das Jahr 1909 markiert einen wichtigen Punkt in unserem Kampf, zum Teil wegen unserer Entscheidung, uns nie wieder zu den Kriminellen zählen zu lassen, und zum Teil, weil wir in diesem Jahr die liberale Regierung dazu zwangen, sich öffentlich zum ältesten Volksrecht zu bekennen, dem Petitionsrecht. Wir hatten diesen Schritt lange erwogen, und nun schien die Zeit reif dafür.

In den letzten Tagen des Jahres 1908 sprach Herr Asquith über die Politik, die 1909 umgesetzt werden sollte, und kommentierte die verschiedenen Delegationen, die er zu dieser Zeit empfangen musste. Sie, sagte er, besuchten ihn „aus allen Richtungen und zu allen Anlässen, im Durchschnitt etwa zwei Stunden an drei Tagen in der Woche." Die Delegationen baten alle um unterschiedliche Dinge, und obwohl nicht alle Dinge in der Rede des Königs enthalten sein konnten, war Herr Asquith geneigt zuzustimmen, dass viele davon enthalten sein sollten. Diese Erklärung des Premierministers, dass er ständig Delegationen von Männern empfange und ihren Vorschlägen zu den zu verfolgenden politischen Maßnahmen wohlwollend zuhöre , rief bei den Suffragetten tiefe Empörung hervor. Dies brachten sie zum Teil am 25. Januar zum Ausdruck, als die erste Sitzung des Kabinettsrats stattfand. Eine kleine Delegation der WSPU begab sich nach Downing Street, um das Recht einzufordern, gehört zu werden, wie Männer gehört werden. Weil sie an die Tür der offiziellen Residenz klopften, wurden vier der Frauen, darunter meine Schwester, Mrs. Clark, verhaftet und für einen Monat ins Gefängnis geschickt.

Einen Monat später wurde das siebte unserer Frauenparlamente gegen diesen Beschluss und gegen die Tatsache einberufen, dass in der Rede des Königs keine Erwähnung von Frauen enthalten war. Unter der Führung von Mrs. Pethick Lawrence, Lady Constance Lytton und Miss Daisy Solomon bemühte sich eine Frauendelegation, die Resolution ins Unterhaus zu bringen. Sie wurden umgehend verhaftet und am nächsten Tag zu ein bis zwei Monaten Gefängnis verurteilt. Der Zeitpunkt rückte rasch näher, an dem die Rechtmäßigkeit dieser Verhaftungen geprüft werden musste. Im Juni des Jahres 1909 fand die Prüfung statt.

Man wird sich erinnern, dass wir versucht hatten , die Behörden dazu zu bringen, ihre Drohung wahr zu machen und uns auf Grundlage des veralteten „Tumultuous Petitions Act" von Charles II anzuklagen, der strenge Strafen für Personen vorsieht, die in Gruppen von mehr als zwölf Personen zum Parlament gehen, um Petitionen einzureichen. Es war festgelegt worden, dass unser Fall, wenn wir auf Grundlage dieses Gesetzes angeklagt würden, vor einem Richter und einer Jury statt vor einem Polizeirichter verhandelt würde. Da dies genau das war, was wir erreichen wollten, hatten wir eine Abordnung nach der anderen mit mehr als zwölf Personen geschickt, aber sie wurden immer vor Polizeigerichte gestellt und oft für so lange Zeiträume ins Gefängnis gesteckt, wie es der Charles II Act vorschrieb. Nun beschlossen wir, etwas noch Ehrgeizigeres zu tun; wir beschlossen, nicht den Charles II Act, sondern das verfassungsmäßige Recht des Untertans zu testen, Petitionen an den Premierminister als Sitz der Macht zu richten.

Das Petitionsrecht, das in England seit frühester Zeit besteht, wurde in die Bill of Rights aufgenommen, die 1689 bei der Thronbesteigung von Wilhelm und Maria in Kraft trat. Tatsächlich war es eine der Bedingungen, die an die Thronbesteigung der gemeinsamen Monarchen geknüpft waren. Laut der Bill of Rights „ist es das Recht der Untertanen, Petitionen an den König und alle Verpflichtungen zu richten, und die Verfolgung solcher Petitionen ist illegal." Da die Macht des Königs fast vollständig in die Hände des Parlaments übergegangen ist, steht der Premierminister nun dort, wo früher die Majestät des Königs stand. Es ist also klar, dass das Recht der Untertanen, Petitionen an den Premierminister zu richten, gesetzlich nicht verweigert werden kann. Dies wurde uns geraten, und um uns an den strengen Buchstaben des Gesetzes zu halten, akzeptierten wir die im Charles II Act festgelegten Beschränkungen des Petitionsrechts und beschlossen, dass unsere Petition von kleinen Frauengruppen ins Unterhaus getragen werden sollte.

Am Abend des 29. Juni berief ich erneut ein Frauenparlament ein. Zuvor hatte ich Herrn Asquith geschrieben, dass eine Frauendelegation ihn um acht Uhr abends im Unterhaus erwarten würde. Ich schrieb ihm weiter, dass wir nicht abgewiesen würden, da wir auf unserem verfassungsmäßigen Recht, empfangen zu werden, bestanden. Auf meine Nachricht antwortete der Premierminister mit einer formellen Nachricht, in der er seinen Empfang ablehnte. Trotzdem setzten wir unsere Vorbereitungen fort, da wir wussten, dass der Premierminister weiterhin ablehnen würde, uns aber am Ende doch empfangen müsste.

Ein Vorfall, der sich eine Woche vor dem Datum der Abordnung ereignete, sollte wichtige Folgen haben. Miss Wallace Dunlop ging in die St. Stephen's Hall im Unterhaus und markierte mit Druckerschwärze das Mauerwerk der Halle mit einem Auszug aus der Bill of Rights. Als sie den Versuch das erste Mal unternahm, wurde sie von einem Polizisten unterbrochen, aber zwei Tage später gelang es ihr, auf die alten Mauern die Erinnerung an das Parlament zu stempeln, dass Frauen ebenso wie Männer verfassungsmäßige Rechte besitzen und dass sie beabsichtigten, diese Rechte auszuüben. Sie wurde verhaftet und zu einem Monat Gefängnis in der dritten Abteilung verurteilt. Man bot ihr die Möglichkeit einer hohen Geldstrafe an, die sie natürlich ablehnte. Miss Wallace Dunlops Gefängnisstrafe begann am 22. Juni. Vielleicht hatte ihre Tat etwas mit dem ungewöhnlichen Interesse zu tun, das der bevorstehenden Abordnung entgegengebracht wurde, ein Interesse, das nicht nur von der Öffentlichkeit, sondern auch von vielen Parlamentsmitgliedern gezeigt wurde. Im Unterhaus äußerte sich in vielen Fragen an die Regierung das starke Gefühl, dass die Frauen dieses Mal empfangen werden sollten. Ein Mitglied bat sogar um Erlaubnis, die Sitzung des Hauses in einer Angelegenheit von dringender öffentlicher Bedeutung zu vertagen, nämlich wegen der Gefährdung des öffentlichen Friedens durch die Weigerung des Premierministers, die Delegation zu empfangen. Dies wurde jedoch abgelehnt, und die Regierung lehnte lügnerisch jede Verantwortung für die Maßnahmen der Polizei gegenüber der Delegation ab. Als der Innenminister, Herr Gladstone, von Herrn Kier Hardie gebeten wurde, Anweisungen zu geben, dass die Delegation, sofern sie ordnungsgemäß abliefe, nach St. Stephen's eingelassen werden sollte, antwortete er: „Ich kann nicht sagen, welche Maßnahmen die Polizei in dieser Angelegenheit ergreifen sollte." Unser Frauenparlament trat am 29. Juni um halb acht zusammen, und die Petition an den Premierminister wurde verlesen und angenommen. Dann machte sich unsere Delegation auf den Weg. Mich als Vorsitzende begleiteten zwei hoch angesehene Frauen fortgeschrittenen Alters, Frau Saul Solomon, deren Ehemann Premierminister am Kap gewesen war, und Miss Neligan , eine der bedeutendsten Pionierinnen der Pädagogik in England. Uns dreien und fünf anderen Frauen ging Miss Elsie Howey voraus, die schnell zu Pferd ritt, um den riesigen Menschenmengen, die die Straßen füllten, unser Kommen anzukündigen. Wie wir später erfuhren, kam sie bis zum Eingang des Unterhauses, bevor sie von der Polizei zurückgewiesen wurde. Die Abordnung drängte sich durch die Menge bis zur St. Margaret's Church in Westminster, wo wir eine lange Reihe von Polizisten vorfanden, die die Straße blockierten. Wir hielten einen Moment inne, um Kraft für die Tortur zu sammeln, durch die Reihen zu drängen, als etwas Unerwartetes geschah. Jemand gab einen Befehl , und sofort teilten sich die Polizeireihen und gaben einen freien Raum frei, durch den wir zum Unterhaus gingen. Wir wurden auf unserem Weg von Inspektor Wells eskortiert, und als wir vorbeikamen, brach die Menge in lautstarken Jubel aus, da sie fest davon überzeugt war, dass wir doch empfangen würden. Ich selbst machte mir keine Gedanken darüber, was passieren würde. Ich führte meine Abordnung einfach bis zum Eingang der St. Stephen's Hall. Dort trafen wir auf eine weitere starke Polizeitruppe unter dem Kommando unseres alten Bekannten, Inspektor Scantlebury , der vortrat und mir einen Brief überreichte. Ich öffnete ihn und las ihn den Frauen laut vor. „Der Premierminister bedauert, dass er die vorgeschlagene Delegation aus den Gründen, die er bereits in einer schriftlichen Antwort auf ihre Anfrage genannt hat, nicht empfangen kann."

Ich ließ die Notiz auf den Boden fallen und sagte: „Als Untertan des Königs stehe ich auf meinem Recht, eine Petition an den Premierminister zu richten, und ich bin fest entschlossen, hier zu bleiben, bis ich empfangen werde."

## INSPEKTOR WELLS FÜHRT FRAU PANKHURST ZUM UNTERHAUS

*Juni 1908*

Inspektor Scantlebury wandte sich ab und ging rasch auf die Tür des Fremdeneingangs zu. Ich wandte mich an Inspektor Jarvis, der zurückgeblieben war, an mehrere Parlamentsmitglieder und einige Zeitungsleute, die zusahen, und bat sie, meine Botschaft dem Premierminister zu überbringen, aber niemand antwortete, und der Inspektor packte mich am Arm und begann, mich wegzustoßen. Ich wusste jetzt, dass die Abordnung nicht empfangen werden würde und dass die alte, elende Angelegenheit, sich zu weigern, zu gehen, zurückgedrängt zu werden und immer wieder zurückzukehren, bis man verhaftet wurde, erneut inszeniert werden musste . Ich musste berücksichtigen, dass ich von zwei gebrechlichen alten Damen begleitet wurde, die, so tapfer sie auch waren, überhaupt dort zu sein, unmöglich ertragen konnten, was, wie ich wusste, folgen würde. Ich entschied schnell, dass ich eine sofortige Verhaftung erzwingen musste, also beging ich einen Akt der Körperverletzung an Inspektor Jarvis, indem ich ihm sehr leicht auf die Wange schlug. Er sagte sofort: „Ich verstehe, warum Sie das getan haben", und ich nahm an, dass wir sofort verhaftet würden. Aber die anderen Polizisten verstanden die Situation offenbar nicht, denn sie begannen, unsere Frauen zu schubsen und zu drängeln. Ich fragte den Inspektor: „Muss ich das noch einmal machen?" und er sagte: „Ja." Also schlug ich ihn ein zweites Mal leicht, und dann befahl er der Polizei, die Festnahmen vorzunehmen.

Die Sache endete nicht mit der Verhaftung unserer Abordnung von acht Frauen. In wiederkehrenden Abordnungen von zwölf Frauen drängten die Suffragetten immer wieder vergeblich vorwärts, um das Unterhaus zu erreichen. Obwohl die Menschenmengen freundlich waren und alles taten, um den Frauen zu helfen, wurden ihre Abordnungen von der Polizei aufgelöst und viele der Frauen verhaftet. Um neun Uhr war der Parliament Square leer, da eine enorme Truppe berittener Polizei die Menschen zurück in die Victoria Street und über die Westminster Bridge getrieben hatte. Für kurze Zeit sah alles ruhig aus, aber bald tauchten immer wieder kleine Gruppen von Frauen, sieben oder acht auf einmal, auf mysteriöse Weise auf und stürmten mutig auf das Unterhaus zu. Dieses außergewöhnliche Vorgehen brachte die Polizei sehr zur Verzweiflung, die das Geheimnis, woher die Frauen kamen, nicht lüften konnte. Die Erklärung dafür ist, dass die WSPU dreißig Büros in der Nachbarschaft angemietet hatte, in deren Schutz die Frauen warteten, bis es Zeit für ihren Aufbruch war. Es war eine eindrucksvolle Demonstration des Einfallsreichtums der Frauen, die sich der physischen Gewalt der Männer widersetzen, aber es diente noch einem anderen Zweck. Es lenkte die Aufmerksamkeit der Polizei von einer anderen Demonstration ab, die gerade im Gange war. Andere Suffragetten waren zum offiziellen Wohnsitz des Ersten Lords der Admiralität, zum Innenministerium, zum Schatzamt und zu den Büros des Kronrats gegangen und hatten ihre Verachtung für die Weigerung der Regierung, die Delegation zu empfangen, zum Ausdruck gebracht, indem sie in der althergebrachten Weise an jedem Ort ein Fenster einschlugen.

In dieser Nacht wurden 108 Frauen verhaftet, doch anstatt sich der Verhaftung und dem Prozess zu unterwerfen, gab die Women's Social and Political Union bekannt, dass sie bereit sei zu beweisen, dass die Regierung und nicht die Frauen das Gesetz gebrochen hätten, als sie die Petition ablehnten. Mein Fall wurde zusammen mit dem der ehrenwerten Mrs. Haverfield als Präzedenzfall für alle anderen ausgewählt, und Lord Robert Cecil wurde für die Verteidigung ausgewählt . Mr. Muskett , der den Fall für die Anklage führte, versuchte zu beweisen, dass unsere Frauen nicht zum

Unterhaus gegangen waren, um eine Petition einzureichen, doch dies war leicht als ungerechtfertigte Behauptung zu beweisen. Die Reden des Anführers, die offiziellen Artikel in unserer Zeitung *Votes for Women* und die Briefe an Mr. Asquith, ganz zu schweigen von der unbestreitbaren Tatsache, dass jedes Mitglied der Delegation eine Kopie der Petition in der Hand trug, lieferten genügend Beweise für die Natur unseres Auftrags. Der gesamte Fall des Petitionsrechts der Betroffenen wurde dann zur Diskussion gestellt. Zuerst sprach Mr. Muskett , dann unser Rat, Mr. Henle, dann Lord Robert Cecil. Als Letztes sprach ich und beschrieb die Ereignisse vom 29. Juni. Ich sagte dem Richter, dass wir, sollte er entscheiden, dass wir und nicht die Regierung gegen das Gesetz verstoßen hätten, die Verhaftung ablehnen und uns alle dafür entscheiden sollten, ins Gefängnis zu gehen. In diesem Fall würden wir uns nicht wie Kriminelle behandeln lassen. „Wir sind heute einhundertacht hier", sagte ich und zeigte auf die Bänke, auf denen meine Mitgefangenen saßen, „und so wie wir es für unsere Pflicht hielten, der Polizei auf der Straße Paroli zu bieten, werden wir, wenn wir ins Gefängnis kommen, als politische Gefangene unser Bestes tun, um die Behandlung politischer Gefangener, die im Fall von William Cobbett und anderen politischen Straftätern seiner Zeit für richtig gehalten wurde, wieder ins zwanzigste Jahrhundert zu bringen."

Der Richter, Sir Albert de Rutzen , ein älterer, liebenswürdiger Mann, war von dieser beispiellosen Situation ziemlich verwirrt und verkündete dann seine Entscheidung. Er stimmte mit Herrn Henle und Lord Robert Cecil darin überein, dass das Petitionsrecht jedem Bürger eindeutig garantiert sei, aber er war der Meinung, dass die Frauen falsch handelten, indem sie auf ihren Forderungen beharrten, als ihnen der Zutritt zum Unterhaus verweigert wurde und Herr Asquith sagte, er würde sie nicht empfangen. Er sollte sie daher zu einer Geldstrafe von jeweils fünf Pfund verurteilen oder sie zu einem Monat Gefängnis der zweiten Kammer verurteilen. Das Urteil würde vorerst ausgesetzt, bis ein gelehrter Anwalt eine Entscheidung von einem höheren Gericht über den rechtlichen Aspekt des Petitionsrechts erwirken könne.

Ich reichte dann für alle Gefangenen einen Antrag ein und bat darum, dass alle ihre Fälle bis zur Entscheidung des Musterverfahrens zurückgestellt würden. Dem wurde zugestimmt, mit Ausnahme von vierzehn Frauen, denen das Einschlagen von Fenstern vorgeworfen wurde. Sie wurden getrennt vor Gericht gestellt und zu Gefängnisstrafen zwischen sechs Wochen und zwei Monaten verurteilt. Von ihnen später.

Die Berufung gegen die Entscheidung von Sir Albert de Rutzen wurde Anfang Dezember desselben Jahres vor einem Divisional Court verhandelt. Lord Robert Cecil erschien erneut für die Verteidigung und behauptete in einer meisterhaften Argumentation, dass es in England das Petitionsrecht gegeben habe und immer gegeben habe und dass dieses Recht immer als notwendige Voraussetzung für ein freies Land und eine zivilisierte Regierung angesehen worden sei. Das Petitionsrecht, betonte er, habe drei Merkmale: Erstens sei es das Recht, eine Petition an die tatsächlichen Machthaber zu richten; zweitens sei es das Recht, die Petition persönlich einzureichen; und drittens müsse das Recht vernünftig ausgeübt werden. Zur Unterstützung des Petitionsrechts wurde eine lange Liste historischer Präzedenzfälle angeführt, doch Lord Robert argumentierte, dass dieses Recht auch dann im „Tumultuous Petitions Act" von Charles II. anerkannt sei, wenn es diese nicht gäbe. Dieser sieht vor, dass „keine Person oder Personen, gleich welcher Art, sich unter dem Vorwand, eine Petition , Beschwerde, Vorhaltung, Erklärung oder sonstige Ansprache vorzulegen oder abzugeben, in Begleitung einer übermäßigen Anzahl von Menschen zu Seiner Majestät oder zu beiden oder einem der Häuser des Parlaments begeben dürfen ..." usw. Die Bill of Rights hatte das Petitionsrecht ausdrücklich bestätigt, soweit es den König persönlich betraf. „Die Frauen", fuhr Lord Robert fort, „sind am 29. Juni zum Parliament Square gegangen, um ein klares verfassungsmäßiges Recht auszuüben, und indem sie mit einer Petition dorthin gingen, hatten sie gemäß der einzigen verfassungsmäßigen Methode gehandelt, die ihnen zur Verfügung stand, da sie kein Stimmrecht hatten , um ihre Beschwerden zu klären."

Wenn es also wahr wäre, dass die betreffende Person, wie behauptet, nicht nur das Recht hatte, eine Petition einzureichen, sondern diese auch persönlich einzureichen, dann wäre der einzige zu berücksichtigende Punkt, ob dieses Recht vernünftig ausgeübt wurde. Wenn Personen den Premierminister interviewen wollten, war es sicherlich vernünftig, zum Unterhaus zu gehen und sich am Fremdeneingang einzufinden. Mrs. Pankhurst, Mrs. Haverfield und die anderen waren, wie die Beweise zeigten, auf der öffentlichen Straße gegangen und von einem Polizeibeamten bis zur Tür des Unterhauses begleitet worden und konnten daher bis zu diesem Zeitpunkt nicht rechtswidrig gehandelt haben. Die Polizei hatte einen großen offenen Platz gegenüber dem Unterhaus freigehalten und die Menschenmenge in einem gewissen Abstand gehalten. Auf dem offenen Platz befanden sich nur Personen, die im Unterhaus zu tun hatten, Mitglieder der Polizei und die acht Frauen, die die Abordnung bildeten. Es konnte unmöglich behauptet werden, dass diese acht Frauen eine Behinderung verursacht hätten. Zwar teilte ihnen ein Polizeibeamter mit, dass der Premierminister nicht im Unterhaus sei, aber wenn man ein Gespräch mit einem Parlamentsmitglied wünschte, wandte man sich nicht mit dieser Bitte an einen Polizisten auf der Straße. Außerdem hatte die Polizei keinerlei Befugnis, irgendjemanden davon abzuhalten, das Unterhaus zu betreten.

Der Brief, der den Frauen gegeben wurde und in dem der Premierminister sagte, er könne oder wolle sie nicht empfangen, war zitiert worden. Hätte der Premierminister in seinem Brief gesagt, er könne oder wolle die Frauen zu diesem Zeitpunkt nicht empfangen, der Zeitpunkt sei ungünstig, er werde sie aber zu einem späteren Zeitpunkt, zu einem günstigeren Zeitpunkt, empfangen, wäre dies eine ausreichende Antwort gewesen. Die Frauen wären nicht berechtigt gewesen, eine solche Antwort abzulehnen, da das Petitionsrecht vernünftig ausgeübt werden muss. Aber der Brief enthielt eine uneingeschränkte Ablehnung, und das war, wenn wir das Petitionsrecht zulassen, überhaupt keine Antwort. Zuletzt argumentierte Lord Robert, wenn es ein Recht gibt, eine Petition an ein Parlamentsmitglied zu richten, dann müsse es die Pflicht eines Parlamentsmitglieds sein, die Petition entgegenzunehmen, und niemand habe das Recht, sich in die Angelegenheiten des Bittstellers einzumischen. Wenn die acht Frauen rechtlich berechtigt waren, ihre Petition vorzulegen, dann waren sie auch berechtigt, sich zu weigern, den Anweisungen der Polizei Folge zu leisten, den Ort zu verlassen.

In einer Ansprache voller Voreingenommenheit und mit deutlichem Hinweis darauf, dass er keine genauen Kenntnisse über die Ereignisse hatte, die zu dem vorliegenden Fall geführt hatten, verkündete der Lord Chief Justice sein Urteil. Er sagte, er stimme Lord Robert Cecil hinsichtlich des Rechts, dem Premierminister eine Petition vorzulegen, sei es als Premierminister oder als Parlamentsmitglied, voll und ganz zu; und er stimmte auch zu, dass Petitionen an den König dem Premierminister vorgelegt werden sollten. Aber der Anspruch der Frauen, sagte er, bestehe nicht nur darin, eine Petition vorzulegen, sondern in einer Abordnung empfangen zu werden. Er halte es nicht für wahrscheinlich, dass Mr. Asquith sich geweigert hätte, eine Petition der Frauen entgegenzunehmen, aber seine Weigerung, die Abordnung entgegenzunehmen, sei nicht unnatürlich, „aufgrund dessen, was wir wissen, dass es bei früheren Gelegenheiten geschehen ist." [1]

Unter Bezugnahme auf den Metropolitan Police Act von 1839, der vorsieht, dass der Polizeipräsident gesetzlich dazu befugt ist, Vorschriften zu erlassen und dem Polizisten Anweisungen zur Aufrechterhaltung der Ordnung und zur Verhinderung jeglicher Behinderung der Durchgangsstraßen in der unmittelbaren Nachbarschaft des Unterhauses zu erteilen, sowie auf die Sitzungsverordnung, die die Polizei ermächtigt, die Zugänge zum Unterhaus freizuhalten, entschied der Lord Chief Justice, dass ich und die anderen Frauen gegen das Gesetz verstoßen hätten, als wir auf dem Recht bestanden, das Unterhaus zu betreten. Der Lord Chief Justice entschied daher, dass unsere Verurteilung vor dem Untergericht angemessen gewesen sei, und unsere Berufung wurde unter Kostenerstattung abgewiesen.

Damit wurde in England das alte, verfassungsmäßige Petitionsrecht zerstört, das dem Volk durch die Bill of Rights zugesichert und von unzähligen Generationen von Engländern hochgehalten wurde. Ich sage, das Recht wurde zerstört, denn welchen Wert hat eine Petition, die nicht persönlich vorgetragen werden kann? Die Entscheidung des Obersten Gerichtshofs war für die Mitglieder der WSPU entsetzlich, da sie uns den letzten verfassungsmäßigen Weg zu unserer Erlangung des Wahlrechts versperrte. Weit davon entfernt, uns zu entmutigen oder zu entmutigen, spornte sie uns lediglich zu neuen und aggressiveren Formen der Militanz an.

### FUSSNOTE:

[1] Herr Asquith hatte, seit er Premierminister wurde, nie eine Abordnung von Frauen empfangen, noch hatte er jemals eine Abordnung der WSPU empfangen. Daher war es absurd von dem Lord Chief Justice, von dem zu sprechen, „was bei früheren Gelegenheiten geschah".

# KAPITEL V

Zwischen der Verhaftung im Juni und der absurden Entscheidung des obersten Richters, dass wir als Untertanen zwar das Petitionsrecht besäßen, bei der Ausübung dieses Rechts jedoch eine Straftat begangen hätten, waren fast sechs Monate vergangen. In dieser Zeit hatten bestimmte schwerwiegende Entwicklungen die militante Bewegung auf eine neue und heroischere Ebene gehoben. Man wird sich erinnern, dass Miss Wallace Dunlop eine Woche vor unserer Abordnung zur Prüfung des Charles II Act für einen Monat ins Gefängnis geschickt worden war, weil sie einen Auszug aus der Bill of Rights auf die Steinmauern von St. Stephen's Hall gestempelt hatte. Als sie am Freitagabend, dem 2. Juli, in Holloway ankam, ließ sie den Gouverneur rufen und verlangte von ihm, sie als politische Straftäterin zu behandeln. Der Gouverneur antwortete, er habe keine Macht, das Urteil des Richters zu ändern, woraufhin Miss Wallace Dunlop ihm mitteilte, es sei der unabänderliche Entschluss der Suffragetten, sich nie wieder der Gefängnisbehandlung zu unterziehen, die gewöhnlichen Straftätern zuteil werde. Wenn sie also als gewöhnliche Kriminelle in die zweite Abteilung eingeliefert würde, müsste sie sich weigern, Nahrung anzurühren, bis die Regierung nachgibt. Es ist unwahrscheinlich, dass die Regierung oder die Gefängnisbehörden die Schwere der Tat von Miss Wallace Dunlop oder den heroischen Charakter der Suffragetten erkannten . Jedenfalls schenkte der Innenminister dem Brief der Gefangenen, in dem sie einfach, aber klar ihre Motive für ihre verzweifelte Tat erklärte, keine Beachtung, und die Gefängnisbehörden unternahmen nichts, außer nach Mitteln zu suchen, um ihren Widerstand zu brechen. Die normale Gefängniskost wurde durch die verlockendsten Nahrungsmittel ersetzt, und diese wurden ihr nicht in Abständen in ihre Zelle gebracht, sondern Tag und Nacht dort gelassen, aber stets unberührt. Mehrmals täglich kam der Arzt, um ihren Puls zu fühlen und ihre wachsende Schwäche zu beobachten. Der Arzt sowie der Gouverneur und die Aufseherinnen argumentierten, schmeichelten und drohten, aber ohne Erfolg. Die Woche verging, ohne dass die Gefangene ein Zeichen der Kapitulation zeigte. Am Freitag berichtete der Arzt, dass sie rasch einen Punkt erreichte, an dem der Tod jederzeit eintreten könnte. Es fanden hastig Konferenzen zwischen dem Gefängnis und dem Innenministerium statt und noch am selben Abend, dem 8. Juni, wurde Miss Wallace Dunlop nach Hause geschickt, nachdem sie ein Viertel ihrer Strafe verbüßt und alle Bedingungen ihrer Haft völlig ignoriert hatte.

Am Tag ihrer Freilassung wurden die vierzehn Frauen, die wegen Fenstereinschlagens verurteilt worden waren, zu ihren Urteilen verurteilt. Als sie von Miss Wallace Dunlops Tat erfuhren, berieten sie sich auf dem Weg nach Holloway im Gefängniswagen und beschlossen, ihrem Beispiel zu folgen. In Holloway angekommen, teilten sie den Beamten sofort mit, dass sie nichts von ihrem Besitz abgeben würden, weder Gefängniskleidung anziehen noch Gefängnisarbeit verrichten , Gefängnisessen essen oder sich an das Schweigegebot halten würden.


Der Gouverneur erlaubte ihnen vorerst, ihr Eigentum zu behalten und ihre eigene Kleidung zu tragen, teilte ihnen jedoch mit, dass sie einen Akt der Meuterei begangen hätten und er sie deshalb beim nächsten Besuch der Richter anklagen müsse. Die Frauen richteten daraufhin Petitionen an den Innenminister und forderten, dass ihnen die Gefängnisbehandlung zuteil werde, die politischen Straftätern allgemein zusteht. Sie beschlossen, den Hungerstreik zu verschieben, bis der Innenminister Zeit gehabt hatte, zu antworten. In der Zwischenzeit begingen die Frauen nach einem vergeblichen Appell um mehr frische Luft, denn das Wetter war drückend heiß, einen weiteren Akt der Meuterei: Sie schlugen die Fenster ihrer Zellen ein.

Wir erfuhren dies von den Gefangenen selbst. Einige Tage nach ihrer Einlieferung ins Gefängnis verschafften sich meine Tochter Christabel und Mrs. Tuke , voller Sorge um ihr Schicksal, Zutritt zu einem Zimmer im oberen Stockwerk eines Hauses mit Blick auf das Gefängnis. Sie riefen laut und schwenkten eine Unionsfahne, wodurch sie die Aufmerksamkeit der Gefangenen auf sich zogen. Die Frauen steckten ihre Arme durch die zerbrochenen Scheiben, schwenkten Taschentücher, Frauenwahl-Abzeichen und alles, was sie greifen konnten, und erzählten mit wenigen Worten ihre Geschichte. Am selben Tag trafen die zu Besuch kommenden Richter ein und die Meuternden wurden zu sieben bis zehn Tagen Einzelhaft in den Strafzellen verurteilt. In diesen schrecklichen Zellen, dunkel, unsauber und triefend vor Feuchtigkeit, verfielen die Gefangenen entschlossen in den Hungerstreik. Nach fünf Tagen war eine der Frauen in einen solchen Zustand versetzt, dass der Innenminister ihre Freilassung anordnete. Am nächsten Tag wurden mehrere weitere freigelassen und vor Ende der Woche war die letzte der vierzehn frei.

Die Angelegenheit erregte in ganz England die größte Anteilnahme, die Herr Gladstone abzulenken versuchte, indem er zwei der Gefangenen beschuldigte, die Wärterinnen getreten und gebissen zu haben. Trotz ihrer energischen Dementis wurden diese beiden Frauen aufgrund dieser Anschuldigungen zu zehn Tagen und die andere zu einem Monat Gefängnis verurteilt. Obwohl sie vom vorherigen Hungerstreik noch sehr geschwächt waren, traten sie sofort in einen zweiten Hungerstreik und mussten nach drei Tagen freigelassen werden.

Danach folgte jede weitere Gruppe von Suffragetten-Gefangenen dem Beispiel dieser heldenhaften Rebellen, sofern ihnen nichts anderes befohlen wurde. Die Gefängnisbeamten, die ihre Autorität schwinden sahen, gerieten in Panik. Holloway und andere Frauengefängnisse im ganzen Königreich wurden zu Brutstätten der Gewalt und Brutalität. Hören Sie den Bericht von Lucy Burns über ihre Erfahrungen:

„Wir blieben ganz still, als wir aufgefordert wurden, uns auszuziehen, und als sie uns sagten, wir sollten in unsere Zellen gehen, hakten wir uns unter und standen mit dem Rücken zur Wand. Der Gouverneur blies in seine Pfeife, und eine große Menge von Wärterinnen erschien, fiel über uns her, drängte uns auseinander und zerrte uns in Richtung der Zellen. Ich glaube, ich hatte zwölf Wärterinnen auf meiner Seite, und einige von ihnen brachten mich zu Fall, so dass ich hilflos zu Boden fiel. Eine der Wärterinnen packte mich an den Haaren, wickelte den langen Zopf um ihr Handgelenk und zerrte mich buchstäblich über den Boden. In der Zelle rissen sie mir förmlich die Kleidung vom Rücken, zwangen mir ein grobes Baumwollkleidungsstück über und warfen andere auf das Bett, damit ich sie selbst anziehen konnte. Allein, erschöpft von der schrecklichen Erfahrung, lag ich eine Zeit lang keuchend und zitternd auf dem Boden. Dann kam eine Wärterin an die Tür und warf mir eine Decke zu. Ich wickelte sie um mich, denn ich war inzwischen bis auf die Knochen durchgefroren. Das einzelne Baumwollkleidungsstück und die grobe Decke waren die einzigen Kleidungsstücke, die ich während meines Gefängnisaufenthalts trug. Die meisten Gefangenen lehnten alles außer der Decke ab. Gemäß der Vereinbarung schlugen wir alle unsere Fenster ein und wurden sofort in die Strafzellen gezerrt. Dort traten wir in einen Hungerstreik und nachdem wir fast eine Woche lang großes Elend ertragen hatten, wurden wir einer nach dem anderen freigelassen.“

Wie einfach sie es sagen. „Nachdem ich großes Elend ertragen habe –“ Aber niemand, der nicht die schreckliche Erfahrung des Hungerstreiks durchlebt hat, kann sich vorstellen, wie groß dieses Elend ist. In einer normalen Zelle ist es groß genug. Im unsäglichen Elend der Strafzellen ist es noch schlimmer. Die eigentlichen Hungerschmerzen dauern bei den meisten Gefangenen nur etwa vierundzwanzig Stunden. Ich leide im Allgemeinen am zweiten Tag am meisten. Danach gibt es kein sehr verzweifeltes Verlangen nach Essen. Schwäche und Depression treten an ihre Stelle. Schwere Verdauungsstörungen lenken das Verlangen nach Essen in ein Verlangen nach Schmerzlinderung um. Oft treten starke Kopfschmerzen mit Schwindelanfällen oder leichtem Delirium auf. Völlige Erschöpfung und ein Gefühl der Isolation von der Erde kennzeichnen die letzten Phasen der Tortur. Die Genesung ist oft langwierig, und die vollständige

Wiederherstellung der normalen Gesundheit ist manchmal entmutigend langsam.

Der erste Hungerstreik fand Anfang Juli statt. In den beiden darauffolgenden Monaten protestierten Dutzende Frauen auf dieselbe Weise gegen eine Regierung, die den politischen Charakter ihrer Vergehen nicht anerkannte . In einigen Fällen wurden die Hungerstreikenden mit beispielloser Grausamkeit behandelt. Empfindliche Frauen wurden nicht nur zu Einzelhaft verurteilt, sondern mussten auch 24 Stunden am Stück Handschellen tragen. Eine Frau, die sich weigerte, Gefängniskleidung anzuziehen, wurde in eine Zwangsweste gesteckt .

Die Ironie der ganzen Sache erscheint umso größer, wenn man bedenkt, dass sich die Führer der Liberalen Partei im Unterhaus genau zu diesem Zeitpunkt mitten in ihrer ersten Kampagne gegen das Vetorecht des Oberhauses befanden.

Am 17. September fand in Birmingham eine große Versammlung statt, bei der Herr Asquith die Lords herausforderte und verkündete, dass ihr Veto abgeschafft werden würde, sodass in England der Wille des Volkes oberste Priorität habe. Natürlich nutzten die Suffragetten diese Gelegenheit für eine Demonstration. Diese Vorgehensweise war vollkommen logisch. Da ihnen das Petitionsrecht verweigert und sie nun von jeder Sitzung der Kabinettsminister ausgeschlossen waren, waren die Frauen gezwungen, alle ihr verbliebenen Mittel zu ergreifen, um ihre Sache bei der Regierung durchzusetzen. Mrs. Mary Leigh und eine Gruppe von Mitgliedern aus Birmingham warnten die Öffentlichkeit davor, an der Sitzung von Herrn Asquith teilzunehmen, da es wahrscheinlich zu Unruhen kommen würde. Von dem Zeitpunkt an, als der Premierminister und sein Kabinett das Unterhaus verließen, bis der Zug in den Bahnhof von Birmingham einfuhr, waren sie vollständig von Detektiven und Polizisten umringt. Die Vorsichtsmaßnahmen zum Schutz von Herrn Asquith wurden nie zuvor erreicht , außer im Fall des Zaren während der Revolutionsausbrüche in Russland. Vom Bahnhof wurde er durch einen unterirdischen Gang von einer Viertelmeile zu seinem Hotel gebracht, wo er, nachdem er in einem Gepäckaufzug die Treppe hinaufgefahren worden war, in Einsamkeit zu Abend aß. Er wurde von einer starken Wache berittener Polizisten zum Bingley Hall eskortiert und hatte solche Angst, den Suffragetten zu begegnen, dass er durch eine Seitentür eintrat. Die Halle wurde wie bei einer Belagerung bewacht. Über das Glasdach war eine dicke Plane gespannt. Auf beiden Seiten des Gebäudes waren hohe Leitern aufgestellt und Feuerwehrschläuche bereitgelegt – nicht um Feuer zu löschen, sondern um die Suffragetten zu beschießen, falls sie an einer unzugänglichen Stelle auf dem Dach auftauchten. Die Straßen waren überall verbarrikadiert und Polizisten in Regimentern wurden aufgestellt, um die Barrikaden gegen die Angriffe der Frauen zu verteidigen. Niemand durfte die Barrikaden passieren, ohne langen Reihen von Polizisten seine Eintrittskarte vorzuzeigen, und dann wurden die Karteninhaber einer nach dem anderen durch die schmalen Türen gezwängt.

Ihre Vorsichtsmaßnahmen waren vergebens, denn die entschlossenen Suffragetten fanden mehr als einen Weg, um aus Mr. Asquiths Triumph ein Fiasko zu machen. Obwohl keine Frauen Zutritt zum Saal erhielten, waren viele männliche Sympathisanten anwesend, und noch bevor die Versammlung weit fortgeschritten war, wurden dreizehn Männer gewaltsam hinausgeworfen, weil sie den Premierminister daran erinnert hatten, dass „das Volk", dessen Recht zu regieren er angeblich verteidigen wolle, sowohl Frauen als auch Männer umfasste. Draußen mischten sich Frauengruppen unter die riesigen Menschenmengen und griffen die Barrikaden an. Die äußeren Barrikaden wurden trotz der Tausenden von Polizisten niedergerissen. Vom Dach eines Nachbarhauses rissen Mrs. Leigh und Charlotte Marsh Dutzende von Schiefertafeln heraus und warfen sie auf das Dach von Bingley Hall und in die Straßen darunter, wobei sie jedoch darauf achteten, niemanden zu treffen. Als Mr. Asquith wegfuhr, warfen die Frauen Schiefertafeln auf das bewachte Auto. Der Feuerwehrschlauch wurde hervorgeholt und die Feuerwehrleute wurden angewiesen, das Wasser auf die Frauen zu richten. Sie weigerten sich, das muss man ihnen zugutehalten, aber die Polizei war wütend über ihre Unfähigkeit, den Frieden zu wahren, und hatte keine Skrupel, die Frauen kaltzustellen, als sie sich an die gefährliche Dachschräge klammerten. Schläger auf der Straße bewarfen sie mit Ziegelsteinen, sodass sie bluteten. Schließlich wurden die Frauen von der Polizei heruntergezerrt und in ihren durchnässten Kleidern durch die Straßen zur Polizeiwache geführt.

Die Suffragetten, die die Barrikaden gestürmt und Steine auf Mr. Asquiths abfahrenden Zug geworfen hatten, erhielten Haftstrafen zwischen vierzehn Tagen und einem Monat, Miss Marsh und Mrs. Leigh wurden für drei bzw. vier Monate ins Gefängnis geschickt. Wie erwartet traten alle Gefangenen in den Hungerstreik.

Einige Tage später waren wir entsetzt, als wir in den Zeitungen lasen, dass diese Gefangenen zwangsernährt wurden, indem ihnen ein Gummischlauch in den Magen geschoben wurde. Mitglieder der Gewerkschaft wandten sich sofort an das Gefängnis und an das Innenministerium, um die Wahrheit über den Bericht zu erfahren, aber alle Informationen wurden abgelehnt. Am folgenden Montag bestand Herr Keir Hardie auf unsere Bitte hin während der Fragestunde im Parlament auf Informationen von der Regierung. Herr Masterman , der für den Innenminister sprach, gab widerwillig zu, dass eine „Krankenhausbehandlung" durchgeführt wurde, um die Würde der

Regierung zu wahren und gleichzeitig das Leben der Gefangenen zu retten. „Krankenhausbehandlung" war der Begriff, der verwendet wurde, um die Aufmerksamkeit von einem der widerlichsten und brutalsten Mittel abzulenken, zu dem Gefängnisbehörden jemals gegriffen haben. Kein Gesetz erlaubt sie, außer im Fall von Personen, bei denen Geisteskrankheit festgestellt wurde, und selbst dann, wenn die Operation von ausgebildeten Pflegekräften unter der Leitung ausgebildeter Mediziner durchgeführt wird, kann sie nicht als sicher bezeichnet werden. Tatsächlich sterben die Asylfälle normalerweise nach kurzer Zeit. *The Lancet* , das vielleicht bekannteste medizinische Journal dieser Sprache, veröffentlichte eine lange Liste von Meinungen angesehener Ärzte und Chirurgen, die die an den Wahlrechtsgefangenen angewandte Praxis als der Zivilisation unwürdig verurteilten . Ein Arzt berichtete von einem Fall, den er beobachtet hatte und bei dem der Tod fast unmittelbar nach dem Einführen der Sonde eingetreten war. Ein anderer erwähnte einen Fall, bei dem die hinter der Ernährungssonde verdrehte Zunge im Kampf fast abgebissen worden wäre. Fälle, bei denen Nahrung in die Lunge gespritzt wurde, waren nicht unbekannt. Mr. C. Mansell- Moullin , MD, FRCS, schrieb an *The Times* , dass er als Krankenhauschirurg mit über dreißig Jahren Erfahrung empört gegen den Begriff der Regierung „Krankenhausbehandlung" im Zusammenhang mit der Zwangsernährung von Frauen protestieren wolle. Dies sei eine üble Verleumdung, erklärte er, denn Gewalt und Brutalität hätten in Krankenhäusern nichts zu suchen. Ein von 116 namhaften Ärzten unterzeichnetes Mahnmal richtete sich an den Premierminister und protestierte darin gegen die Praxis der Zwangsernährung. Zudem wies man ihn ausführlich auf die damit verbundenen schwerwiegenden Gefahren hin.

So viel zu den medizinischen Aussagen gegen eine Form der Brutalität, die in unseren englischen Gefängnissen als Strafe für Frauen, die aus Gewissensgründen dort sind, fortgeführt wurde und noch immer fortgeführt wird. Was die Aussagen der Opfer betrifft, so sind sie ein höchst abstoßendes Buch. Mrs. Leigh, das erste Opfer, ist eine Frau von kräftiger Konstitution, sonst hätte sie diese Erfahrung kaum überlebt. Sie wurde nach der Asquith-Demonstration ins Gefängnis von Birmingham geworfen, hatte die Fenster ihrer Zelle eingeschlagen und wurde zur Strafe in eine dunkle und kalte Strafzelle geschickt. Ihre Hände waren mit Handschellen gefesselt, tagsüber auf dem Rücken und nachts vor dem Körper *mit den Handflächen nach außen* . Sie weigerte sich, das Essen anzurühren, das man ihr brachte, und drei Tage nach ihrer Ankunft wurde sie in das Zimmer des Arztes gebracht. Was sie sah, war genug, um selbst die Mutigsten in Angst und Schrecken zu versetzen. In der Mitte des Zimmers stand ein dicker Stuhl auf einem Baumwolltuch. An der Wand standen, als ob sie zum Einsatz bereit wären, vier Aufseherinnen. Auch der Assistenzarzt war anwesend. Der Oberarzt sagte: „Hören Sie mir aufmerksam zu. Ich habe von meinen Vorgesetzten den Befehl erhalten, Sie nicht einmal aus medizinischen Gründen freizulassen. Wenn Sie sich weiterhin weigern, zu essen, muss ich andere Maßnahmen ergreifen, um Sie dazu zu zwingen." Mrs. Leigh erwiderte, dass sie sich immer noch weigere, und sagte weiter, dass sie wisse, dass sie nicht zwangsernährt werden könne, da eine Operation nicht ohne die Einwilligung des Patienten durchgeführt werden könne, wenn dieser bei klarem Verstand sei. Der Arzt wiederholte, dass er seine Anweisungen habe und sie befolgen werde. Dann fielen mehrere Wärterinnen über Mrs. Leigh her, hielten sie fest und kippten ihren Stuhl nach hinten. Sie war so überrascht, dass sie sich diesmal nicht erfolgreich wehren konnte. Es gelang ihnen, sie dazu zu bringen, ein wenig Nahrung aus einem Schnabelbecher zu schlucken. Später erschienen zwei Ärzte und die Wärterinnen in ihrer Zelle, zwangen Mrs. Leigh auf das Bett und hielten sie dort fest. Zu ihrem Entsetzen holten die Ärzte einen zwei Meter langen Gummischlauch hervor und begannen, diesen in ihre Nase zu stopfen. Der Schmerz war so entsetzlich, dass sie immer wieder schrie. Drei der Aufseherinnen brachen in Tränen aus und der Assistenzarzt flehte die andere an, aufzuhören. Da der Arzt seine Anweisungen von der Regierung erhalten hatte, blieb er hartnäckig und der Schlauch wurde in den Magen geschoben. Einer der Ärzte stand auf einem Stuhl und hielt den Schlauch hoch, sodass flüssige Nahrung durch einen Trichter floss und das arme Opfer fast erstickte. „Meine Trommelfelle", sagte sie später, „schienen zu platzen. Ich konnte den Schmerz bis zum Ende des Brustbeins spüren. Als der Schlauch schließlich herausgezogen wurde, fühlte es sich an, als würden meine Nase und mein Rachen mit herausgerissen."

Fast ohnmächtig wurde Mrs. Leigh in die Strafzelle zurückgebracht und auf ihre Pritsche gelegt. Die Tortur wiederholte sich Tag für Tag. Die anderen Gefangenen mussten ähnliche Erfahrungen machen.

---

# KAPITEL VI

Die militante Bewegung war an diesem Punkt angelangt, als ich im Oktober 1909 zum ersten Mal die Vereinigten Staaten besuchte. Ich werde nie die Aufregung meiner Landung vergessen, das erste Treffen mit dem amerikanischen „Reporter", eine Erfahrung, die alle Europäer fürchten. Tatsächlich schienen die ersten paar Tage ein verwirrendes Durcheinander von Reportern und Empfängen zu sein, die alle zu meinem ersten Vortrag in der Carnegie Hall am 25. Oktober führten. Die riesige Halle war bis auf den letzten Platz gefüllt, und eine enorme Menschenmenge drängte sich noch mehrere Häuserblocks weit auf den Straßen. Mit mir auf der Bühne standen mehrere Frauen, die ich in Europa kennengelernt hatte, und auf dem Stuhl saß eine alte Freundin, Mrs. Stanton Blatch , die ihre ersten Ehejahre in England verbracht hatte. Die große Menge vor mir bestand jedoch aus Fremden, und ich konnte nicht wissen, wie sie auf meine Geschichte reagieren würden. Als ich aufstand, um zu sprechen, trat tiefe Stille ein, doch bei meinen ersten Worten: „Ich bin das, was Sie einen Hooligan nennen –" ließ ein lautes, warmes und mitfühlendes Gelächter die Wände erzittern. Da wusste ich, dass ich in Amerika Freunde gefunden hatte. Und das zeigte sich auf der gesamten restlichen Reise. In Boston empfing mich das Komitee mit einem großen grauen Automobil, das in den Farben unserer Union geschmückt war, und an diesem Abend sprach ich im Tremont Temple vor einem Publikum von 2.500 Menschen, die alle äußerst großzügig reagierten. In Baltimore fungierten Professoren und Studenten der Johns Hopkins University als Ordner der Versammlung. Mein Besuch am Bryn Mawr College und in Rosemary Hall, einer wunderbaren Mädchenschule in Connecticut, hat mir sehr gefallen. In Chicago traf ich unter anderen bemerkenswerten Leuten Miss Jane Addams und Mrs. Ella Flagg Young, Schulleiterin. Mein Besuch in Kanada wird mir immer in Erinnerung bleiben, besonders in Toronto, wo mich der Bürgermeister in den Ketten seines Amtes willkommen hieß. Ich traf auch den ehrwürdigen Goldwin Smith, der inzwischen verstorben ist.

Überall begegneten mir die Amerikaner freundlich und engagiert, und ich kann die wunderbare Gastfreundschaft, die sie mir entgegenbrachten, gar nicht genug loben. Die Frauen, die ich traf, waren bemerkenswert an der sozialen Wohlfahrt interessiert. Die Arbeit der Frauenclubs gefiel mir sehr gut , und ich hielt diese Institutionen für eine perfekte Grundlage für eine Wahlrechtsbewegung. Aber damals, 1909, befand sich die Wahlrechtsbewegung in den Vereinigten Staaten in einem merkwürdigen Zustand der Ruhe. Viele Frauen, mit denen ich in Kontakt kam, schienen es nur für gerecht zu halten, dass sie ein Wahlrecht haben sollten, aber nur wenige schienen eine tatsächliche Notwendigkeit dafür zu erkennen . Einige, das stimmt, begannen, das Wahlrecht mit den Reformen in Verbindung zu bringen, für die sie so selbstlos und hingebungsvoll arbeiteten. Als ich mit den jüngeren Frauen sprach, bekam ich das Gefühl, dass sich unter der Oberfläche der Dinge in Amerika eine starke Wahlrechtsbewegung regte. Diese jungen Frauen, die ihre großartigen Colleges verließen, um ins Leben zu starten, erkannten auf sehr intelligente Weise, dass sie einen politischen Status brauchten und sich diesen sichern mussten.

Am 1. Dezember segelte ich auf der *Mauretania* nach England und erfuhr bei meiner Ankunft, dass die Gefängnisstrafe, die mir während der Verhandlung des Petitionsfalls drohte, aufgehoben worden war, da ein unbekannter Freund meine Geldstrafe bezahlt hatte, während ich auf hoher See war.

Das Jahr 1910 begann mit einer Parlamentswahl, die durch die Ablehnung des Haushalts von Herrn Lloyd-George für 1909 durch das Oberhaus ausgelöst worden war. Die Liberale Partei ging mit dem Versprechen aufs Land, Steuern auf den Grundwert zu erheben. Sie versprach auch die Abschaffung des Vetorechts der Lords, die irische Selbstverwaltung, die Trennung der Kirche von Wales und andere Reformen. Das Frauenwahlrecht wurde nicht direkt versprochen, aber Herr Asquith versprach, dass er, wenn er im Amt bliebe, einen Gesetzentwurf zur Wahlreform einbringen würde, der geändert werden könnte, um das Frauenwahlrecht einzuschließen. Die Unionisten unter der Führung von Herrn Balfour hatten eine Zollreform auf ihrem Programm und machten nicht einmal ein vages Versprechen für eine mögliche Wahlrechtsmaßnahme. Trotzdem gingen wir wie üblich in die Wahlkreise und stellten uns gegen die Liberale Partei. Wir hatten kein Vertrauen in Mr. Asquiths Versprechen, und außerdem hätten wir, wenn wir uns nicht der regierenden Partei widersetzt hätten, Mr. Asquith und Mr. Balfour bloß dazu auffordern sollen, eine Vereinbarung zu treffen, das Wahlrecht nicht zu behandeln, um die Sache dauerhaft aus der praktischen Politik herauszuhalten. Wir befanden uns in einer ähnlichen Lage wie die irischen Nationalisten im Jahr 1885, als weder die liberalen noch die konservativen Führer die Selbstverwaltung in ihr Programm aufnehmen wollten . Die Iren widersetzten sich der Liberalen Partei, was dazu führte, dass diese mit einer so knappen Mehrheit wiedergewählt wurde, dass die liberale Regierung auf die irischen Stimmen im Parlament angewiesen war, um im Amt zu bleiben. Aus diesem Grund waren sie gezwungen, ein Gesetz zur Selbstverwaltung einzubringen.

Die anderen Wahlrechtsvereine und viele der liberalen Frauen baten uns, bei dieser Wahl nicht gegen die Liberale Partei anzutreten. Wir wurden angefleht, „nur dieses eine Mal" auf unseren Anspruch zu verzichten, angesichts der Bedeutung des Kampfes zwischen dem Unterhaus und dem Oberhaus um den Haushalt. Wir antworteten, dass die gleiche Bitte schon 1906 vorgebracht worden sei, als wir angefleht worden waren, „nur dieses eine Mal" auf unseren Anspruch zu verzichten, wegen der Haushaltsfrage. Für Frauen gebe es nur eine politische Frage, sagten wir, und das sei die Frage ihrer eigenen Stimmberechtigung. Der Streit zwischen Oberhaus und Unterhaus sei weit weniger wichtig als die Ansprüche des Volkes – in diesem Fall vertreten durch Frauen – auf die Staatsbürgerschaft. Aus unserer Sicht seien beide Häuser des Parlaments nicht repräsentativ, solange Frauen nicht bei der Wahl der Gesetzgeber mitreden und Einfluss auf die Gesetzgebung nehmen könnten.

Wir traten in vierzig Wahlkreisen gegen liberale Kandidaten an, und in fast jedem dieser Wahlkreise wurde die Mehrheit der Liberalen verringert und den liberalen Kandidaten wurden nicht weniger als achtzehn Sitze entrissen. Es war wirklich eine schreckliche Wahl für die Regierung. Herr Asquith reiste von einem Wahlkreis zum anderen, begleitet von einer Leibwache aus Detektiven und offiziellen „ Rauswerfern ", deren einzige Aufgabe darin bestand, Frauen und auch Männer hinauszuwerfen, die seine Versammlungen zur Frage des Frauenwahlrechts unterbrachen. Die Fenster der Säle, in denen er sprach, waren mit Brettern vernagelt oder die Glasscheiben mit starkem Maschendraht verkleidet. Alle Durchgangsstraßen, die zu den Sälen führten, waren verbarrikadiert, der Verkehr wurde eingestellt und große Polizeikräfte standen Wache. Es wurden die außergewöhnlichsten Vorsichtsmaßnahmen getroffen, um den Premierminister zu schützen. An einem Ort ging er streng bewacht zu seiner Versammlung und nahm einen Geheimweg, der durch Stachelbeerbüsche und ein Kohlbeet zu einer Hintertür führte. Nach der Versammlung flüchtete er durch dieselbe Tür und wurde feierlich über einen Weg, der mit viel Sägemehl bedeckt war, um seine Schritte zu dämpfen, zu einem versteckten Auto geführt, wo er saß, bis sich die Menge vollständig aufgelöst hatte.

Die anderen Minister mussten ähnliche Vorsichtsmaßnahmen ergreifen. Sie lebten unter dem ständigen Schutz von Leibwächtern. Ihre Versammlungen wurden auf beispiellose Weise überwacht. Natürlich wurden keine Frauen zu ihren Versammlungen zugelassen, aber sie gelangten trotzdem hinein. Zwei Frauen versteckten sich 25 Stunden lang im Dachsparren eines Saals in Louth , in dem Herr Lloyd-George sprach. Sie wurden verhaftet, aber erst, nachdem sie ihre Demonstration beendet hatten. Zwei andere versteckten sich 22 Stunden lang unter einer Plattform, um den Premierminister zu befragen. Ich könnte diese Aufzeichnung fast endlos fortsetzen.

Wir hatten ein wunderbares Plakat gedruckt, das den Prozess der Zwangsernährung zeigte, und wir haben es überall auf Plakatwänden angebracht. Wir erzählten den Wählern, dass die „Liberale Partei", der

Freund des Volkes, 450 Frauen eingesperrt hatte, weil sie um ihr Wahlrecht gebeten hatten. Damals wurden in Holloway Frauen gefoltert. Das war hervorragende Munition und es wirkte. Die Liberale Partei wurde wieder an die Macht gebracht, aber ihre Mehrheit in allen Teilen des Unterhauses war hinweggefegt worden. Die Asquith-Regierung war nun für ihre Existenz auf die Stimmen der Labour Party und der irischen Nationalisten angewiesen.

# KAPITEL VII

Die ersten Monate des Jahres 1910 waren von der wiedergewählten Regierung in einen Kampf um die Kontrolle der Angelegenheiten ausgefüllt. Es kam zu einer Koalition mit der irischen Partei, deren Führer sich bereit erklärten, den Haushalt zu unterstützen, falls das Gesetz zur Selbstverwaltung verabschiedet würde. Zu dieser Zeit wurde keine öffentlich angekündigte Koalition mit der Labour Party gebildet. Keir Hardie verkündete auf der Jahreskonferenz der Partei, dass sie weiterhin unabhängig von der Regierung bleiben würden. Dies war für uns wichtig, weil es bedeutete, dass die Labour Party, anstatt eine Vereinbarung zur allgemeinen Unterstützung aller Maßnahmen der Regierung einzugehen, die Freiheit hatte, sich der Regierung zu widersetzen, falls ein Gesetz zur Wahlfreiheit weiterhin zurückgehalten würde. Andere Dinge taten sich zusammen, um uns zu hoffen, dass sich das Blatt zu unseren Gunsten gewendet hatte . Uns wurde angedeutet, dass die Regierung unserer Opposition überdrüssig war und bereit war, den Kampf auf die einzig mögliche Weise zu beenden, vorausgesetzt, sie konnte dies tun, ohne den Anschein zu erwecken, als würde sie dem Zwang nachgeben. Daher erklärten wir Anfang Februar einen Waffenstillstand aller Militanz.

Das Parlament trat am 15. Februar zusammen und die Rede des Königs wurde am 21. Februar verlesen. In der Rede wurde das Frauenwahlrecht nicht erwähnt, und es gelang keinem Abgeordneten, einen Platz bei der Abstimmung über ein Wahlrechtsgesetz zu erringen. Da die Situation jedoch aufgrund der vorgeschlagenen Abschaffung des Vetorechts des Lords angespannt und ungewöhnlich war, beschlossen wir, eine Weile geduldig abzuwarten. Man ging zuversichtlich davon aus, dass weitere Parlamentswahlen abgehalten werden müssten, bevor die Streitigkeiten zwischen den beiden Häusern des Parlaments beigelegt würden, und dieses Ereignis wäre zweifellos spätestens im Juni eingetreten, wenn König Edward VII. nicht unerwartet gestorben wäre. Dies unterbrach die angespannte Situation. Der Tod des Königs bot Gelegenheit zur vorübergehenden Abschwächung der Feindseligkeiten und führte zu einer allgemeinen Bereitschaft, in allen schwierigen Fragen Kompromisse einzugehen. Die Frage des Frauenwahlrechts wurde in diesem Geist erneut aufgegriffen, und zwar auf eine Weise, die den Mitgliedern, von denen die Bewegung ausging, durchaus Ehre macht.

Im Jahre 1887 wurde im Unterhaus ein strikt überparteilicher Ausschuss für das Frauenwahlrecht eingerichtet, hauptsächlich dank der Bemühungen von Miss Lydia Becker, die ich bereits als die Susan B. Anthony der englischen Frauenwahlrechtsbewegung bezeichnet habe. Aus Gründen, die hier nicht näher erläutert werden müssen, wurde der ursprüngliche Ausschuss 1906 aufgelöst und die liberalen Befürworter des Frauenwahlrechts gründeten einen eigenen Ausschuss. In dieser Zeit der guten Stimmung wurde auf Anregung einiger Mitglieder unter der Leitung von Herrn HN Brailsford , der selbst kein Parlamentsmitglied war, ein weiterer überparteilicher Ausschuss gegründet, der den Namen Vermittlungsausschuss erhielt. Sein Ziel war es, die gesamte Anzahl der Suffragistinnen des Unterhauses, unabhängig von ihrer Parteizugehörigkeit, zusammenzubringen und einen Wahlrechtsentwurf auszuarbeiten, der durch ihre gemeinsamen Bemühungen verabschiedet werden konnte . Der Earl of Lytton übernahm den Vorsitz des Ausschusses und Herr Brailsford wurde zu dessen Sekretär ernannt. Der Ausschuss bestand aus 25 Liberalen, 17 Konservativen, sechs irischen Nationalisten und sechs Mitgliedern der Labour Party. Unter Schwierigkeiten, die ich den amerikanischen Lesern kaum verständlich machen kann, arbeitete der Ausschuss daran, einen Gesetzentwurf auszuarbeiten, der die Unterstützung aller Teile des Hauses finden sollte. Die Konservativen bestanden auf einem gemäßigten Gesetzentwurf, während die Liberalen besorgt waren, dass die Bestimmungen des Gesetzesentwurfs die Macht der besitzenden Klassen verstärken könnten. Der ursprüngliche Wahlrechtsentwurf, der von meinem Mann, Dr. Pankhurst, ausgearbeitet worden war und Frauen das gleiche Wahlrecht wie Männern einräumte, wurde verworfen und ein Gesetzentwurf nach dem Vorbild des bestehenden kommunalen Wahlrechts ausgearbeitet. Die Grundlage des kommunalen Wahlrechts ist der Beruf, und der Conciliation Bill sah in seiner ersten Fassung vor, das parlamentarische Wahlrecht auf weibliche Hausbesitzerinnen und auf weibliche Bewohnerinnen von Geschäftsräumen auszudehnen, die zehn Pfund Miete und mehr zahlen. Schätzungsweise waren etwa 95 Prozent der Frauen, die nach dem Gesetz das Wahlrecht erhielten, Hausbesitzerinnen. In England bedeutet dies nicht, dass eine Person ein ganzes Haus bewohnt. Jeder, der auch nur einen einzigen Raum bewohnt, über den er oder sie die volle Kontrolle hat, ist ein Haushaltsvorstand.

Der Text des Schlichtungsgesetzes wurde allen Wahlrechtsvereinen und anderen Frauenorganisationen vorgelegt und von allen angenommen. In unserer offiziellen Zeitung hieß es in einem Leitartikel: „Wir von der Women's Social and Political Union sind bereit, an dieser vereinten und friedlichen Aktion teilzunehmen. Das neue Gesetz gibt uns nicht alles, was wir wollen, aber wir sind dafür, wenn auch andere dafür sind."

Es schien sicher, dass eine überwältigende Mehrheit des Unterhauses für das Gesetz war und bereit war, es in Kraft zu setzen. Obwohl wir wussten, dass es unmöglich verabschiedet werden konnte, ohne dass die Regierung zustimmte, hofften wir, dass die Führer aller Parteien und die Mehrheit ihrer Anhänger sich darauf einigen würden, dass das Gesetz verabschiedet werden sollte. Diese einvernehmliche Regelung ist im englischen Parlament selten, aber einige äußerst wichtige und hart erkämpfte Maßnahmen wurden auf diese Weise durchgesetzt. Die Ausweitung des Wahlrechts im Jahr 1867 ist ein typisches Beispiel.

Der Schlichtungsentwurf wurde am 14. Juni 1910 von DJ Shackleton im Unterhaus eingebracht und mit außerordentlicher Begeisterung aufgenommen. Die Zeitungen bemerkten, dass die Haltung des Hauses gegenüber dem Entwurf von Realitätssinn geprägt war. Es war klar, dass die Mitglieder erkannten, dass es sich hier nicht um eine akademische Frage handelte, über die sie lediglich debattieren und ihre Meinung äußern sollten, sondern um eine Maßnahme, die in allen Phasen durchgesetzt und in englisches Recht umgesetzt werden sollte. Die Begeisterung des Hauses erfasste das ganze Königreich. Die Ärzteschaft schickte ein Mahnschreiben zu ihren Gunsten , das von mehr als dreihundert der angesehensten Männer und Frauen der Branche unterzeichnet wurde. Auch Schriftsteller, Geistliche, Sozialarbeiter, Künstler, Schauspieler und Musiker schickten Mahnschreiben. Die Women's Liberal Federation trat zusammen und beschloss einstimmig, den Premierminister zu bitten, dem Entwurf volle Unterstützung zu gewähren. Einige fortschrittliche Geister in der Föderation schlugen tatsächlich vor, sofort eine Delegation mit der Resolution ins Unterhaus zu schicken, doch dieser Vorschlag wurde abgelehnt, da er zu sehr nach Militanz rieche . Eine Bitte um ein Interview wurde an Herrn Asquith geschickt, und er antwortete mit dem Versprechen, bald Vertreter sowohl der Liberal Women's Federation als auch der National Union of Women's Suffrage Societies zu empfangen.

Die gemeinsame Delegation wurde am 21. Juni von Herrn Asquith empfangen, und Lady M'Laren , eine Vertreterin der Women's Liberal Federation, sprach sehr direkt mit dem Vorsitzenden ihrer Partei. Sie sagte unter anderem: "Wenn Sie unsere Bitte ablehnen, müssen wir ins Land gehen und sagen, dass Sie, die Sie gegen das Veto des Oberhauses sind, dem Unterhaus ein Veto auferlegen, indem Sie eine zweite Lesung dieses Gesetzesentwurfs ablehnen."

Herr Asquith antwortete vorsichtig, dass er in einer so ernsten Angelegenheit nicht allein entscheiden könne, sondern sein Kabinett konsultieren müsse, das, wie er zugab, mehrheitlich aus Suffragistinnen bestehe. Ihre Entscheidung, sagte er, werde im Unterhaus bekannt gegeben.

## ÜBER 1.000 FRAUEN WAREN IM GEFÄNGNIS – BREITE PFEILE IN DER PARADE VON 1910

Die Women's Social and Political Union organisierte eine Demonstration zur Unterstützung des Conciliation Bill, die bis dahin größte . Es war eine nationale, ja sogar internationale Angelegenheit, an der sich alle Wahlrechtsgruppen beteiligten, und die Massen waren so groß, dass der Zug anderthalb Stunden brauchte, um einen bestimmten Punkt zu passieren. An der Spitze marschierten sechshundertsiebzehn Frauen, weiß gekleidet und mit langen silbernen Stäben, an deren Spitze ein breiter Pfeil stand. Dies waren die Frauen, die für ihre Sache inhaftiert worden waren, und entlang der gesamten Marschstrecke wurden sie von der Öffentlichkeit mit Beifall bejubelt. Die riesige Albert Hall, die größte Halle Englands, war zwar vom Parkett bis zur obersten Galerie voll besetzt, aber nicht groß genug, um alle Marschierenden aufzunehmen. Unter großer Freude und Begeisterung hielt Lord Lytton eine mitreißende Ansprache, in der er zuversichtlich die rasche Verabschiedung des Gesetzes vorhersagte. Die Frauen, erklärte er, hätten allen Grund zu der Annahme, dass ihr Wahlrecht tatsächlich unmittelbar bevorstünde.

Es stimmte, dass die Zeit für die Verabschiedung eines Wahlrechtsgesetzes reif war. Seit fünfzig Jahren war der Weg nicht mehr so frei, denn das momentane Fehlen einer normalen Gesetzgebung ließ das Feld für ein Wahlreformgesetz frei. Als der Premierminister jedoch im Unterhaus gefragt wurde, ob er den Mitgliedern frühzeitig Gelegenheit zur Diskussion geben würde, war die Antwort nicht ermutigend. Die Regierung, sagte Herr Asquith, sei bereit, vor dem Ende der Sitzung Zeit für eine umfassende

Debatte und Abstimmung in zweiter Lesung zu geben, könne jedoch keine weiteren Erleichterungen gewähren. Er erklärte offen, dass er persönlich nicht wolle, dass das Gesetz verabschiedet werde, aber die Regierung sei sich bewusst , dass das Unterhaus, wenn dies ihr bewusster Wunsch sei, die Gelegenheit haben sollte, sich effektiv mit der gesamten Frage zu befassen.

Diese kryptische Äußerung wurde von der Mehrheit der Suffragistinnen, von der Presse und von der Öffentlichkeit allgemein so verstanden, dass die Regierung sich darauf vorbereitete, dem unzweifelhaften Wunsch des Unterhauses, das Gesetz zu verabschieden, würdevoll nachzugeben. Die Women's Social and Political Union war jedoch skeptisch. Mr. Asquiths Bemerkung war mehrdeutig und konnte auf verschiedene Weise interpretiert werden. Sie konnte bedeuten, dass er bereit war, das Urteil der Mehrheit zu akzeptieren und das Gesetz durch alle Phasen gehen zu lassen. Das wäre natürlich die einzige Möglichkeit, dem Haus die Gelegenheit zu geben, sich effektiv mit der gesamten Frage zu befassen. Andererseits könnte Mr. Asquith beabsichtigen, das Gesetz durch die Debattenphasen gehen zu lassen und es anschließend im Ausschuss zu ersticken. Wir befürchteten Verrat, aber angesichts der Ankündigung, dass die Regierung den 11. und 12. Juli für die Debatte zur zweiten Lesung reserviert hatte, bewahrten wir eine abwartende Ruhe. Der 26. Juli war als Tag für die Vertagung des Parlaments festgelegt worden, und wenn der Gesetzentwurf am 12. positiv angenommen würde , bliebe genügend Zeit, ihn durch die letzten Phasen zu bringen. Wenn ein Gesetzentwurf die zweite Lesung passiert, wird er normalerweise an einen Großen Ausschuss weitergeleitet, der tagt, während das Unterhaus andere Geschäfte abwickelt, und so kann die Ausschussphase ohne besondere Erleichterungen fortgesetzt werden. Der Gesetzentwurf geht erst dann wieder an das Unterhaus zurück, wenn die Berichtsphase erreicht ist, bei der die dritte und letzte Lesung stattfindet. Danach geht der Gesetzentwurf an das Oberhaus. Für dieses Verfahren ist höchstens eine Woche erforderlich. Ein Gesetzentwurf kann an das Gesamthaus weitergeleitet werden, und in diesem Fall kann er nicht für die Ausschussphase vorgebracht werden, es sei denn, ihm werden besondere Erleichterungen gewährt. In unserer Zeitung und in vielen öffentlichen Reden drängten wir darauf, dass die Mitglieder dafür stimmen, den Gesetzentwurf an einen Großen Ausschuss zu überweisen.

Einige Tage vor der zweiten Lesung des Gesetzesentwurfs gab es Gerüchte , dass Herr Lloyd-George sich dagegen aussprechen würde, aber wir wollten das nicht glauben. Obwohl Herr Lloyd-George sich den Frauen gegenüber auf verschiedene Weise unfair gezeigt hatte, hatte er sich stets als überzeugter Verfechter des Frauenwahlrechts ausgegeben, und wir konnten nicht glauben, dass er sich in letzter Minute gegen uns wenden würde. Die Befürworter des Gesetzesentwurfs rechneten auch mit Herrn Winston

Churchill, dessen Rede an die Frauen von Dundee ich in einem früheren Kapitel zitiert habe, da bekannt war, dass er mehr als einmal Sympathie für dessen Ziele geäußert hatte. Aber als die Debatten begannen, stellten wir fest, dass beide dieser glühenden Suffragistinnen gegen den Gesetzentwurf aufgestellt waren. Herr Churchill hielt eine konventionelle Rede gegen das Wahlrecht, in der er sagte, dass Frauen das Wahlrecht nicht bräuchten und dass sie wirklich keine Beschwerden hätten, und griff dann den Conciliation Bill an, weil ihm die Klasse der Frauen, die durch ihn das Wahlrecht erhalten sollten, nicht passte. Er räumte ein, dass einige Frauen das Wahlrecht erhalten sollten, und er hielt es für den besten Plan, „einige der besten Frauen aller Klassen" nach Eigentums-, Bildungs- und Verdienstkriterien auszuwählen. Diese Sonderwahlrechte würden sorgfältig ausgewogen sein, „um nicht insgesamt den Eigentumswählern einen ungerechtfertigten Vorteil gegenüber den Lohnwählern zu verschaffen". Man könne sich keinen fantastischeren Vorschlag vorstellen, der im Unterhaus weniger Anklang fände . Churchills zweiter Einwand gegen den Gesetzesentwurf war, dass er undemokratisch sei! Uns schien, als sei alles demokratischer als seine vorgeschlagenen „ausgefallenen" Wahlrechte.

Herr Lloyd-George sagte, er stimme mit allem überein, was Herr Churchill gesagt habe, "sowohl mit den relevanten als auch mit den irrelevanten". Er stellte die erstaunliche Behauptung auf, der Vermittlungsausschuss, der den Gesetzentwurf ausgearbeitet hatte, sei ein "Ausschuss von Frauen gewesen, der außerhalb des Hauses tagte". Und dieser Ausschuss habe dem Unterhaus nicht nur gesagt, dass es für einen Gesetzentwurf zum Frauenwahlrecht stimmen müsse, sondern auch: "Sie müssen für die konkrete Form stimmen, auf die wir uns geeinigt haben, und wir werden Ihnen nicht einmal erlauben, über eine andere Form zu beraten."

Natürlich waren diese Behauptungen völlig falsch. Der Conciliation Bill wurde von Männern entworfen und eingeführt, weil die Regierung sich geweigert hatte, eine Parteimaßnahme einzubringen. Die Suffragistinnen wären nur zu froh gewesen, wenn die Regierung über eine breitere Form des Wahlrechts beraten hätte. Weil sie sich weigerten, über irgendeine Form zu beraten, wurde dieser private Gesetzentwurf eingebracht.

Diese Tatsache wurde im Laufe der Rede von Herrn Lloyd-George angesprochen. Er sagte, es sei betont worden, dass dieser Gesetzesentwurf besser sei als gar keiner, aber warum sollte das die Alternative sein? „Was ist die andere Alternative?", rief ein Mitglied, aber Herr Lloyd-George wich der Frage mit einem nachlässigen „Nun, das kann ich im Augenblick nicht sagen" aus.

Später sagte er: „Wenn die Initiatoren dieses Gesetzentwurfs sagen, dass sie die zweite Lesung lediglich als Bestätigung des Grundsatzes des

Frauenwahlrechts betrachten, und wenn sie versprechen, dass der Gesetzentwurf bei seiner Wiedereinführung in einer Form vorliegen wird, die es dem Unterhaus ermöglicht, Änderungen zur Einschränkung oder Erweiterung einzubringen, werde ich gerne für diesen Gesetzentwurf stimmen."

Daraufhin sagte Philip Snowden: „Wir werden diesen Gesetzentwurf zurückziehen, wenn der ehrenwerte Herr im Namen der Regierung oder der Premierminister selbst diesem Haus die Möglichkeit geben, eine andere Form eines Wahlrechtsgesetzes zu diskutieren und durch die verschiedenen Phasen zu bringen. Wenn uns das nicht gelingt, werden wir diesen Gesetzentwurf weiterverfolgen."

Die Regierung antwortete hierauf überhaupt nicht, und die Debatte ging weiter. Es wurden 39 Reden gehalten, wobei der Premierminister in seiner Rede klar zum Ausdruck brachte, dass er seine ganze Macht einsetzen wolle, um zu verhindern, dass der Gesetzentwurf zum Gesetz wird. Er begann mit der Aussage, dass ein Wahlrechtsentwurf niemals an einen Großen Ausschuss, sondern an einen Ausschuss des gesamten Hauses weitergeleitet werden sollte. Er sagte auch, dass seine Bedingungen, nämlich dass die Mehrheit der Frauen zweifelsfrei zeigen müsse, dass sie das Wahlrecht wünschten, und dass der Gesetzentwurf in seinen Formulierungen demokratisch sein müsse, nicht erfüllt worden seien.

Als die Abstimmung stattfand, stellte sich heraus, dass das Schlichtungsgesetz seine zweite Lesung mit einer Mehrheit von 109 Stimmen angenommen hatte, einer größeren Mehrheit als der berühmte Haushaltsplan der Regierung oder die Resolution des Oberhauses. Tatsächlich hatte kein Gesetzentwurf während dieser Legislaturperiode eine so große Mehrheit erhalten – 299 Abgeordnete stimmten dafür, 190 dagegen. Dann stellte sich die Frage, welcher Ausschuss sich mit dem Gesetz befassen sollte. Mr. Asquith hatte gesagt, dass alle Wahlrechtsgesetze an einen Ausschuss des Gesamthauses gehen sollten, sodass seine Worte bei der Abstimmung viele aufrichtige Freunde des Gesetzes dazu bewegten, es dorthin zu schicken. Andere verstanden, dass dies ein böswilliger Weg war, hatten aber Angst, den Zorn des Premierministers auf sich zu ziehen. Natürlich stimmten alle Suffragistengegner gleich ab, und so ging das Gesetz an das Gesamthaus.

Selbst dann hätte der Gesetzentwurf zur endgültigen Lesung weitergeleitet werden können. Das Unterhaus hatte Zeit, da praktisch alle wichtigen Gesetzgebungsarbeiten wegen der Pattsituation zwischen Oberhaus und Unterhaus zum Stillstand gekommen waren. Nach dem Tod des Königs war eine Konferenz der Führer der Konservativen und Liberalen Parteien einberufen worden, um die strittigen Angelegenheiten zu klären, aber diese Konferenz hatte noch keinen Bericht vorgelegt. Daher hatte das Parlament wenig zu tun . Auf die Regierung wurde der größtmögliche Druck ausgeübt, um dem Schlichtungsgesetz Erleichterungen zu gewähren. Es wurden mehrere Versammlungen zur Unterstützung des Gesetzentwurfs abgehalten. Die Men's Political Union for Women's Enfranchisement, die Men's League for Women's Suffrage und das Schlichtungskomitee hielten eine gemeinsame Versammlung im Hyde Park ab. Einige der alten Schule der Suffragistinnen hielten eine weitere große Versammlung auf dem Trafalgar Square ab. Die Women's Social and Political Union hielt am 23. Juli, dem Jahrestag des Tages im Jahr 1867, an dem Arbeiter, die für ihr Wahlrecht agitierten, die Zäune des Hyde Parks niedergerissen hatten, dort eine weitere riesige Demonstration ab. Eine Fläche von einer halben Quadratmeile wurde geräumt, vierzig Plattformen errichtet und zwei große Prozessionen marschierten von Osten und Westen zur Versammlung. Viele andere Wahlrechtsvereine arbeiteten bei dieser Gelegenheit mit uns zusammen. Noch am Tag der Versammlung schrieb Herr Asquith an Lord Lytton und weigerte sich, während dieser Sitzung mehr Zeit für den Gesetzesentwurf einzuräumen.

Diejenigen, die noch immer daran glaubten, dass die Regierung dazu gebracht werden könnte, den Frauen Gerechtigkeit widerfahren zu lassen, setzten ihre Hoffnungen auf die Herbstsitzung des Parlaments. Nicht nur die Wahlrechtsverbände, sondern auch viele Männerorganisationen schickten Resolutionen, in denen sie die Regierung drängten, dem Gesetzentwurf im Herbst Erleichterungen zu gewähren. Die Körperschaften von 38 Städten, darunter Liverpool, Manchester, Glasgow, Dublin und Cork, schickten entsprechende Resolutionen. Die Kabinettsminister wurden mit Bitten überhäuft, Abordnungen von Frauen zu empfangen, und da das Land kurz vor einer Parlamentswahl stand und die Liberale Partei die Dienste von Frauen benötigte, konnten ihre Bitten nicht völlig ignoriert werden. Anfang Oktober empfing Mr. Asquith eine Abordnung von Frauen aus seinem eigenen Wahlkreis East Fife, aber alles, was er ihnen zu sagen hatte, war, dass der Gesetzentwurf in diesem Jahr nicht vorgelegt werden konnte. „Und was ist mit nächstem Jahr?", fragten sie, und er antwortete kurz: „Abwarten und sehen."

Es war während dieser unruhigen Tage außerordentlich schwierig gewesen, alle Mitglieder der WSPU an den Waffenstillstand zu binden, und als es vollkommen offensichtlich wurde, dass das Schlichtungsgesetz zum Scheitern verurteilt war, wurde erneut der Krieg erklärt. Bei einer großen Versammlung in der Albert Hall am 10. November warf ich selbst den Kampfgeist nieder. Ich sagte, weil ich wollte, dass die ganze Angelegenheit sowohl von der Öffentlichkeit als auch von unseren Mitgliedern klar verstanden wurde: „Dies ist der letzte verfassungsmäßige Versuch der Women's Social and Political Union, die Verabschiedung des Gesetzes in ein

Gesetz zu sichern. Wenn das Gesetz trotz unserer Bemühungen von der Regierung abgelehnt wird, dann muss ich zunächst sagen, dass der Waffenstillstand vorbei ist. Wenn wir mit der Aussage konfrontiert werden, dass wir nicht die Macht haben, im Unterhaus Zeit für unsere Maßnahme zu gewinnen, dann ist unser erster Schritt zu sagen: ‚Wir nehmen es aus Ihren Händen, da Sie uns nicht helfen, und übernehmen die Leitung der Kampagne selbst.‘"

Eine weitere Abordnung, erklärte ich, müsse ins Unterhaus gehen, um dem Premierminister eine Petition zu überbringen. Ich selbst würde die Führung übernehmen, und wenn mir niemand folgen wolle, würde ich allein gehen. Augenblicklich sprangen überall in der Halle Frauen auf und riefen: „Mrs. Pankhurst, ich gehe mit Ihnen!" „Ich gehe!" „Ich gehe!" Und ich wusste, dass unsere tapferen Frauen wie immer bereit waren, sich selbst, wenn nötig sogar ihr Leben, für die Sache der Freiheit zu geben.

Die Herbstsitzung begann am Freitag, dem 18. November, und Herr Asquith verkündete, dass das Parlament am 28. November vertagt würde. Während er seine Rede hielt, marschierten 450 Frauen in kleinen Gruppen, um den strengen Buchstaben des Gesetzes einzuhalten, von Caxton Hall und vom Hauptsitz der Union.

**DER LEITER DER DEPUTATION AM SCHWARZEN FREITAG**

*November 1910*

Wie wir die Geschichte dieses schrecklichen Tages, des Schwarzen Freitags, so erzählen können, wie sie in unserer Erinnerung lebendig ist – wie wir beschreiben können, was englischen Frauen auf Geheiß der englischen Regierung widerfuhr, ist eine schwierige Aufgabe. Ich werde versuchen, es so einfach und genau wie möglich zu erzählen. Ich bin mir bewusst, dass die nackten Tatsachen, unverblümt dargelegt, die Glaubwürdigkeit strapazieren werden.

Man darf nicht vergessen, dass das Land am Vorabend einer Parlamentswahl stand und dass die Liberale Partei die Hilfe liberaler Frauen brauchte. Aus dieser Tatsache war die Massenverhaftung und Inhaftierung einer großen Zahl von Frauen, die die Verabschiedung des Schlichtungsgesetzes forderten, aus Sicht der Regierung äußerst unerwünscht. Auch die Frauenliberalenverbände wollten die Verabschiedung des Schlichtungsgesetzes, obwohl sie nicht bereit waren, dafür zu kämpfen. Die Regierung befürchtete, dass die liberalen Frauen durch unser Leid dazu gebracht würden, von der Wahlarbeit für die Partei Abstand zu nehmen. Daher ersann die Regierung einen Plan, wonach die Suffragetten bestraft, zurückgedrängt und in ihrem Vorhaben, das Parlament zu erreichen, vereitelt, aber nicht verhaftet werden sollten. Offenbar wurde angeordnet, dass die Polizei auf den Straßen präsent sein und die Frauen von einem uniformierten oder nicht uniformierten Polizisten zum nächsten geworfen werden sollten, dass sie so grob behandelt werden sollten, dass sie aus reiner Angst umkehren würden. Ich sage, es wurden Befehle gegeben, und als Beweis dafür kann ich zunächst darauf hinweisen, dass die Polizei bei allen vorherigen Gelegenheiten zunächst versucht hatte, die Deputationen zurückzuschlagen, und als die Frauen darauf beharrten, weiterzugehen, sie verhaftet hatte. Manchmal verhielten sich einzelne Polizisten uns gegenüber grausam und bösartig, aber nie mit der einstimmigen und umfassenden Brutalität, die am Schwarzen Freitag gezeigt wurde.

Die Regierung hoffte höchstwahrscheinlich, dass die Gewalt der Polizei gegenüber den Frauen von den Menschenmengen nachgeahmt würde, doch stattdessen erwiesen sich die Menschenmengen als bemerkenswert freundlich. Sie drängelten und kämpften, um uns den Weg freizumachen, und trotz der Bemühungen der Polizei gelang es meiner kleinen Delegation tatsächlich, die Tür des Fremdeneingangs zu erreichen. Wir stiegen die Stufen unter dem begeisterten Jubel der Menschenmassen hinauf, die die Straßen füllten, und wir standen stundenlang dort und blickten auf eine Szene hinab, die ich hoffentlich nie wieder sehen werde.

## STUNDENLANG WURDEN SZENEN WIE DIESE AM SCHWARZEN FREITAG SPIELT

### *November 1910*

Im Abstand von zwei oder drei Minuten erschienen kleine Gruppen von Frauen auf dem Platz und versuchten, sich uns am Eingang für Fremde anzuschließen. Sie trugen kleine Banner mit verschiedenen Aufschriften wie „Asquith hat unser Gesetz abgelehnt", „Wo ein Gesetz ist, ist auch ein Weg", „Der Wille der Frauen schlägt Asquiths Willen" und dergleichen . Die Polizei ergriff diese Banner und zerriss sie in Stücke. Dann legten sie Hand an die Frauen und warfen sie buchstäblich von einem Mann zum anderen. Einige Polizisten schlugen mit den Fäusten auf die Frauen ins Gesicht, auf die Brüste und auf die Schultern. Eine Frau sah ich, wie sie drei oder vier Mal in schneller Folge heftig niedergeworfen wurde, bis sie schließlich nur noch halb bewusstlos am Bordstein lag und in ernstem Zustand von freundlichen Fremden weggetragen wurde. Mit jedem Moment wurde der Kampf heftiger, da immer mehr Frauen am Ort des Geschehens eintrafen. Frauen, viele von ihnen herausragende Persönlichkeiten aus Kunst, Medizin und Wissenschaft, Frauen von europäischem Ruf, wurden einer Behandlung ausgesetzt, die Kriminellen nicht zuteil geworden wäre, und das alles nur, weil sie auf dem Recht auf eine friedliche Petition bestanden hatten.

Dieser Kampf dauerte etwa eine Stunde, und immer mehr Frauen schafften es, an den Polizisten vorbeizukommen und die Stufen des Hauses zu erreichen. Dann wurde die berittene Polizei gerufen, um die Frauen zurückzuschlagen. Doch die Frauen waren verzweifelt entschlossen und fürchteten weder die Hufe der Pferde noch die vernichtende Gewalt der Polizei. Sie ließen sich nicht von ihrem Vorhaben abbringen. Und nun begann die Menge zu murren. Die Leute fragten, warum die Frauen geschlagen wurden; warum sie nicht verhaftet wurden, wenn sie das Gesetz brachen; warum sie nicht unbehelligt weitergehen durften, wenn sie das Gesetz nicht brachen. Lange Zeit, fast fünf Stunden, fuhr die Polizei fort, die Frauen zu bedrängen und zu schlagen, während die Menge bei ihrer Verteidigung immer aufrührerischer wurde . Dann war die Polizei schließlich gezwungen, Festnahmen vorzunehmen. 115 Frauen und vier Männer, die meisten von ihnen mit Prellungen, Würgen oder anderen Verletzungen, wurden festgenommen.

Während all dies vor dem Unterhaus vor sich ging, weigerte sich der Premierminister hartnäckig, auf die Ratschläge einiger der vernünftigeren und gerechtigkeitsliebenderen Mitglieder des Hauses zu hören. Keir Hardie , Sir Alfred Mondell und andere drängten Herrn Asquith, die Delegation zu empfangen, und Lord Castlereagh ging so weit, einen Änderungsantrag zu einem Regierungsvorschlag einzubringen, einen weiteren Vorschlag, der die Regierung gezwungen hätte, dem Schlichtungsgesetz sofortige Erleichterungen zu gewähren. Wir hörten von dem, was vor sich ging, und ich ließ einen und ein weiteres befreundetes Mitglied herbeirufen und unternahm jede erdenkliche Anstrengung, sie zugunsten von Lord Castlereaghs Änderungsantrag zu beeinflussen. Ich verwies auf den brutalen Kampf, der auf dem Platz tobte, und bat sie, zurückzugehen und den anderen zu sagen, dass dieser beendet werden müsse. Aber so verzweifelt einige von ihnen zweifellos waren, versicherten sie mir, dass es für den Änderungsantrag nicht die geringste Chance gäbe.

„Gibt es im Unterhaus denn keinen einzigen *Mann* ", rief ich, „*der für uns eintritt und dem Haus klarmacht, dass der Änderungsantrag angenommen werden muss?* "

Nun, vielleicht waren es Männer , die dort waren, aber alle außer zweiundfünfzig stellten ihre Parteitreue über ihre Männlichkeit, und da Lord Castlereaghs Vorschlag eine Kritik der Regierung bedeutet hätte, weigerten sie sich, ihn zu unterstützen. Dies geschah jedoch erst, nachdem Mr. Asquith zu seinem üblichen schlauen Trick gegriffen hatte, nämlich ein Versprechen für künftige Maßnahmen abzugeben. In diesem Fall versprach er, am folgenden Dienstag eine Erklärung im Namen der Regierung abzugeben.

Am nächsten Morgen wurden die Häftlinge, die sich für das Wahlrecht ausgesprochen hatten, vor dem Polizeigericht angeklagt. Oder besser gesagt, man ließ sie vor dem Gerichtssaal warten, während Mr. Muskett , der im Auftrag des Polizeipräsidenten die Anklage vertrat, dem verblüfften Richter erklärte, er habe vom Innenminister den Befehl erhalten, alle Häftlinge freizulassen. Mr. Churchill, so hieß es, habe die Angelegenheit sorgfältig geprüft und entschieden, dass „durch die Fortsetzung der Anklage kein öffentlicher Vorteil erzielt würde und daher keine Beweise gegen die Häftlinge vorgelegt würden".

Im Gerichtssaal erklang gedämpftes Gelächter und, wie die Zeitungen berichteten, auch verächtliches Buhen. Als die Ordnung wiederhergestellt war, wurden die Gefangenen gruppenweise hereingeführt und man teilte ihnen mit, dass sie entlassen seien.

Am darauffolgenden Dienstag hielt die WSPU eine weitere Sitzung des Frauenparlaments in Caxton Hall ab, um die Neuigkeiten aus dem Unterhaus zu erfahren. Herr Asquith sagte: „Die Regierung wird, wenn sie noch an der Macht ist, in der nächsten Legislaturperiode die Möglichkeit schaffen, ein Wahlrechtsgesetz effektiv durchzusetzen, das so formuliert ist, dass es freie Änderungen zulässt." Er wollte nicht versprechen, dass dies im ersten Jahr der Legislaturperiode geschehen würde.

Wir hatten Erleichterungen für das Schlichtungsgesetz gefordert, und Mr. Asquiths Versprechen war zu vage und zu zweideutig, um uns zufriedenzustellen. Das Parlament, das nun aufgelöst werden sollte, hatte knapp zehn Monate bestanden. Das nächste würde vielleicht nicht länger bestehen. Daher bedeutete Mr. Asquiths Versprechen, wie üblich, überhaupt nichts. Ich sagte zu den Frauen: „Ich gehe in die Downing Street. Kommt alle mit." Und wir gingen.

Wir trafen auf eine kleine Polizeitruppe in der Downing Street, durchbrachen deren Linien mühelos und wären in die Residenz des Premierministers eingedrungen, wenn nicht Verstärkung durch die Polizei eingetroffen wäre. Mr. Asquith selbst erschien unerwartet und, wie wir dachten, sehr gelegen. Bevor er realisieren konnte, was geschah, war er von wütenden Suffragetten umringt. Er wurde heftig ausgebuht und, wie es heißt, ziemlich durchgeschüttelt, bevor er von der Polizei gerettet wurde. Als sein Taxi davonraste, traf ein Gegenstand eines der Fenster und zerbrach es.

Ein anderer Kabinettsminister, Mr. Birrell , geriet unabsichtlich in das Handgemenge, und ich muss zugeben, dass er ziemlich heftig angefahren wurde. Aber es stimmt nicht, dass die Frauen sein Bein verletzt haben. Seine Hast, in ein Taxi zu springen, führte zu einem leicht verstauchten Knöchel.

In dieser Nacht und am folgenden Tag wurden in den Häusern von Sir Edward Grey, Winston Churchill, Lewis Harcourt und John Burns sowie in den offiziellen Residenzen des Premierministers und des Schatzkanzlers Fenster eingeschlagen.

In dieser Woche wurden 160 Suffragetten verhaftet, aber alle außer denen, die wegen Fenstereinschlagens oder Körperverletzung angeklagt waren, wurden freigelassen. Dieses erstaunliche Gerichtsverfahren stellte zwei Dinge fest: Erstens, dass der Innenminister eine kolossale Lüge erzählte, als er erklärte, er sei nicht für die Strafverfolgung und Verurteilung von Suffragetten-Häftlingen verantwortlich; und zweitens, dass die Regierung völlig erkannte , dass es schlechte Wahltaktik war, für die Inhaftierung von Frauen mit gutem Charakter verantwortlich zu sein, die um die Staatsbürgerschaft kämpften.

# KAPITEL VIII

Fast unmittelbar nach den im vorhergehenden Kapitel beschriebenen Ereignissen segelte ich zu meiner zweiten Reise durch die Vereinigten Staaten. Ich war erfreut, eine durch und durch lebendige und fortschrittliche Frauenwahlrechtsbewegung vorzufinden, wo zuvor bei den meisten Menschen nur eine akademische Theorie für gleiche politische Rechte zwischen Männern und Frauen existiert hatte . Meine erste Versammlung in Brooklyn wurde von Sandwich-Frauen angekündigt, die durch die Hauptstraßen der Stadt zogen, ganz wie unsere militanten Frauenrechtlerinnen zu Hause. Straßenversammlungen, so stellte ich fest, waren in New York inzwischen an der Tagesordnung. Die Women's Political Union hatte eine Wahlpolitik verabschiedet, und im ganzen Land, so weit ich auch nach Westen reiste, fand ich Frauen, die sich der Notwendigkeit politischer Maßnahmen bewusst waren und nicht nur über das Frauenwahlrecht diskutierten.

Mein zweiter Besuch in Amerika ist, wie mein erster, in meiner Erinnerung von Trauer getrübt. Sehr bald nach meiner Rückkehr nach England starb eine geliebte Schwester, Mrs. Mary Clarke. Meine Schwester, die eine leidenschaftliche Frauenrechtlerin und geschätzte Mitarbeiterin der Women's Social and Political Union war, war eine der Frauen, die am Schwarzen Freitag auf dem Parliament Square schockierend misshandelt wurden. Sie war auch eine der Frauen, die einige Tage später ihren Protest gegen die Regierung zum Ausdruck brachten, indem sie einen Stein durch das Fenster einer offiziellen Residenz warfen. Für diese Tat wurde sie für einen Monat ins Holloway-Gefängnis geschickt. Als sie am 21. Dezember freigelassen wurde, war für diejenigen, die sie am besten kannten, klar, dass ihre Gesundheit durch die schrecklichen Erfahrungen des Schwarzen Freitags und die anschließende Gefängniserfahrung ernsthaft gelitten hatte. Sie starb plötzlich am Weihnachtstag, zum tiefen Kummer aller ihrer Mitmenschen. Ihr Leben war nicht das einzige, das an diesem Tag geopfert wurde. Es gab noch andere Todesfälle, meist aufgrund von durch Überanstrengung geschwächten Herzen. Miss Henria Williams starb am 2. Januar 1911 an Herzversagen. Miss Cecelia Wolseley Haig war ein weiteres Opfer. Durch Misshandlungen am Schwarzen Freitag erkrankte sie an einer schmerzhaften Krankheit, die nach einem Jahr intensiven Leidens am 21. Dezember 1911 mit ihrem Tod endete.

**Aufruhrszenen am Black Friday**

*November 1910*

Es ist nicht möglich, eine vollständige Liste aller Frauen zu veröffentlichen, die im Zuge der Frauenrechtsbewegung in England gestorben oder für ihr Leben verletzt wurden. In vielen Fällen wurden die Einzelheiten nie öffentlich gemacht, und ich fühle mich nicht berechtigt, sie hier aufzuzeichnen. Ein sehr berühmter Fall, der öffentlich bekannt ist, ist der von Lady Constance Lytton, der Schwester des Earl of Lytton, der als Vorsitzender des Vermittlungsausschusses fungierte. Lady Constance war 1909 aufgrund von Frauenrechtsaktivitäten zweimal im Gefängnis gelandet und hatte bei beiden Gelegenheiten aufgrund ihres Rangs und ihres familiären Einflusses besondere Privilegien erhalten. Trotz ihrer Proteste und ihrer ernsthaften Bitten, ihr die gleiche Behandlung wie anderen Frauenrechtsgefangenen zuteil werden zu lassen, bestanden die hochnäsigen und feigen Behörden darauf, Lady Constance in den Zellen des

Krankenhauses zu behalten und sie vor Ablauf ihrer Haftstrafe zu entlassen. Dies geschah unter dem Vorwand ihres schlechten Gesundheitszustands, und es stimmte, dass sie an einer Herzklappenerkrankung litt .

war sich der Ungerechtigkeit, die ihren Kameraden bei dieser Diskriminierung widerfuhr, sehr bewusst und vollbrachte eine der heldenhaftesten Taten in der Geschichte der Frauenwahlrechtsbewegung. Sie schnitt ihr schönes Haar ab, verkleidete sich ansonsten, zog billige und hässliche Kleidung an und nahm als „Jane Warton" an einer Demonstration in Newcastle teil, wo sie erneut verhaftet und inhaftiert wurde. Diesmal behandelten die Behörden sie wie eine gewöhnliche Gefangene. Ohne ihr Herz zu testen oder sie anderweitig angemessen medizinisch zu untersuchen, unterzogen sie sie den Schrecken der Zwangsernährung. Aufgrund ihrer schwachen Konstitution litt sie jedes Mal unter schrecklicher Übelkeit, und als einmal die Kleidung des Arztes beschmutzt war, schlug er ihr verächtlich auf die Wange. Diese Behandlung wurde fortgesetzt, bis die Identität der Gefangenen plötzlich bekannt wurde. Sie wurde natürlich sofort freigelassen, aber sie erholte sich nie von dieser Erfahrung und ist jetzt eine hoffnungslose Invalidin. [2]

Ich möchte hiermit sagen, dass jene wohlmeinenden Freunde von draußen, die sagen, wir hätten diese Schrecken des Gefängnisses, der Hungerstreiks und der Zwangsernährung erlitten, weil wir uns für die Sache zum Märtyrer machen wollten , absolut und vollkommen im Unrecht sind. Wir sind nie ins Gefängnis gegangen, um Märtyrer zu werden. Wir sind dorthin gegangen, um die Bürgerrechte zu erlangen. Wir waren bereit, Gesetze zu brechen, um die Menschen zu zwingen, uns das Recht zu geben, Gesetze zu erlassen. Auf diese Weise haben die Menschen ihre Bürgerrechte erworben. Mazzini sagt zu Recht, dass der Weg zur Reform immer durch das Gefängnis geführt hat.

Das Ergebnis der Parlamentswahlen, die im Januar 1911 stattfanden, war, dass die Liberale Partei wieder an die Macht kam. Das Parlament trat am 31. Januar zusammen, aber die Sitzung wurde offiziell am 6. Februar mit der Verlesung der Rede des Königs eröffnet. Das Programm für die Sitzung umfasste das Veto der Lords, die Selbstverwaltung, die Bezahlung der Parlamentsmitglieder und die Abschaffung der Mehrfachwahl. Auch die Invalidenversicherung wurde erwähnt und bestimmte Änderungen am Gesetzentwurf zur Altersrente. Das Frauenwahlrecht wurde nicht erwähnt. Trotzdem hatten wir außerordentliches Glück, denn die ersten drei Plätze bei der Abstimmung wurden von Mitgliedern des Vermittlungsausschusses belegt. Mr. Philips, ein irisches Mitglied, belegte den ersten Platz, aber da die irische Partei beschlossen hatte, in dieser Sitzung keine Gesetzesentwürfe einzubringen, überließ er Sir George Kemp den Vortritt, der ankündigte, dass er seinen Platz nutzen würde, um eine Debatte in zweiter Lesung über den neuen Vermittlungsgesetzentwurf zu führen. Der alte Gesetzentwurf hatte den Titel: „Ein Gesetzentwurf zur Erteilung des Wahlrechts an weibliche Besetzerinnen", ein Titel, der Änderungen erschwerte. Der neue Gesetzentwurf trug den flexibleren Titel „Ein Gesetzentwurf zur Verleihung des parlamentarischen Wahlrechts an Frauen" und beseitigte damit einen der plausibelsten Einwände von Herrn Lloyd-George. Die Klausel über die 10-Pfund-Bewohnerschaft wurde gestrichen, wodurch ein weiterer Einwand beseitigt wurde, nämlich die Möglichkeit des „Faggot-Votings", d. h. dass ein reicher Mann einer Familie von Töchtern das Wahlrecht verleiht, indem er sie einfach zu Pächtern von Teilen seines eigenen Eigentums macht. Der Conciliation Bill lautete nun: „1. Jede Frau, die eine Haushaltsqualifikation im Sinne des Representation of the People Act (1884) besitzt, hat das Recht, sich als Wählerin registrieren zu lassen und nach der Registrierung in der Grafschaft oder dem Bezirk zu wählen, in dem sich die qualifizierenden Räumlichkeiten befinden.

„2. Für die Zwecke dieses Gesetzes wird eine Frau nicht durch Heirat von der Registrierung als Wählerin ausgeschlossen, vorausgesetzt, dass ein Ehemann und eine Ehefrau nicht beide als Wähler in demselben Parlamentsbezirk oder derselben Grafschaft registriert sind."

Dieser Gesetzesentwurf fand noch mehr Zustimmung als der erste, weil man glaubte, er würde die Stimmen jener Abgeordneten gewinnen, die der Meinung waren, der ursprüngliche Entwurf sei nicht wirklich demokratisch. Dennoch zeigte der Premierminister von Anfang an, dass er beabsichtigte, sich diesem Gesetz zu widersetzen, wie er es bei allen vorherigen Wahlrechtsmaßnahmen getan hatte. Er kündigte an, dass alle Freitage bis Ostern und auch die gesamte Zeit an Dienstagen und Mittwochen, die normalerweise für Gesetzesentwürfe von Abgeordneten vorgesehen ist, mit der Erörterung von Regierungsmaßnahmen belegt werden sollten. Kaum eine liberale Stimme erhob sich gegen diese willkürliche Entscheidung. Die irischen Abgeordneten waren tatsächlich erfreut darüber, da sie dem Home Rule Bill einen Vorteil verschaffte. Die Labour- Abgeordneten schienen selbstzufrieden und der Rest der Koalition war gleichgültig. Ein Liberaler aus den Hinterbänklern ging so weit, aufzustehen und dem Premierminister für die Höflichkeit zu danken, mit der der Prozess der Zurückweisung durchgeführt wurde. Die Opposition tat etwas kämpferisch, aber die Empörung der Konservativen wurde durch die Überlegung gemildert, dass der geschaffene Präzedenzfall zu ihrem Vorteil genutzt werden könnte, wenn ihre Partei an die Macht käme.

Sir George Kemp kündigte daraufhin an, dass er den 5. Mai für die zweite Lesung des Schlichtungsgesetzes freihalten würde, und die Befürworter des Gesetzes machten sich gemäß ihrer jeweiligen Überzeugungen daran, seine Interessen zu fördern. Die WSPU war überzeugt, dass die Regierung von Herrn Asquith das Gesetz niemals verabschieden würde, bis sie tatsächlich dazu gezwungen würde, und wir wandten unsere eigenen Methoden an, um von der Regierung eine eindeutige Zusage zu erhalten, dass sie dem Gesetz Erleichterungen gewähren würde.

Im April desselben Jahres sollte die Volkszählung durchgeführt werden, und wir organisierten einen Volkszählungswiderstand seitens der Frauen. Nach unserem Gesetz muss die Volkszählung des gesamten Königreichs alle zehn Jahre an einem bestimmten Tag durchgeführt werden. Unser Plan war, den Wert der Volkszählung für statistische Zwecke zu verringern, indem wir uns weigerten, die erforderlichen Angaben zu machen. Es boten sich zwei Arten des Widerstands an. Die erste und wichtigste war der direkte Widerstand der Besatzer, die sich weigerten, die Volkszählungsunterlagen auszufüllen. Dies setzte die Register einer Geldstrafe von 5 Pfund oder einem Monat Gefängnis aus und erforderte daher beträchtlichen Mut. Die zweite Art des Widerstands war die Ausflucht – das Fernbleiben von zu Hause während der gesamten Zeit, in der die Zähler die Volkszählung durchführten. Wir gaben diesen Plan bekannt, und sofort folgte eine großartige Reaktion der Frauen und ein Chor entsetzter Missbilligung seitens der konservativen Öffentlichkeit. Die *Times* brachte diese Missbilligung in einem Leitartikel zum Ausdruck, auf den ich antwortete und unsere Gründe für den Protest darlegte. „Bei der Volkszählung", schrieb ich, „handelt es sich um eine Zählung des Volkes. Solange Frauen weder für die Vertretung in den Räten der Nation noch für Steuerzwecke als Volk zählen, werden wir uns weigern, gezählt zu werden."

Was Gesetze zum Schutz von Frauen und Kindern angeht, die von Männern – ohne die Hilfe von Frauen – erlassen wurden, habe ich ein ganz besonderes Gefühl. Aus meiner Erfahrung als Armenfürsorger und als Standesbeamter weiß ich, wie lächerlich, oder besser gesagt, wie tragisch diese Gesetze den Schutz nicht gewährleisten. Nehmen wir zum Beispiel die gerühmte „Kindercharta" von 1906, die Maßnahme, die Mr. Lloyd-Georges Ruhm in der ganzen Welt verbreitete. Man könnte ein ganzes Buch mit den Fehlern und Grausamkeiten dieses Gesetzes füllen, dessen Ziel die Erhaltung und Verbesserung des Kinderlebens ist. Ein charakteristisches Merkmal des Gesetzes ist, dass es die Hauptverantwortung für die Vernachlässigung von Kindern den Müttern zuweist, die nach englischem Recht keine Rechte als Eltern haben. Zwei oder drei besonders auffällige Fälle dieser Art wurden zu dieser Zeit bekannt und gaben dem Widerstand gegen die Volkszählung eine zusätzliche Rechtfertigung.

Der Fall von Annie Woolmore war sehr bedauerlich. Sie wurde verhaftet und wegen Vernachlässigung ihrer Kinder zu sechs Wochen Gefängnis in Holloway verurteilt. Die Beweise zeigten, dass die Frau mit ihrem Mann und ihren Kindern in einer elenden Hütte lebte, die selbst dann kaum sauber zu halten gewesen wäre, wenn es Wasser im Haus gegeben hätte. Tatsächlich musste die arme Seele, die krank und durch Entbehrungen geschwächt war, das gesamte Wasser, das sie verbrauchte, über weite Strecken tragen. Die Kinder und das Haus waren zwar sehr schmutzig, aber die Kinder wurden gut ernährt und freundlich behandelt. Der Mann, ein Arbeiter , der die meiste Zeit arbeitslos war, sagte aus, dass seine Frau „hungerte, um die Kinder zu ernähren". Dennoch hatte sie die Bestimmungen der „Kindercharta" verletzt und ging ins Gefängnis. Ich bin froh, sagen zu können, dass sie dank der Bemühungen der Suffragistinnen begnadigt und mit einem besseren Zuhause versorgt wurde.

Ein anderer Fall war der von Helen Conroy, die angeklagt wurde, mit ihrem Mann und sieben Kindern, von denen das jüngste einen Monat alt war, in einem elenden Zimmer gelebt zu haben. Laut Gesetz war es der Mutter verboten, das Kind über Nacht bei sich im Bett zu haben, doch Teil der Anklage gegen sie war, dass das Kind schlafend in einer Kiste mit feuchtem Stroh aufgefunden wurde. Zweifellos hätte sie eine Wiege oder sogar eine Kiste mit trockenem Stroh vorgezogen. Aber bittere Armut machte die Wiege unmöglich und die Bedingungen in der Mietswohnung hielten das Stroh feucht. Beide Eltern in diesem Fall wurden zu drei Monaten Zwangsarbeit ins Gefängnis geschickt . Der Richter bemerkte beiläufig, dass das Haus, in dem diese armen Leute lebten, vor zwei Jahren abgerissen worden war, aber ein angesehener Grundbesitzer immer noch Miete daraus einnahm.

Eine andere arme Mutter, die aus ihrem Haus vertrieben wurde, weil sie die Miete nicht zahlen konnte, zog mit ihren vier Kindern in die freie Natur und schlief mit ihnen in einer Kiesgrube, als sie entdeckt wurde. Sie wurde für einen Monat ins Gefängnis geschickt und die Kinder kamen ins Arbeitshaus.

Diese bedauernswerten Mütter, die logische Folge der Unterdrückung der Frauen, reichen an sich schon aus, um fast jeden Widerstand gegen eine Regierung zu rechtfertigen, die den Frauen das Recht verweigert, ihr Schicksal in Freiheit zu bestimmen. Da wir bis zum 1. April keine Zusage vom Premierminister erhalten hatten, führten wir unseren Widerstand gegen die Volkszählung durch, und das mit großem Erfolg. Viele tausend Frauen im ganzen Land verweigerten oder umgingen die Abgabe der Unterlagen. Ich gab meinen Volkszählungsbogen mit den Worten „Nein, keine Volkszählung" zurück, die quer darüber geschrieben standen, und andere Frauen folgten diesem Beispiel mit ähnlichen Botschaften. Eine Frau füllte die Lücke mit allen Informationen über ihren einzigen Diener aus und fügte hinzu, dass es in ihrem Haushalt viele Frauen, aber keine weiteren Personen gebe. In Birmingham füllten sechzehn wohlhabende Frauen ihre Häuser mit Widerstandskämpferinnen. Sie schliefen auf dem Boden, auf Stühlen und Tischen und sogar in den Bädern. Der Rektor eines großen Colleges öffnete das Gebäude für 300 Frauen. Viele Frauen in anderen Städten veranstalteten

Partys die ganze Nacht über für Freunde, die nicht zu Hause bleiben wollten. An manchen Orten mieteten Widerstandskämpfer leerstehende Häuser für die Nacht an und legten sich auf die blanken Bretter. Einige Frauengruppen mieteten Zigeunerwagen und verbrachten die Nacht im Moorland.

In London gaben wir am Abend der Volkszählung ein großartiges Konzert in der Queen's Hall. Viele von uns gingen bis Mitternacht auf dem Trafalgar Square umher und begaben sich dann zur Eislaufbahn von Aldwich , wo wir uns bis zum Morgen amüsierten. Einige liefen Schlittschuh, während andere zusahen, und genossen die wunderbare musikalische und theatralische Unterhaltung, die ihnen half, die Stunden zu vertreiben. Wir hatten einige der hellsten Sterne der Theaterwelt bei uns, und sie waren großzügig mit ihren Beiträgen. Da es Sonntagabend war, musste der Vorsitzende jeden der Künstler zu einer „Rede" anstatt zu einem Lied oder einer anderen Darbietung auffordern. Ein ganz in der Nähe gelegenes Restaurant, das die ganze Nacht geöffnet hatte, machte gute Geschäfte, und im Großen und Ganzen hatten die Widerständler eine sehr gute Zeit. Das Scala Theatre war Schauplatz einer weiteren nächtlichen Unterhaltung.

Es herrschte große Neugier, was die Regierung sich als Strafe für die rebellischen Frauen ausdenken würde, aber die Regierung erkannte , dass Strafmaßnahmen unmöglich waren, und Mr. John Burns, der als Vorsitzender des Local Government Board für die Volkszählung verantwortlich war, gab bekannt, dass man beschlossen habe, die Angelegenheit mit Großmut zu behandeln. Die Zahl der Steuerhinterziehungen, erklärte er, sei unbedeutend. Aber jeder wusste, dass dies genau das Gegenteil der Tatsachen war.

## AUF DIESE WEISE SCHLAFEN TAUSENDE VON FRAUEN IM GANZEN KÖNIGREICH IN DER NACHT DER VOLKSZÄHLUNG IN UNBEWOHNTEN HÄUSERN

Das Vermittlungsgesetz wurde am 5. Mai debattiert und in zweiter Lesung mit einer überwältigenden Mehrheit von 137 Stimmen angenommen. Und nun forderten die Öffentlichkeit und ein Teil der Presse gemeinsam eindringlich, dass die Regierung dem unzweifelhaften Willen des Hauses nachgeben und dem Gesetz Erleichterungen gewähren solle. Der Vermittlungsausschuss schickte eine Delegation von Mitgliedern zum Premierminister, um ihn an sein Wahlversprechen zu erinnern, dass das Unterhaus Gelegenheit haben sollte, sich mit der gesamten Frage des Frauenwahlrechts zu befassen. Es gelang ihnen jedoch nur, seine Zusicherung zu erhalten, dass er die Angelegenheit in Erwägung ziehe. Ende des Monats wurde im Unterhaus bekannt gegeben, dass die Regierung während dieser Sitzung keine Erleichterungen gewähren werde. Da das neue Gesetz jedoch die vom Premierminister genannten Bedingungen erfüllte und nun geändert werden konnte, erkannte die Regierung es als ihre Pflicht an, in einer Sitzung des gegenwärtigen Parlaments Erleichterungen zu gewähren. Sie würden in der nächsten Sitzung vorbereitet, wenn der Gesetzentwurf zum zweiten Mal verlesen worden sei, entweder weil er einen guten Platz bei der Abstimmung erhalten habe oder (wenn dies nicht geschehen sei) durch die Gewährung eines Regierungstags zu diesem Zweck, also einer Woche, was ihres Erachtens der von den Antragstellern als angemessen vorgeschlagene Zeitraum für die weiteren Phasen sei.

Mit diesem Versprechen wollte man die WSPU von einer militanten Demonstration anlässlich der Krönung des Königs abhalten.

Keir Hardie fragte, ob die Regierung durch eine Schließung oder auf andere Weise sicherstellen würde, dass das Gesetz innerhalb der Woche verabschiedet würde, und der Premierminister antwortete: „Nein, eine solche Zusicherung kann ich nicht geben. Schließlich handelt es sich um ein Problem allergrößten Ausmaßes."

Diese Antwort schien das Versprechen der Regierung praktisch wertlos zu machen. Der Vermittlungsausschuss erkannte auch die Möglichkeit, dass der Gesetzentwurf ausdiskutiert werden könnte, und Lord Lytton schrieb an Herrn Asquith und bat ihn um Zusicherung, dass die angebotenen Möglichkeiten nicht für akademische Diskussionen gedacht seien, sondern als wirksame Gelegenheit, den Gesetzentwurf durchzubringen. Er bat auch darum, die angebotene Woche nicht starr auszulegen, sondern dass, sofern die Ausschussphase rechtzeitig abgeschlossen werde, zusätzliche Tage für die Berichts- und die dritte Lesungsphase zur Verfügung stehen könnten. Es wurde auch um eine angemessene Gelegenheit gebeten, die Schließung zu nutzen. Auf Lord Lyttons Brief antwortete der Premierminister wie folgt:

> *Mein lieber Lytton* , als Antwort auf Ihren Brief zum Gesetzentwurf zur Frauenwahlberechtigung möchte ich Sie auf einige Bemerkungen verweisen, die Sir Edward Grey kürzlich in einer Rede vor dem National Liberal Club machte und die die Absicht der Regierung genau zum Ausdruck bringen.
>
> Daraus folgt (um Ihre spezifischen Fragen zu beantworten), dass die angebotene „Woche" mit angemessener Flexibilität interpretiert wird, dass die Regierung keine angemessenen Hindernisse für die ordnungsgemäße Nutzung der Schließung in den Weg legen wird und dass die für den Bericht und die dritte Lesung erforderlichen zusätzlichen Tage nicht verweigert werden, wenn (wie Sie vorschlagen) der Gesetzentwurf in der vorgeschlagenen Zeit durch den Ausschuss kommt.
>
> Obwohl die Meinungen der Regierung über die Vorzüge des Gesetzes geteilt sind, ist man sich doch einig in seiner Entschlossenheit, das Versprechen hinsichtlich der Erleichterungen, das ich in ihrem Namen vor der letzten Parlamentswahl gegeben habe, nicht nur dem Buchstaben nach, sondern auch dem Geist nach umzusetzen.
>
> Mit freundlichen Grüßen,

skeptisch gewesen, doch nun war sie überzeugt, dass die Regierung es ernst meinte mit ihrem Versprechen, dem Gesetz im nächsten Jahr alle Mittel zu geben. Wir hielten eine freudige Massenversammlung in Queen's Hall ab, und ich erklärte erneut, dass der Kampf gegen die Regierung zu Ende sei. Unsere neue Politik war die Einleitung einer großen Ferienkampagne mit dem Ziel, den Sieg im Jahr 1912 absolut sicher zu machen. Die Wähler mussten wachgerüttelt und die Parlamentsmitglieder an ihre Loyalität gebunden werden. Die Frauen mussten organisiert werden , damit sie mit Fragen konfrontiert werden konnten, die das soziale Wohlergehen des Landes entscheidend beeinflussen. Ich wählte Schottland und Wales als Schauplätze meiner Ferienarbeit .

Ich darf sagen, dass unser Vertrauen von der breiten Öffentlichkeit voll und ganz geteilt wurde. Der Glaube an Herrn Asquiths Versprechen wurde in einem Leitartikel in *The Nation genau widergespiegelt* , in dem es hieß: „Von dem Moment an, als der Premierminister den offenen und neidlosen Brief an Lord Lytton unterzeichnete, der letzten Samstag in den Zeitungen erschien, wurden Frauen, abgesehen von der juristischen Formalität, zu Wählerinnen und Bürgerinnen. Seit mindestens zwei Jahren, wenn nicht länger, hat es an nichts gefehlt außer an einer umfassenden und fairen Gelegenheit für das Unterhaus, seine Überzeugungen in die präzise Sprache eines Gesetzes zu übertragen. Diese Gelegenheit wurde für die nächste Sitzung versprochen und zwar zu Bedingungen und Konditionen, die den Erfolg garantieren."

Das Einzige, was wir zu befürchten hatten, waren unserer Meinung nach schädliche Änderungsanträge zum Gesetzentwurf, und in der neuen Nachwahlpolitik, die wir einführten, gingen wir gegen alle Kandidaten jeder Partei vor, die sich weigerten, zu versprechen, nicht nur den Vermittlungsausschuss bei der Verabschiedung des Gesetzesentwurfs zu unterstützen, sondern auch gegen jeden Änderungsantrag zu stimmen, den der Ausschuss für gefährlich hielt. Wir glaubten, wir hätten jede Möglichkeit einer Katastrophe abgedeckt. Aber wir mussten noch etwas über den Verrat des Asquith-Ministeriums und seine Fähigkeit zu kaltblütigen Lügen lernen.

Herr Lloyd-George war von Anfang an ein offener Gegner des Gesetzes, aber da wir keine Zweifel an der Aufrichtigkeit des Premierministers hatten, konnten wir nur zu dem Schluss kommen, dass Herr Lloyd-George sich vom Hauptteil der Regierung losgesagt und sich selbst zum Oppositionsführer ernannt hatte. In einer Ansprache an eine große liberale Gruppe empfahl Herr Lloyd-George, die liberalen Mitglieder zu bitten, über eine „demokratische Maßnahme" abzustimmen, damit eine solche Maßnahme die Zusage des Premierministers für Erleichterungen in der nächsten Sitzung einfordern könne. In ein oder zwei anderen Reden machte er vage

Anspielungen auf die Möglichkeit, ein weiteres Wahlrechtsgesetz einzubringen. Seine eigene Idee war, das Gesetz dahingehend zu ändern, dass den Ehefrauen aller Wahlberechtigten das Wahlrecht eingeräumt wird — verheiratete Frauen also aufgrund der Qualifikation ihres Ehemannes zu Wählerinnen werden. Die unvermeidliche Auswirkung einer solchen Änderung wäre die Vernichtung des Gesetzes, da sie zusätzlich zu den anderthalb Millionen, die von den ursprünglichen Bestimmungen des Gesetzes profitieren würden, etwa 6.000.000 Frauen das Wahlrecht eingeräumt hätte. Eine so massive Ausweitung der Wählerschaft war in England noch nie vorgekommen; die Zahl der Wähler, die durch das Reformgesetz von 1832 wahlberechtigt wurden, betrug kaum mehr als eine halbe Million. Das Reformgesetz von 1867 ließ eine Million neue Wähler zu und das von 1884 vielleicht zwei Millionen. Der Vorschlag von Herrn Lloyd-George war so absurd, dass wir ihn nicht ernst nahmen. Wir ließen uns von seiner Opposition nicht ernsthaft beunruhigen, bis eines Tages im August ein walisisches Mitglied, Herr Leif Jones, den Premierminister im Plenum des Hauses fragte, ob ihm bewusst sei, dass sein Versprechen, Erleichterungen für das Conciliation Bill in der nächsten Sitzung zu gewähren, ausschließlich für dieses Gesetz beansprucht werde, und bat außerdem um eine Erklärung, dass die versprochenen Erleichterungen auch für jedes andere Wahlrechtsgesetz gewährt würden, das eine zweite Lesung erreichen könnte und geändert werden könne. Herr Lloyd-George, der für die Regierung sprach, antwortete, dass sie nicht die Verpflichtung übernehmen könnten, mehr als einem Gesetzentwurf zum gleichen Thema Erleichterungen zu gewähren, dass aber jeder Gesetzentwurf, der diese Kriterien erfülle und eine zweite Lesung erlange, von ihnen als in den Rahmen ihrer Verpflichtungen fallend behandelt würde.

Lord Lytton war erstaunt über diese offensichtliche Umgehung eines heiligen Versprechens und schrieb erneut an den Premierminister, um die ganze Angelegenheit zu überprüfen und um eine weitere Erklärung der Absichten der Regierung zu bitten. Im Folgenden finden Sie den Text von Mr. Asquiths Antwort:

> *Mein lieber Lytton* , ich kann ohne zu zögern sagen, dass die von der Regierung und in ihrem Namen gemachten Versprechen hinsichtlich der Erleichterungen für das Schlichtungsgesetz sowohl dem Buchstaben als auch dem Geist nach strikt eingehalten werden.
>
> Dein,
>
> HH ASQUITH .

23. August 1911.

Wieder wurden wir beruhigt, und unser Vertrauen in das Versprechen des Premiers blieb während des gesamten Wahlkampfs unerschüttert, obwohl Mr. Lloyd-George weiterhin Andeutungen machte, dass die Versprechungen von Erleichterungen für das Gesetz völlig illusorisch seien. Wir konnten ihm nicht glauben, und als ich zwei Monate später in Amerika gefragt wurde: „Wann werden englische Frauen wählen?", antwortete ich voller Überzeugung: „Nächstes Jahr."

Das war in Louisville, Kentucky, wo ich 1911 an der Jahrestagung der National American Woman Suffrage Association teilnahm.


An diesen dritten Besuch in den Vereinigten Staaten erinnere ich mich mit besonderer Freude. Ich war in New York Gast von Dr. und Mrs. John Winters Brannan, und dank der Freundlichkeit von Dr. Brannan, der an der Spitze aller städtischen Krankenhäuser steht, bekam ich etwas vom Strafvollzugssystem und dem institutionellen Leben Amerikas zu sehen. Wir besuchten das Arbeitshaus und das Zuchthaus auf Blackwell's Island, und obwohl man mir sagte, dass diese Orte nicht als vorbildliche Einrichtungen gelten, kann ich meinen Lesern versichern, dass sie den englischen Gefängnissen, in denen Frauen für den Versuch bestraft werden, ihre politische Freiheit zu erlangen, unendlich überlegen sind. In den amerikanischen Gefängnissen fehlte es zwar an einigen wesentlichen Dingen, aber ich sah keine Einzelhaft, kein Schweigegebot, keine tödliche Bürokratie. Das Essen war gut und abwechslungsreich, und vor allem herrschte eine Atmosphäre der Freundlichkeit und des guten Gefühls zwischen den Beamten und den Gefangenen, die in England fast völlig fehlt.

Aber letztlich ist das Problem der Beziehungen zwischen nicht wahlberechtigten Frauen und dem Staat in den Vereinigten Staaten wie in anderen Ländern ungelöst und unbefriedigend. Eines Nachts nahmen mich meine Freunde mit zu dieser düsteren und schrecklichen Institution, dem Nachtgericht für Frauen. Wir saßen mit dem Richter auf der Richterbank und er erklärte uns alles sehr höflich. Die ganze Angelegenheit war herzzerreißend. Alle Frauen, mit einer Ausnahme – einer alten Trinkerin – wurden wegen Anstiftung angeklagt. Die meisten von ihnen waren von Natur aus von hohem Typ. Es schien alles so hoffnungslos und es war klar, dass sie Opfer eines bösen Systems waren. Ihre Verurteilung war eine ausgemachte Sache.


Der Richter sagte, dass der Grund für ihr Kommen in den meisten Fällen wirtschaftlicher Natur sei. Der Fall einer kleinen Zigarrenmacherin, die ganz einfach sagte, dass sie nur auf die Straße ginge, wenn sie keine Arbeit hätte, und dass sie, wenn sie arbeitete, 8 Dollar pro Woche verdiente, war sehr tragisch und rührend. Danach konnte ich das Nachtgericht nicht mehr aus meinen Reden verbannen. Die ganze schreckliche Ungerechtigkeit im Leben der Frauen schien sich an diesem Ort widerzuspiegeln.

Bei diesem Besuch reiste ich bis zur Pazifikküste, verbrachte den Weihnachtstag in Seattle und sah zum ersten Mal eine Gemeinschaft, in der Frauen und Männer völlig gleichberechtigt lebten. Es war eine wunderbare Erfahrung. Als ich unseren Mitgliedern nach Hause schrieb, schienen mir die Männer der westlichen Staaten eifrige, ernsthafte, raue Männer zu sein, die in aller Eile eine große Gemeinschaft aufbauten, aber nirgends habe ich mehr Respekt, Höflichkeit und Ritterlichkeit gegenüber Frauen erlebt als in diesem einen Staat, in dem Frauenwahlrecht gilt und den ich besuchen durfte.

Ich greife meiner Geschichte jedoch etwas vor. Im November, als ich in Minneapolis war, wurde den englischen Suffragistinnen ein vernichtender Schlag versetzt. Ich erfuhr davon durch telegraphierte Depeschen in den Zeitungen und durch private Telegramme und war so verblüfft, dass ich mich kaum dazu überwinden konnte, meinen unmittelbar bevorstehenden Verpflichtungen nachzukommen. Es war die Nachricht, dass die Regierung ihr Wort gebrochen und das Schlichtungsgesetz absichtlich vernichtet hatte. Als ich von diesem Verrat hörte, war mein erster wilder Gedanke, alle Verpflichtungen abzusagen und nach England zurückzukehren, aber meine endgültige Entscheidung, zu bleiben, erwies sich später als richtig, denn die Frauen zu Hause versetzten ohne einen Augenblick Zeit zu verlieren den Gegenschlag, geleitet von jener Einsicht, die für jede Tat der Mitglieder unserer Union charakteristisch ist. Ich kehrte erst am 11. Januar 1912 nach England zurück, und bis dahin waren große Taten vollbracht worden. Unsere Bewegung hatte eine neue und energischere Phase der Militanz erreicht.


FUSSNOTE:

[2] Die Geschichte von Lady Constance Lytton wurde in ihrem Buch „Prisons and Prisoners" (Heinemann) spannend erzählt.

# BUCH III
# DIE FRAUENREVOLUTION

# KAPITEL I

Das Parlament war am 25. Oktober 1911 wieder zusammengetreten, und der erste Schritt der Regierung war, gelinde gesagt, eher ungünstig. Der Premierminister reichte zwei Anträge ein. Der erste ermächtigte die Regierung, während der restlichen Sitzungsperiode die gesamte Zeit des Hauses in Anspruch zu nehmen, und der zweite, die Diskussion über das Versicherungsgesetz zu beenden, um das Gesetz noch vor Weihnachten durchzupeitschen. Den Klauseln in diesem Gesetz, die sich auf Frauen bezogen, war nur ein Tag vorbehalten. Diese Klauseln waren notorisch unfair; sie sahen eine Krankenversicherung für etwa vier Millionen Frauen und eine Arbeitslosenversicherung für überhaupt keine Frauen vor. Nach den Bestimmungen des Gesetzes waren elf Millionen Männer gegen Krankheit und etwa zweieinhalb Millionen gegen Arbeitslosigkeit versichert. Frauen erhielten bei gleicher Prämie geringere Leistungen als Männer, und Prämien, die aus dem Familieneinkommen gezahlt wurden, wurden ausschließlich dem Konto der Männer gutgeschrieben. Das Gesetz sah in seiner jetzigen Fassung keinerlei Versicherung für Ehefrauen, Mütter und Töchter vor, die ihr Leben zu Hause verbrachten und für die Familie arbeiteten. Es bestrafte Frauen dafür, zu Hause zu bleiben, obwohl die meisten Männer der Meinung sind, dass dies der einzige legitime Handlungsbereich der Frau ist. Der geänderte Gesetzentwurf sah neben Mutterschaftsleistungen widerwillig eine kleine Versicherung für berufstätige Ehefrauen zu ziemlich schwierigen Bedingungen vor.

Somit war die erste Äußerung der wiedergewählten Regierung gegenüber den Frauen eine der Verachtung; und am 7. November folgte die fast unglaubliche Ankündigung, dass die Regierung beabsichtige, in der nächsten Sitzung ein Gesetz über das Wahlrecht für Männer einzubringen. Diese Ankündigung wurde nicht im Unterhaus gemacht, sondern gegenüber einer Abordnung von Männern der People's Suffrage Federation, einer kleinen Gruppe von Menschen, die sich für das allgemeine Wahlrecht für Erwachsene einsetzten. Die Abordnung, die sehr privat arrangiert wurde, wurde von Herrn Asquith und dem damaligen Master of Elibank (Chief Liberal Whip) empfangen. Der Sprecher bat Herrn Asquith, einen Regierungsvorschlag für das allgemeine Wahlrecht für Erwachsene, einschließlich erwachsener Frauen, einzubringen. Der Premierminister antwortete, dass die Regierung Erleichterungen für das Conciliation Bill zugesagt habe; weiter sei man in Sachen Frauenwahlrecht nicht bereit zu gehen. Er fügte jedoch hinzu, dass die Regierung in der nächsten Sitzung beabsichtige, ein echtes Reformgesetz einzubringen und durch alle Phasen zu bringen, das die bestehenden Voraussetzungen für das Wahlrecht abschaffen und durch eine einzige Wohnsitzvoraussetzung ersetzen würde. Das Gesetz würde nur für erwachsene Männer gelten, aber es wäre so formuliert, dass es für eine Änderung des Frauenwahlrechts offen wäre, falls das Unterhaus diese Erweiterung und Änderung wünschen sollte.

Diese für uns bedeutsame Ankündigung kam wie ein Blitz aus heiterem Himmel und der Verrat der Regierung an den Frauen wurde aufs Schärfste verurteilt. Die *Saturday Review schrieb* :

> Ohne die geringste Forderung nach mehr Stimmen für Männer, nicht einmal den Hauch einer Forderung, und mit – jenseits aller Spitzfindigkeiten – einer sehr starken Forderung nach Stimmen für Frauen, verkündet die Regierung ihr Gesetz über das Männerwahlrecht und weicht der anderen Frage sorgfältig aus! Was einen unverhohlenen, erklärten Plan zur Wahlkreismanipulation angeht, hat sicherlich keine Regierung jemals diesen Plan übertroffen.

Die *Daily Mail* schrieb, dass die „von Herrn Asquith vorgeschlagene Politik absolut unhaltbar" sei. Und der *Evening Standard und der Globe* meinten: „Wir sind keine Freunde des Frauenwahlrechts, aber etwas Verächtlicheres als die Haltung der Regierung ist schwer vorstellbar."

Falls die Regierung durch ihren unehrlichen Hinweis auf die Möglichkeit einer Änderung des Frauenwahlrechts irgendjemanden täuschen wollte, wurde sie enttäuscht. In der *Evening News hieß es* :

> Mr. Asquiths Bombe wird das Schlichtungsgesetz in tausend Stücke sprengen, denn es ist unmöglich, ein Wahlrecht für Männer und eine Eigentumsregelung für Frauen zu haben. Zwar willigt der Premierminister ein, die Frage des Frauenwahlrechts dem Parlament zu überlassen, aber er weiß genau, wie die Entscheidung des Hauses ausfallen wird. Das Schlichtungsgesetz hatte eine Chance, aber die umfassendere Maßnahme hat überhaupt keine.

Ich habe diese Leitartikel zitiert, um Ihnen zu zeigen, dass unsere Meinung über die Maßnahmen der Regierung sogar von der Presse geteilt wurde. Das allgemeine Wahlrecht in einem Land, in dem Frauen eine Million Menschen stellen, wird es wahrscheinlich nicht geben, solange die Leser dieses Buches leben, und das großzügige Angebot der Regierung zu einer möglichen Änderung war nichts weiter als eine grundlose Beleidigung der Suffragistinnen.

Der Waffenstillstand endete natürlich abrupt. Die WSPU schrieb an den Premierminister, dass die Ankündigung der Regierung Bestürzung ausgelöst habe und dass dementsprechend beschlossen worden sei, eine Delegation der Women's Social and Political Union zu entsenden, die ihn und den Schatzkanzler am Abend des 21. November aufsuchen sollte. Der Zweck der Delegation bestand darin, zu fordern, dass der vorgeschlagene Gesetzentwurf zum Männerwahlrecht aufgegeben und an seiner Stelle eine Regierungsmaßnahme eingeführt werden sollte, die Männern und Frauen gleiche Wahlrechte einräumt. Ein ähnlicher Brief wurde an Herrn Lloyd-George geschickt .

Sechsmal zuvor hatte die WSPU in Krisensituationen um ein Gespräch mit Herrn Asquith gebeten, und jedes Mal war ihr dies verweigert worden. Diesmal antwortete der Premierminister, er habe beschlossen, am 17. November eine Delegation der verschiedenen Wahlrechtsvereine zu empfangen, „einschließlich Ihres eigenen Vereins, wenn Sie dies wünschen". Es wurde vorgeschlagen, dass jeder Verein vier Vertreter als Mitglieder der Delegation ernennt, die vom Premierminister und dem Schatzkanzler empfangen werden sollten.

Neun Wahlrechtsvereine schickten Vertreter zu dem Treffen. Unsere eigenen Vertreter waren Christabel Pankhurst, Mrs. Pethick Lawrence, Miss Annie Kenney, Lady Constance Lytton und Miss Elizabeth Robins. Christabel und Mrs. Lawrence sprachen für die Union und sie zögerten nicht, den beiden Ministern ins Gesicht zu sagen, sie hätten Frauen grob ausgetrickst und fälschlicherweise in die Irre geführt. In seiner Antwort an die Delegation widersprach Mr. Asquith diesen Anschuldigungen.


Er habe sein Versprechen in Bezug auf das Schlichtungsgesetz gehalten, betonte er. Er sei durchaus bereit, das Gesetz zu unterstützen, wenn die Frauen dies einer Änderung seines Reformgesetzes vorzögen. Darüber hinaus bestritt er, dass er eine neue Ankündigung gemacht habe. Bereits 1908 hatte er deutlich erklärt, dass die Regierung es als heilige Pflicht ansehe, vor der Beendigung des Parlaments ein Gesetz über das Wahlrecht für Männer einzubringen. Es stimmte, dass die Regierung dieser bindenden Verpflichtung nicht nachgekommen sei, und es stimmte auch, dass bis zum heutigen Tag nichts mehr über ein Gesetz über das Wahlrecht für Männer gesagt worden sei, aber das war nicht die Schuld der Regierung. Die Krise des Vetos des Lords hatte das Gesetz vorübergehend verdrängt. Jetzt schlug er lediglich vor, sein 1908 gemachtes Versprechen zu erfüllen, und auch sein Versprechen, das Schlichtungsgesetz zu unterstützen. Er war bereit, beide Versprechen zu halten. Er wusste genau, dass diese Versprechen unvereinbar waren, dass die Erfüllung beider daher unmöglich war, und Christabel sagte ihm dies unverblümt und furchtlos. „Wir sind nicht zufrieden", warnte sie ihn, und der Premierminister sagte ätzend: „Ich habe nicht erwartet, *Sie zufriedenzustellen* ."

Die Antwort der WSPU kam sofort und energisch. Angeführt von Mrs. Pethick Lawrence gingen unsere Frauen mit Steinen und Hämmern hinaus und zerschlugen Hunderte von Fenstern im Innenministerium, im Kriegs- und Außenministerium, im Bildungsministerium, im Privy Council Office, im Handelsministerium, im Finanzministerium, im Somerset House, im National Liberal Club, in mehreren Postämtern, im Old Banqueting Hall, in der London and South Western Bank und in einem Dutzend weiterer Gebäude, darunter auch die Residenz von Lord Haldane und Mr. John Burns. Zweihundertzwanzig Frauen wurden verhaftet und etwa 150 von ihnen zu Gefängnisstrafen zwischen einer Woche und zwei Monaten verurteilt.

Ein einzelner Protest verdient Erwähnung wegen seines prophetischen Charakters. Im Dezember wurde Miss Emily Wilding Davison verhaftet, weil sie versucht hatte, einen Briefkasten im Postamt in der Parliament Street in Brand zu stecken. Vor Gericht sagte Miss Davison, sie habe dies aus Protest gegen den Verrat der Regierung getan und als Forderung, dass das Frauenwahlrecht in die Rede des Königs aufgenommen werde. „Der Protest war ernst gemeint", sagte sie, „und deshalb habe ich einen ernsthaften Kurs eingeschlagen. In früheren Agitationen für Reformen war der nächste Schritt nach dem Einschlagen von Fenstern Brandstiftung, um die Aufmerksamkeit der Privatbürger auf die Tatsache zu lenken, dass diese Reformfrage sowohl sie als auch die Frauen etwas anging."

Für ihre Tat wurde Miss Davison zu einer schweren Haftstrafe von sechs Monaten verurteilt.

In dieser Lage war ich, als ich von meiner Amerikareise zurückkehrte. Ich hatte den Trost, dass meine inhaftierten Kameraden besser behandelt wurden, als die ersten Gefangenen es erlebt hatten. Seit Anfang 1910 waren einige Zugeständnisse gemacht worden und der politische Charakter unserer Vergehen wurde anerkannt. Während der kurzen Zeit, in der diese knappen Zugeständnisse an die Gerechtigkeit zugelassen wurden, wurde der Hungerstreik aufgegeben und das Gefängnis seines schlimmsten Schreckens beraubt, der Zwangsernährung. Die Situation war jedoch schlimm genug, und ich konnte mir vorstellen, dass sie leicht noch viel schlimmer werden konnte. Wir hatten ein Stadium erreicht, in dem das bloße Mitgefühl der Parlamentsmitglieder, wie aufrichtig es auch sein mochte, nicht mehr den geringsten Nutzen brachte. In den ersten Reden nach der Rückkehr nach England erinnerte ich unsere Mitglieder daran und bat sie, sich auf weitere

Maßnahmen vorzubereiten. Wenn das Frauenwahlrecht nicht in die nächste Rede des Königs aufgenommen würde, müssten wir es der Regierung absolut unmöglich machen, die Frage des Wahlrechts anzusprechen.

Die Rede des Königs bei der Parlamentssitzung im Februar 1912 spielte in sehr allgemeinen Worten auf die Wahlrechtsfrage an. Es hieß, es würden Vorschläge zur Änderung des Gesetzes in Bezug auf das Wahlrecht und die Wählerregistrierung vorgelegt. Dies könnte so ausgelegt werden, dass die Regierung ein Gesetz über das Wahlrecht für Männer oder ein Gesetz zur Abschaffung der Mehrfachwahl einbringen würde, das von einigen Seiten als Ersatz für das Wahlrecht für Männer vorgeschlagen worden war. Es wurde keine genaue Erklärung der Absichten der Regierung abgegeben, und die gesamte Wahlrechtsfrage blieb in einer Wolke der Ungewissheit. Herr Agg Gardner, ein unionistisches Mitglied des Vermittlungsausschusses, zog den dritten Platz bei der Abstimmung und kündigte an, dass er das Vermittlungsgesetz erneut einbringen würde. Dies interessierte uns kaum, da wir wussten, dass seine Erfolgsaussichten zerstört waren, denn wir waren für immer mit dem Vermittlungsgesetz fertig. Die WSPU würde fortan nur noch mit einer Regierungsmaßnahme zufrieden sein, denn es war klar, dass nur eine Regierungsmaßnahme das Unterhaus passieren würde. Mit erhabenem Glauben oder vielmehr mit einem beklagenswerten Mangel an politischer Einsicht erklärten die Women's Liberal Federation und die National Union of Women's Suffrage Societies ihr volles Vertrauen in die vorgeschlagene Änderung eines Gesetzesentwurfs zum Männerwahlrecht, aber wir wussten, wie vergeblich diese Hoffnung war. Wir sahen, dass der einzige Weg, den wir einschlagen konnten, darin bestand, entschiedenen Widerstand gegen jede Wahlrechtsmaßnahme zu leisten, die nicht als integralen Bestandteil das gleiche Wahlrecht für Männer und Frauen beinhaltete.

Am 16. Februar hielten wir eine große Begrüßungsversammlung für eine Reihe entlassener Häftlinge ab, die zwei bzw. drei Monate wegen der im November vergangenen Jahres stattgefundenen Demonstration gegen das Einschlagen von Fenstern verbüßt hatten. Bei dieser Versammlung begutachteten wir die Situation offen und einigten uns auf eine Vorgehensweise, die unserer Ansicht nach stark genug war, um die Regierung davon abzuhalten, ihr angedrohtes Wahlrechtsgesetz durchzusetzen. Ich sagte bei dieser Gelegenheit:

"Wir wollen keine Waffen einsetzen, die unnötig stark sind. Wenn das Argument des Steins, dieses altehrwürdige offizielle politische Argument, ausreicht, werden wir niemals ein stärkeres Argument verwenden. Und das ist die Waffe und das Argument, das wir das nächste Mal verwenden werden. Und deshalb sage ich jedem Freiwilligen bei unserer Demonstration: ‚Seien Sie bereit, dieses Argument zu verwenden.' Ich übernehme die Leitung der Demonstration, und das ist das Argument, das ich verwenden werde. Ich werde es nicht aus sentimentalen Gründen verwenden, ich werde es verwenden, weil es das einfachste und am leichtesten zu verstehende ist. Warum sollten Frauen zum Parliament Square gehen und sich verprügeln und beleidigen lassen, und das ist das Wichtigste von allem, weniger Wirkung erzielen, als wenn wir Steine werfen? Wir haben es lange genug versucht. Wir haben jahrelang geduldig Beleidigungen und Angriffe hingenommen. Frauen wurden gesundheitlich geschädigt. Frauen verloren ihr Leben. Es hätte uns nichts ausgemacht, wenn das gelungen wäre, aber es hat nicht funktioniert, und wir haben mehr Fortschritte gemacht, indem wir Glas zerbrochen haben, und dabei weniger Schaden für uns selbst erlitten, als wir es jemals getan haben, als wir ihnen erlaubt haben, unsere Körper zu zerschlagen.

"Ist das Leben einer Frau, ist ihre Gesundheit, sind ihre Glieder nicht wertvoller als Glasscheiben? Daran besteht kein Zweifel, aber was am wichtigsten ist: Hat das Zerbrechen von Glas nicht eine größere Wirkung auf die Regierung? Wenn Sie eine Schlacht schlagen, sollte dies Ihre Wahl der Waffen bestimmen. Nun gut, dieses Mal werden wir es versuchen, wenn bloße Steine ausreichen. Ich glaube nicht, dass es für uns jemals notwendig sein wird, uns zu bewaffnen, wie es die chinesischen Frauen getan haben, aber es gibt Frauen, die dazu bereit sind, wenn es nötig sein sollte. In dieser Union verlieren wir nicht den Kopf. Wir gehen nur so weit, wie wir gehen müssen, um zu gewinnen, und wir gehen mit dieser nächsten Protestdemonstration in vollem Vertrauen voran, dass sich dieser Kampagnenplan, der von unseren Freunden, die wir heute Abend ehren , initiiert wurde , bei dieser nächsten Gelegenheit als wirksam erweisen wird."

Seitdem Militanz die Form der Zerstörung von Eigentum angenommen hat, hat die Öffentlichkeit im Allgemeinen im In- und Ausland ihre Neugierde hinsichtlich des logischen Zusammenhangs zwischen Handlungen wie dem Einschlagen von Fenstern, dem Abfeuern von Briefkästen usw. und der Wahl geäußert. Nur ein völliger Mangel an historischem Wissen kann diese Neugier entschuldigen. Denn jeder Fortschritt der politischen Freiheit der Menschen war von Gewalt und der Zerstörung von Eigentum geprägt. Normalerweise war dieser Fortschritt von Krieg geprägt, der als ruhmreich bezeichnet wird. Manchmal war er von Aufständen geprägt , die als weniger ruhmreich gelten, aber zumindest wirksam sind. Meine gerade zitierte Rede wird dem Leser wahrscheinlich als eine Anstiftung zu Gewalt und illegalen Handlungen erscheinen, Dinge, die in der Regel und unter normalen Umständen völlig unentschuldbar sind. Nun, ich möchte die Aufmerksamkeit des Lesers auf einen in diesem Zusammenhang ziemlich merkwürdigen Zufall lenken. Genau zu der Stunde, als ich diese Rede hielt und mein Publikum auf die politische Notwendigkeit einer physischen Revolte hinwies, sagte ein verantwortliches Mitglied der Regierung in einem anderen Saal in einer anderen Stadt seinem Publikum genau dasselbe. Dieser

Kabinettsminister, der ehrenwerte CEH Hobhouse , sagte bei einer großen Anti-Wahlrechts-Versammlung in seinem Wahlkreis Bristol, dass die Wahlrechtsbewegung kein politisches Thema sei, weil ihre Anhänger nicht beweisen konnten, dass hinter dieser Bewegung eine große öffentliche Forderung stehe. Er erklärte: „Im Falle der Wahlrechtsforderung gab es nicht die Art von Volksaufstand, der für Nottingham Castle 1832 oder die Geländer von Hyde Park 1867 verantwortlich war. Es gab keine große Aufwallung der Volksstimmung."

Der „populäre, sentimentale Aufstand", auf den sich Herr Hobhouse bezog, war das Niederbrennen des Schlosses des gegen das Wahlrecht eingestellten Herzogs von Newcastle und von Colwick Castle, dem Landsitz eines anderen Führers der Opposition gegen das Wahlgesetz. Die militanten Männer jener Zeit wählten keine unbewohnten Gebäude aus, um sie in Brand zu setzen. Sie brannten diese beiden historischen Residenzen über den Köpfen ihrer Besitzer nieder. Tatsächlich starb die Frau des Besitzers von Colwick Castle bei dieser Gelegenheit an den Folgen eines Schocks und der Erschöpfung. Es wurden keine Verhaftungen vorgenommen, niemand inhaftiert. Im Gegenteil, der König ließ den Premierminister rufen und bat die Whig-Minister, die für das Wahlgesetz waren , nicht zurückzutreten, und deutete an, dass dies auch der Wunsch der Lords sei, die das Gesetz abgelehnt hatten. Molesworths History of England sagt:

> Diese Erklärungen waren dringend erforderlich. Die Gefahr war im Verzug, und die Minister wussten das und taten alles, was in ihrer Macht stand, um die Bevölkerung zu beruhigen und ihr zu versichern, dass das Gesetz nur verzögert und nicht endgültig abgelehnt wurde.

Eine Zeitlang glaubten die Leute das, aber bald verloren sie die Geduld und als sie Anzeichen einer neuerlichen Aktivität der Suffragistinnen sahen, wurden sie wieder aggressiv. Bristol, die Stadt, in der Mr. Hobhouse seine Rede hielt, wurde in Brand gesteckt. Die militanten Reformer brannten das neue Gefängnis , die Zollhäuser, den Bischofspalast, beide Seiten des Queen's Square, einschließlich des Mansion House, das Zollhaus, das Zollamt, viele Lagerhäuser und andere Privateigentumsobjekte nieder, alles im Wert von über 100.000 Pfund – fünfhunderttausend Dollar. Aufgrund dieser Gewalt und aus Angst vor weiterer Gewalt wurde das Reformgesetz im Eilverfahren durch das Parlament gebracht und im Juni 1832 zum Gesetz.

Unsere Demonstration, die im Vergleich zur politischen Agitation der Engländer so milde ausfiel, wurde für den 4. März angekündigt und löste in der Öffentlichkeit große Beunruhigung aus. Sir William Byles kündigte an, er werde „den Innenminister fragen, ob ihm eine Rede von Frau Pankhurst vom letzten Freitagabend aufgefallen sei, in der sie ihre Zuhörer offen und nachdrücklich zu Gewalttaten und der Zerstörung von Eigentum aufrief und mit dem Einsatz von Schusswaffen drohte, falls Steine nicht ausreichend wirksam seien; und welche Schritte er zu unternehmen gedenke, um die Gesellschaft vor diesem Ausbruch von Gesetzlosigkeit zu schützen."

Die Frage wurde ordnungsgemäß gestellt und der Innenminister antwortete, dass er auf die Rede aufmerksam gemacht worden sei, es im öffentlichen Interesse jedoch nicht wünschenswert sei, derzeit mehr zu sagen.

Welche Vorbereitungen die Polizei auch immer traf, um die Demonstration zu verhindern, sie schlugen fehl, denn während wir wie üblich genau berechnen konnten, was die Polizei tun würde, waren sie absolut nicht in der Lage, zu berechnen, was wir tun würden. Wir hatten eine Demonstration für den 4. März geplant und diese kündigten wir an. Wir planten eine weitere Demonstration für den 1. März, aber diese kündigten wir nicht an. Am späten Nachmittag des Freitags, des 1. März, fuhr ich in Begleitung der ehrenamtlichen Sekretärin der Gewerkschaft, Frau Tuke , und eines weiteren unserer Mitglieder in einem Taxi zur Downing Street Nr. 10, der offiziellen Residenz des Premierministers. Es war genau halb sechs, als wir aus dem Taxi stiegen und unsere Steine, vier an der Zahl, durch die Fensterscheiben warfen. Wie erwartet wurden wir umgehend verhaftet und zur Polizeiwache Cannon Row gebracht. Die folgende Stunde wird in London noch lange in Erinnerung bleiben. Im Abstand von fünfzehn Minuten verrichteten Ablösungen von Frauen, die sich freiwillig für die Demonstration gemeldet hatten, ihre Arbeit. Die ersten Glassplitter ereigneten sich auf dem Haymarket und Piccadilly und erschreckten und alarmierten sowohl Fußgänger als auch Polizei. Viele Frauen wurden verhaftet und alle dachten, die Sache sei damit erledigt. Doch bevor die aufgeregte Bevölkerung und der erste Aufschrei der frustrierten Ladenbesitzer abgeebbt waren, bevor die Polizei mit ihren Gefangenen die Wache erreichte, begann das bedrohliche Krachen und Splittern von Glasscheiben erneut, diesmal auf beiden Seiten der Regent Street und des Strands. Ein wütender Ansturm von Polizei und Bevölkerung auf den zweiten Schauplatz des Geschehens folgte. Während ihre Aufmerksamkeit auf die Ereignisse in diesem Viertel gerichtet war, begann die dritte Staffel von Frauen, die Fensterscheiben in Oxford Circus und Bond Street einzuschlagen. Die Demonstration endete für diesen Tag um halb sieben mit dem Einschlagen vieler Fensterscheiben im Strand. Die *Daily Mail* gab diesen anschaulichen Bericht über die Demonstration:

> Aus allen Teilen der überfüllten und hell erleuchteten Straßen ertönte das Klirren von zersplittertem Glas. Die Leute zuckten zusammen, als neben ihnen ein Fenster zersplitterte; plötzlich krachte es vor ihnen, auf der anderen Straßenseite, hinter ihnen – überall. Verängstigte Verkäufer rannten auf die Bürgersteige; der Verkehr kam zum

Stillstand; Polizisten sprangen hierhin und dorthin; fünf
Minuten später waren die Straßen eine Prozession
aufgeregter Gruppen, von denen jede eine Straßenräuberin
umringte, die in Gewahrsam zur nächsten Polizeistation
geführt wurde. Inzwischen war das Einkaufsviertel von
London in eine plötzliche Dämmerung versunken. In aller
Eile wurden Fensterläden angebracht; von allen Seiten
klirrte das Rascheln von eisernen Vorhängen, die
zugezogen wurden. Schnell wurden Wachen aus Portiers
und Ladendieben aufgestellt, und jede unbegleitete Dame
in Sichtweite, besonders wenn sie eine Handtasche trug,
wurde zum Gegenstand bedrohlichen Verdachts.

**Das Argument der zerbrochenen Fensterscheibe**

Zur Stunde dieser Demonstration fand bei Scotland Yard eine Konferenz
statt, um zu entscheiden, was getan werden sollte, um das Einschlagen von
Fenstern am kommenden Montagabend zu verhindern. Aber wir hatten die
Stunde unseres Protests am 4. März nicht bekannt gegeben. Ich hatte in
meiner Rede lediglich Frauen eingeladen, sich am Abend des 4. März auf
dem Parliament Square zu versammeln, und sie nahmen die Einladung an.
Der *Daily Telegraph schrieb*:

> Um sechs Uhr befanden sich die benachbarten Houses of
> Parliament im Belagerungszustand. Ladenbesitzer
> verbarrikadierten in fast allen Fällen ihre Geschäfte,
> entfernten Waren aus den Fenstern und bereiteten sich auf

das Schlimmste vor. Wenige Minuten vor sechs Uhr wurde
eine riesige Polizeitruppe von fast dreitausend Polizisten auf
dem Parliament Square in Whitehall und den angrenzenden
Straßen postiert, und große Reserven wurden in
Westminster Hall und Scotland Yard zusammengezogen.
Um halb neun war Whitehall von einem Ende zum anderen
mit Polizisten und Bürgern vollgestopft. Berittene
Polizisten ritten Whitehall auf und ab und hielten die
Menschen in Bewegung. Zu keinem Zeitpunkt gab es
Anzeichen von Gefahr ...

Die Demonstration hatte am Morgen stattgefunden, als über hundert Frauen
ruhig nach Knightsbridge marschierten und einzeln durch die Straßen liefen
und fast jede Glasscheibe zertrümmerten, an der sie vorbeikamen.
Überrascht verhaftete die Polizei so viele Frauen, wie sie erreichen konnten,
doch die meisten Frauen konnten entkommen.

Für die Arbeit dieser zwei Tage wurden etwa zweihundert Suffragetten auf
die verschiedenen Polizeistationen gebracht, und tagelang strömte die lange
Prozession der Frauen durch die Gerichtssäle. Die bestürzten Richter sahen
sich nicht nur ehemaligen Rebellen gegenüber, sondern auch vielen neuen,
in einigen Fällen Frauen, deren Namen, wie der der Komponistin Dr. Ethel
Smyth, in ganz Europa berühmt waren. Als diese Frauen vor Gericht gestellt
wurden, legten sie ihre Positionen und ihre Motive klar und deutlich dar, aber
Richter sind nicht darauf geschult, Motive zu untersuchen. Sie sind darauf
trainiert, nur an Gesetze zu denken, und zwar hauptsächlich an Gesetze zum
Schutz des Eigentums. Ihre Ohren sind nicht darauf eingestellt, Worte wie
die eines Gefangenen zu hören, der sagte: „Wir haben alle Mittel versucht –
Prozessionen und Versammlungen –, aber es hat nichts genützt. Wir haben
es mit Demonstrationen versucht, und jetzt müssen wir endlich Fenster
einschlagen. Ich wünschte, ich hätte mehr eingeschlagen. Ich bereue nicht im
Geringsten. Unsere Frauen arbeiten unter weitaus schlechteren Bedingungen
als die streikenden Bergarbeiter. Ich habe Witwen gesehen, die darum
kämpfen, ihre Kinder großzuziehen. Nur zwei von fünf sind als Soldaten
geeignet. Was nützt ein Land wie das unsere? England ist absolut im
Niedergang. Es gibt nur einen Standpunkt, und das ist der der Männer, und
obwohl die Männer ihr Bestes gegeben haben, kommen sie ohne die Frauen
und die Ansichten der Frauen nicht weit. Wir glauben, das Ganze ist in einem
Durcheinander, das zu schrecklich ist, um darüber nachzudenken.“

Die Bergarbeiter befanden sich zu dieser Zeit in einem schrecklichen Streik,
und die Regierung versuchte, statt die Anführer zu verhaften, mit ihnen
Frieden zu schließen. Ich erinnerte den Richter an diese Tatsache und sagte
ihm, dass das, was die Frauen getan hatten, im Vergleich zur Gewalttätigkeit
der Bergarbeiter nur ein Flohbiss war. Ich sagte weiter: „Ich hoffe, unsere

Demonstration wird ausreichen, um der Regierung zu zeigen, dass die Frauenbewegung weitergeht. Wenn nicht, werde ich, wenn Sie mich ins Gefängnis schicken, noch weiter gehen und zeigen, dass Frauen, die die Gehälter der Kabinettsminister und auch Ihr Gehalt zahlen müssen, Sir, ein Mitspracherecht bei der Ausarbeitung der Gesetze haben werden, denen sie Folge leisten müssen."

Ich wurde zu zwei Monaten Gefängnis verurteilt. Andere erhielten Strafen zwischen einer Woche und zwei Monaten, während diejenigen, die des Zerbrechens von Glas im Wert von über fünf Pfund angeklagt wurden, vor höhere Gerichte gestellt wurden. Sie wurden in Untersuchungshaft genommen, und als die Letzte von uns hinter den düsteren Toren war, wurden nicht nur Holloway, sondern auch drei weitere Frauengefängnisse belastet, um so viele zusätzliche Insassen unterzubringen.

Für die meisten von uns war es eine stürmische Haft. Viele der Frauen hatten zusätzlich zu ihrer Strafe „harte Arbeit " erhalten, was bedeutete, dass ihnen die Privilegien, die den Suffragetten damals als politischen Straftätern zugestanden wurden, vorenthalten wurden. Die Frauen nahmen den Hungerstreik als Protest an, aber als mir der Hinweis übermittelt wurde, dass die Privilegien wiederhergestellt würden, riet ich zu einer Einstellung des Streiks. Die Untersuchungshäftlinge verlangten, dass ich mit ihnen Übungen machen dürfe, und als sie darauf keine Antwort erhielten, schlugen sie die Fenster ihrer Zellen ein. Die anderen Suffragetten, die das Geräusch von zersplitterndem Glas und das Singen der Marseillaise hörten, schlugen sofort ihre Fenster ein. Die Zeit, in der sich die Suffragetten der Gefängnisdisziplin unterwarfen, war lange vorbei. Und so vergingen die ersten Tage meiner Haft.

---

# KAPITEL II

Die in Panik geratene Regierung gab sich nicht mit der Inhaftierung der Fenstereinbrecher zufrieden. Sie versuchte auf blinde und unbeholfene Weise das Unmögliche zu vollbringen, die gesamte militante Bewegung mit einem Schlag zu vernichten. Regierungen haben schon immer versucht, Reformbewegungen zu zerschlagen, Ideen zu zerstören, das Unsterbliche zu töten. Ohne Rücksicht auf die Geschichte, die zeigt, dass dies noch nie einer Regierung gelungen ist, versuchen sie es weiterhin auf die alte, sinnlose Art und Weise.

Schon Tage vor den beiden im letzten Kapitel beschriebenen Demonstrationen stand unser Hauptquartier in Clement's Inn unter ständiger Beobachtung der Polizei, und am Abend des 5. März tauchten plötzlich ein Polizeiinspektor und eine große Zahl von Kriminalbeamten mit Haftbefehlen gegen Christabel Pankhurst und Mr. und Mrs. Pethick Lawrence auf , die zusammen mit Mrs. Tuke und mir angeklagt wurden, „bestimmte Personen zur böswilligen Sachbeschädigung angestiftet zu haben". Als die Beamten eintraten, fanden sie Mr. Pethick Lawrence bei der Arbeit in seinem Büro und Mrs. Pethick Lawrence in ihrer Wohnung im oberen Stockwerk. Meine Tochter war nicht im Gebäude. Nach kurzen Vorbereitungen fuhren die Lawrences in einem Taxi zur Bow Street Station, wo sie die Nacht verbrachten. Die Polizei behielt die Kontrolle über die Büros, und Kriminalbeamte wurden ausgesandt , um Christabel zu finden und zu verhaften. Aber diese Verhaftung fand nie statt. Christabel Pankhurst entkam der gesamten Truppe von Kriminalbeamten und uniformierten Polizisten, die darauf trainiert waren, menschliche Beute zu jagen.

Christabel war nach Hause gegangen und hatte zunächst, als sie von der Verhaftung von Herrn und Frau Pethick Lawrence hörte, ihre eigene Verhaftung als selbstverständlich hingenommen. Nach kurzem Nachdenken wurde ihr jedoch klar, in welcher Gefahr die Union schwebte, wenn sie ihrer gewohnten Führung vollständig beraubt würde, und da sie erkannte, dass es ihre Pflicht war, einer Verhaftung zu entgehen, verließ sie stillschweigend das Haus. Sie verbrachte die Nacht bei Freunden, die ihr am nächsten Morgen halfen, die notwendigen Vorbereitungen zu treffen und sie sicher aus London wegbrachten. In derselben Nacht erreichte sie Paris, wo sie seither geblieben ist. Als ich von ihrer Flucht erfuhr, war ich sehr erleichtert, denn ich wusste, dass die Bewegung, was auch immer mit den Lawrences und mir geschehen würde, klug gelenkt werden würde, und das trotz der Tatsache, dass die Polizei weiterhin die volle Kontrolle über das Hauptquartier hatte.

Die Büros in Clement's Inn wurden von der Polizei gründlich durchsucht, um Beweise für eine Verschwörung zu sichern. Sie durchsuchten jeden

Schreibtisch, jede Akte und jeden Schrank und nahmen zwei Taxiladungen Bücher und Papiere mit, darunter alle meine privaten Papiere, Fotos meiner Kinder im Kleinkindalter und Briefe, die mir mein Mann vor langer Zeit geschickt hatte. Einige davon habe ich nie wieder gesehen.

Die Polizei terrorisierte auch die Druckerei unserer Wochenzeitung, und obwohl die Zeitung wie üblich herauskam, blieb etwa ein Drittel der Spalten leer. Die Schlagzeilen jedoch, die nur aus weißem Papier bestanden, erzeugten einen äußerst dramatischen Effekt. „Die Geschichte lehrt" lautete eine Schlagzeile mit einer leeren Stelle und zeigte damit deutlich, dass die Regierung nicht bereit war, die Öffentlichkeit über einige der Dinge zu informieren, die die Geschichte lehrt. „Die Mäßigung der Frauen" legte nahe, dass der zerstörte Absatz einen Vergleich zwischen dem Einschlagen der Fenster der Frauen und der größeren Gewalttätigkeit der Männer in der Vergangenheit erforderte. Am beredtesten war die Redaktionsseite, die bis auf die Schlagzeile „Eine Herausforderung!" und den Namen am Fuß der letzten Spalte, Christabel Pankhurst, völlig leer war. Welche Worte hätten einen stolzeren Trotz, eine unerbittlichere Entschlossenheit ausdrücken können? Christabel war weg, aus den Fängen der Regierung, doch sie hatte das Feld weiterhin vollständig unter Kontrolle. Wochenlang ging die Suche nach ihr unermüdlich weiter. Die Polizei durchsuchte jeden Bahnhof, jeden Zug, jeden Seehafen. Die Polizei jeder Stadt im Königreich wurde mit ihrem Porträt ausgestattet. Jeder Amateur-Sherlock Holmes in England unterstützte die Polizei bei ihrer Suche. Sie wurde in einem Dutzend Städten gemeldet, darunter auch in New York. Doch die ganze Zeit lebte sie ruhig in Paris und stand in täglicher Verbindung mit den Arbeitern in London, die innerhalb weniger Tage wieder ihre zugewiesenen Aufgaben erfüllten. Meine Tochter ist seitdem in Frankreich geblieben.

Inzwischen befand ich mich in der ungewöhnlichen Lage eines verurteilten Straftäters, der eine zweimonatige Gefängnisstrafe verbüßte, und eines Untersuchungshäftlings, der darauf wartete, wegen eines schwerwiegenderen Vergehens angeklagt zu werden. Ich war in sehr schlechter Verfassung, da ich in einer feuchten und ungeheizten Zelle der dritten Abteilung untergebracht war, was zu einem akuten Bronchitisanfall führte. Ich schrieb einen Brief an den Innenminister, in dem ich ihm von meinem Zustand berichtete und betonte, dass ich meine Freilassung brauche, um meine Gesundheit wiederherzustellen und meinen Fall für die Verhandlung vorzubereiten. Ich bat um Freilassung gegen Kaution, das klare Recht eines Untersuchungshäftlings, und bot an, den Rest meiner zweimonatigen Haftstrafe später abzusitzen, wenn mir jetzt Kaution gewährt würde. Die einzigen Zugeständnisse, die mir jedoch gemacht wurden, waren die Verlegung in eine bessere Zelle und das Recht, meine Sekretärin und meinen Anwalt zu sehen, allerdings nur in Anwesenheit einer Aufseherin und eines

Mitglieds des Gefängnisbüropersonals. Am 14. März wurden Mr. und Mrs. Pethick Lawrence, Mrs. Tuke und ich zu einer vorläufigen Anhörung vorgeführt. Wir wurden angeklagt, am 1. November 1911 und an verschiedenen anderen Tagen „unrechtmäßig und böswillig konspiriert und uns zusammengetan zu haben, um Schaden anzurichten usw." Der Fall wurde am 14. März in einem überfüllten Gerichtssaal eröffnet, in dem ich viele Freunde sah. Mr. Bodkin, der für die Anklage auftrat, hielt eine sehr lange Ansprache, in der er zu beweisen versuchte , dass die Women's Social and Political Union eine hochentwickelte Organisation von höchst finsterem Charakter war. Er legte viele dokumentarische Beweise vor, von denen einige so amüsant waren, dass das Gericht vor unterdrücktem Gelächter schüttelte und der Richter sein Lächeln hinter seiner Hand verbergen musste. Mr. Bodkin zitierte unser Codebuch, mit dessen Hilfe wir private Nachrichten übermitteln konnten. Seine Stimme sank zu einem empörten Flüstern herab, als er die Tatsache feststellte, dass wir es für wagten, die heiligen Personen der Regierung in unseren privaten Code aufzunehmen. „Wir haben festgestellt", sagte Mr. Bodkin bedeutungsvoll, „dass öffentliche Personen im Dienste Seiner Majestät als Mitglieder des Kabinetts hier unter Codenamen aufgeführt sind. Wir haben festgestellt, dass das gesamte Kabinett das Codewort „Bäume" hat und einzelne Mitglieder des Kabinetts mit diesem Namen bezeichnet werden, manchmal mit dem Namen von Bäumen, aber ich muss auch sagen, dass es sich um die gewöhnlichsten Unkräuter handelt." Hier wurde er von einem Lachen unterbrochen. Mr. Bodkin runzelte die Stirn und fuhr fort: „Da ist einer", sagte er feierlich, „der heißt Pansy; ein anderer – schmeichelhafter – Rosen, ein anderer Veilchen und so weiter." Jeder der Angeklagten wurde mit einem Codebuchstaben bezeichnet. So wurde Mrs. Pankhurst mit dem Buchstaben F identifiziert; Mrs. Pethick Lawrence mit D; Miss Christabel Pankhurst mit E. Jedes öffentliche Gebäude, einschließlich des Unterhauses, hatte seinen Codenamen. Die tödlichen Möglichkeiten des Codes wurden durch ein Telegramm veranschaulicht, das in einer der Akten gefunden wurde. Es lautete: „Seide, Distel, Stiefmütterchen, Ente, Wolle, EQ". Übersetzt mit dem Codebuch lautete das Telegramm: „Wollen Sie gegen Asquiths öffentliche Versammlung morgen Abend protestieren, aber lassen Sie sich nicht verhaften, es sei denn, der Erfolg hängt davon ab. Telegrammen Sie zurück an Christabel Pankhurst, Clements Inn."

Diese Enthüllungen, die letztlich nichts weiter als die geschäftsmäßigen Methoden der WSPU bewiesen, lösten weiteres Gelächter aus. Das Gelächter bewies etwas viel Bedeutsameres, denn es war ein klares Anzeichen dafür, dass der alte Respekt, der den Kabinettsministern entgegengebracht worden war, nicht mehr bestand. Wir hatten den Schleier von ihren geheiligten Persönlichkeiten gerissen und sie als das entlarvt, was sie waren: gemeine und intrigante Politiker. Aus Sicht der Anklage waren die von Mitgliedern der Polizeibehörde vorgelegten Beweise hinsichtlich der Ereignisse vom 1. und 4. März schwerwiegender. Die Polizisten, die mich und meine beiden Begleiter am 1. März in der Downing Street verhafteten, nachdem wir die Fenster im Haus des Premierministers eingeschlagen hatten, sagten aus, dass wir ihm nach der Verhaftung unseren Vorrat an Steinen übergeben hätten und dass es sich alle um gleiche, schwere Feuersteine gehandelt habe. Bei anderen Gefangenen wurden ähnliche Steine gefunden, was darauf hindeutet, dass die Steine alle aus derselben Quelle stammten. Andere Beamte bezeugten, wie methodisch die Fenstereinschläge vom 1. und 4. März durchgeführt wurden, wie systematisch sie geplant worden waren und wie soldatisch das Verhalten der Frauen gewesen war. Am 4. März wurden sie zu zweit und zu dritt gesehen, wie sie mit Handtaschen zum Hauptquartier in Clement's Inn gingen, die sie dort deponierten, und dann zu einer Versammlung in der Pavillion Music Hall weitergingen . Die Polizei nahm an der Versammlung teil, die wie üblich einer Demonstration oder einer Delegation vorausging. Um fünf Uhr wurde die Versammlung vertagt und die Frauen gingen hinaus, als wollten sie nach Hause gehen. Die Polizei beobachtete, dass viele von ihnen, immer noch in Gruppen von zweien und dreien, zum Restaurant Gardenia in der Catherine Street, Strand, gingen, einem Ort, an dem viele Suffragettenfrühstücke und -tees abgehalten worden waren. Die Polizei nahm an, dass sich am 4. März etwa einhundertfünfzig Frauen dort versammelt hatten. Sie blieben bis sieben Uhr und schlenderten dann unter den wachsamen Augen der Polizei hinaus und zerstreuten sich. Ein paar Minuten später, als es keinen Grund gab, so etwas zu erwarten, hörte man in vielen Straßen den Lärm von Fenstereinschlägen. Die Polizeibehörden machten viel aus der Tatsache, dass die Frauen, die ihre Taschen im Hauptquartier zurückgelassen hatten und später verhaftet wurden, in dieser Nacht von Mr. Pethick Lawrence gegen Kaution freigelassen wurden. Die Ähnlichkeit der verwendeten Steine, die Versammlung so vieler Frauen in einem Gebäude, die auf die Verhaftung vorbereitet waren, das Warten im Gardenia Restaurant, die scheinbare Zerstreuung, die gleichzeitige Zerstörung von Glasscheiben an vielen Orten und die Freilassung von Gefangenen durch eine Person, die mit dem erwähnten Hauptquartier in Verbindung stand, wiesen mit Sicherheit auf einen sorgfältig ausgearbeiteten Plan hin. Nur ein öffentlicher Prozess gegen die Angeklagten könnte feststellen, ob der Plan eine Verschwörung war oder nicht.

Am zweiten Tag der Anhörung vor dem Minister wurde Frau Tuke , die zwanzig Tage lang im Krankenrevier des Gefängnisses gelegen hatte und vor Gericht von einer ausgebildeten Krankenschwester betreut werden musste, gegen Kaution freigelassen. Herr Pethick Lawrence plädierte energisch für Kaution für sich und seine Frau und wies darauf hin, dass sie seit zwei Wochen in Untersuchungshaft saßen und Anspruch auf Kaution hätten. Ich forderte auch die Privilegien eines Untersuchungshäftlings. Beide Anträge wurden vom Gericht abgelehnt, aber einige Tage später schrieb der Innenminister meinem Anwalt, dass der Rest meiner Strafe von zwei Monaten bis nach dem Verschwörungsprozess in der Bow Street erlassen würde. Herr und Frau Pethick Lawrence waren bereits gegen Kaution freigelassen worden. Die öffentliche Meinung zwang den Innenminister zu diesen Zugeständnissen, da es bekannt ist, dass es nahezu unmöglich ist, eine Verteidigung vorzubereiten , während man im Gefängnis sitzt. Abgesehen von den schrecklichen Auswirkungen des Gefängnisses auf Körper und Nerven besteht die Schwierigkeit, Dokumente einzusehen und andere notwendige Daten zu beschaffen, die berücksichtigt werden müssen.

Am 4. April endete die Anhörung vor dem Minister mit dem Freispruch von Frau Tuke , deren Tätigkeit in der WSPU sich als rein sekretärische Tätigkeit herausgestellt hatte. Herr und Frau Pethick Lawrence und ich wurden für die nächste Sitzung des Zentralen Strafgerichtshofs, die am 23. April begann, zur Verhandlung verpflichtet. Aufgrund meines schwachen Gesundheitszustands konnte der Richter nur mit Mühe dazu bewegt werden, die Verhandlung um zwei Wochen zu verschieben, und so wurde der Fall erst am 15. Mai eröffnet.

Den Prozess im Old Bailey werde ich nie vergessen. Während ich dies schreibe, habe ich die Szene klar vor Augen: den Richter mit eindrucksvoller Perücke und scharlachroter Robe, der den überfüllten Gerichtssaal beherrscht, die Anwälte an ihrem Tisch, die Jury und, ganz in die Ferne blickend, die besorgten, blassen Gesichter unserer Freunde, die sich in den engen Galerien drängten.

Durch die größte Ironie des Schicksals war dieser Richter, Lord Coleridge, der Sohn von Sir Charles Coleridge, der im Jahr 1867 mit meinem Mann, Dr. Pankhurst, im berühmten Fall Chorlton v. Lings auftrat und zu beweisen suchte, dass Frauen Personen seien und als solche das Recht auf das parlamentarische Stimmrecht hätten. Um die Ironie noch schlimmer zu machen, hatte der Generalstaatsanwalt, Sir Rufus Isaacs, der als Anwalt für die Anklage gegen militante Frauen auftrat, selbst bemerkenswerte Reden zur Bestätigung unseres Standpunkts gehalten. In einer Rede aus dem Jahr 1910, in der es um die Abschaffung des Vetos der Lords ging, erklärte Sir Rufus, dass die Agitation gegen die Privilegien zwar friedlich geführt werde, die dahinter stehende Empörung jedoch sehr groß sei. Sir Rufus sagte: „Früher, als die große Masse der Bevölkerung kein Stimmrecht hatte , musste sie etwas Gewalttätiges tun, um ihre Gefühle zu zeigen; heute ist die Waffe des Wählers sein Stimmzettel. Niemand sollte sich also täuschen lassen, denn in diesem gegenwärtigen Kampf ist alles friedlich und geordnet, im Gegensatz zur Unordnung anderer großer Kämpfe der Vergangenheit." Wir fragten uns, ob der Mann, der diese Worte sagte, nicht erkannt haben konnte, dass stimmlose Frauen , denen jedes verfassungsmäßige Mittel zur Durchsetzung ihrer Beschwerden vorenthalten wurde, ebenfalls gezwungen waren, etwas Gewalttätiges zu tun, um ihre Gefühle zu zeigen. Seine Eröffnungsansprache beseitigte diesbezüglich alle Zweifel.

Sir Rufus Isaacs hat ein scharf geschnittenes, falkenhaftes Gesicht, tiefe Augen und ein etwas weltmüdes Auftreten. Die ersten Worte, die er sprach, waren so erstaunlich unfair, dass ich kaum glauben konnte, dass ich sie richtig gehört hatte. Er begann seine Ansprache an die Jury mit der Aufforderung, die Tat der Angeklagten auf keinen Fall mit politischer Agitation in Verbindung zu bringen.

"Ich möchte Ihnen unbedingt klarmachen", sagte er, "dass von dem Moment an, in dem wir mit der Behandlung der Fakten dieses Falles beginnen, alle Fragen, ob eine Frau Anspruch auf das parlamentarische Wahlrecht hat, ob sie dieselben Wahlrechte wie ein Mann haben sollte, Fragen sind, die bei der Verhandlung dieses Falles in keiner Weise eine Rolle spielen... Aus diesem Grund bitte ich Sie, bei der Prüfung der Ihnen vorgelegten Angelegenheiten jeglichen Standpunkt, den Sie zu diesem zweifellos sehr wichtigen politischen Thema haben, gänzlich außer Acht zu lassen."

Dennoch fügte Sir Rufus im Laufe seiner Ausführungen hinzu, dass er befürchte, dass es nicht möglich sein werde, verschiedene Hinweise auf politische Ereignisse aus dem Verlauf des Verfahrens herauszuhalten, und natürlich zeige der gesamte Prozess von Anfang bis Ende deutlich, dass es sich um das handele, was Mr. Tim Healey, der Anwalt von Mrs. Pethick Lawrence, es nannte, nämlich einen großen Staatsprozess.

Anschließend beschrieb der Generalstaatsanwalt die WSPU, die seiner Meinung nach seit 1907 existierte und sogenannte militante Methoden angewandt hatte. 1911 war die Vereinigung vom Premierminister verärgert worden, weil er das Frauenwahlrecht nicht zu einer sogenannten Regierungsfrage machen wollte. Im November 1911 kündigte der Premierminister die Einführung eines Gesetzesentwurfs zum Männerwahlrecht an. Von diesem Zeitpunkt an machten sich die Angeklagten an die Arbeit, um eine Kampagne zu führen, die nichts weniger als Anarchie bedeutet hätte. Frauen sollten dazu gebracht werden, zu einem bestimmten Zeitpunkt an verschiedenen Orten in einer solchen Zahl gemeinsam zu handeln, dass die Polizei durch die Anzahl der Gesetzesbrecher gelähmt wäre , um, um die Worte des Angeklagten zu verwenden, „die Regierung in die Knie zu zwingen".

Nachdem Sir Rufus die jeweiligen Positionen der vier Angeklagten in der WSPU benannt hatte, schilderte er die Ereignisse, die zum Zerschlagen von Glasfenstern im Wert von etwa zweitausend Pfund und zur Inhaftierung von über zweihundert Frauen führten, die von den Verschwörern auf der

Anklagebank zu ihren Taten angestiftet worden waren. Er ignorierte das Motiv der fraglichen Taten völlig und behandelte die ganze Angelegenheit so, als wären die Frauen Einbrecherinnen gewesen. Diese umgekehrte Darstellung der Angelegenheit, obwohl sie den Tatsachen entsprechend recht genau war, hätte man sie von König John bei der Unterzeichnung der Magna Charta hören können.

Eine sehr große Zahl von Zeugen wurde vernommen, viele davon Polizisten, und ihre Aussagen und unser Kreuzverhör brachten die verblüffende Tatsache ans Licht, dass es in England eine spezielle Geheimpolizei gibt, die sich ausschließlich mit politischer Arbeit beschäftigt. Diese Männer, 75 an der Zahl, bilden den sogenannten politischen Zweig der Kriminalpolizei. Sie gehen verkleidet umher, und ihre einzige Aufgabe besteht darin, Suffragetten und andere politische Arbeiter zu beschatten. Sie folgen bestimmten politischen Arbeitern von ihren Häusern zu ihren Arbeitsstätten, zu ihren gesellschaftlichen Vergnügungen, in Teestuben und Restaurants, sogar ins Theater. Sie verfolgen ahnungslose Leute in Taxis, setzen sich in Omnibussen neben sie. Vor allem zeichnen sie Reden auf. Tatsächlich ist das System genau wie das Geheimpolizeisystem Russlands.

Herr Pethick Lawrence und ich haben zu unserer eigenen Verteidigung gesprochen , und Herr Healey MP hat Frau Pethick Lawrence verteidigt. Ich kann unsere Reden nicht vollständig wiedergeben, möchte aber so viel davon wiedergeben, wie dazu dient, dem Leser die gesamte Situation klar zu machen.

Mr. Lawrence sprach als Erster zu Beginn des Falles. Er begann mit einem Bericht über die Wahlrechtsbewegung und warum er die Gleichberechtigung der Frauen für eine so ernste Frage hielt, dass sie strenge Maßnahmen zu ihrer Verfolgung rechtfertigte. Er skizzierte kurz die Geschichte der Women's Social and Political Union, von der Zeit, als Christabel Pankhurst und Annie Kenney aus Sir Edward Greys Versammlung geworfen und eingesperrt wurden, weil sie eine politische Frage gestellt hatten, bis zur Torpedierung des Schlichtungsgesetzes. „Der Fall, den ich Ihnen vorlegen muss", sagte er, „ist, dass weder die Verschwörung noch die Anstiftung von uns stammen; sondern dass die Verschwörung eine Verschwörung des Kabinetts ist, das für die Regierung dieses Landes verantwortlich ist; und dass die Anstiftung die Anstiftung der Minister der Krone ist ." Und das tat er höchst wirkungsvoll, indem er nicht nur von den schändlichen Tricks und Täuschungen berichtete, mit denen die Regierung die Suffragistinnen in Sachen Wahlrechtsgesetze in die Irre geführt hatte, sondern auch indem er die klaren Worte wiedergab, mit denen die Kabinettsmitglieder den Frauen geraten hatten, dass sie das Wahlrecht nie bekommen würden, bis sie gelernt hätten, dafür zu kämpfen, wie es in der Vergangenheit die Männer getan hätten.

Als ich an die Reihe kam zu sprechen, war mir bewusst , dass der Durchschnittsmensch völlig unwissend über die Geschichte der Frauenbewegung ist – weil die Presse nie angemessen oder wahrheitsgetreu über die Bewegung berichtet hat. Daher erzählte ich der Jury so kurz wie möglich die Geschichte der vierzig Jahre dauernden friedlichen Agitation, bevor meine Töchter und ich beschlossen, unser Leben der Arbeit für das Wahlrecht der Frauen zu widmen und alle für den Erfolg notwendigen Mittel zur Erlangung des Wahlrechts einzusetzen.

„Wir gründeten die Women's Social and Political Union", sagte ich, „im Jahr 1903. Unsere erste Absicht war es, zu versuchen, die jeweilige politische Partei, die damals an die Macht kam, zu beeinflussen, diese Frage der Gleichberechtigung der Frauen zu ihrer eigenen Frage zu machen und sie voranzutreiben. Es dauerte eine Weile, uns davon zu überzeugen – und ich muss Sie nicht mit der Geschichte all dessen langweilen, was geschehen ist – , aber es dauerte eine Weile, uns davon zu überzeugen, dass das keinen Sinn hatte; dass wir die Dinge auf diese Weise nicht erreichen konnten. Dann, im Jahr 1905, sahen wir uns den harten Tatsachen gegenüber. Wir erkannten , dass es einen Presseboykott gegen das Frauenwahlrecht gab. Unsere Reden bei öffentlichen Versammlungen wurden nicht berichtet, unsere Leserbriefe wurden nicht veröffentlicht, selbst wenn wir die Redakteure anflehten; selbst die Dinge, die sich auf das Frauenwahlrecht im Parlament bezogen, wurden nicht aufgezeichnet. Sie sagten, das Thema sei nicht von ausreichendem öffentlichen Interesse, um in der Presse darüber zu berichten, und sie waren nicht bereit, darüber zu berichten. Und dann, was die männlichen Politiker im Jahr 1905 betraf: Wir erkannten, wie düster die schönen Phrasen über Demokratie, über Menschenrechte waren. Gleichheit, die von den Herren, die damals an die Macht kamen, genutzt wurde. Sie wollten die Frauen ignorieren – daran bestand kein Zweifel. Denn in den offiziellen Dokumenten der Liberalen Partei am Vorabend der Wahlen von 1905 fanden sich Sätze wie dieser: „Was das Land will, ist eine einfache Maßnahme zum Männerwahlrecht." Da war kein Platz für die Einbeziehung der Frauen. Wir wussten ganz genau, dass die Liberale Partei, die damals an die Macht kam, wenn es überhaupt eine Wahlrechtsreform geben sollte, nicht das Frauenwahlrecht meinte, trotz aller Versprechen der Mitglieder; trotz der Tatsache, dass eine Mehrheit des Unterhauses, insbesondere auf der liberalen Seite, sich dazu verpflichtete – das bedeutete nicht, dass sie es in die Praxis umsetzen würden. Und so fanden wir einen Weg, ihre Aufmerksamkeit auf diese Frage zu lenken.

"Nun komme ich zu den Fakten in Bezug auf die Militanz. Wir erkannten , dass die Pläne, die wir im Kopf hatten, große Opfer unsererseits erfordern würden, dass es uns alles kosten könnte, was wir hatten. Wir waren damals eine kleine Organisation , die hauptsächlich aus Arbeiterinnen bestand , den

Frauen und Töchtern von Arbeitern. Und meine Töchter und ich nahmen natürlich eine führende Rolle ein, weil wir die Sache durchdachten und bis zu einem gewissen Grad, weil wir eine bessere soziale Stellung hatten als die meisten unserer Mitglieder und ein Verantwortungsgefühl verspürten."

Ich schilderte die Ereignisse, die die ersten Tage unserer Arbeit kennzeichneten, die Szene in der Free Trade Hall in Manchester, als meine Tochter und ihre Begleiterin verhaftet wurden, weil sie einem Politiker eine Frage gestellt hatten, und fuhr fort:

"Was taten sie dann? (Ich möchte, dass Sie sich darüber im Klaren sind , dass wir keinen Schritt nach vorne gemacht haben, bis unser Feind, die Regierung, einen Akt der Unterdrückung begangen hat – denn die Regierung ist unser Feind; es sind nicht die Abgeordneten des Parlaments, es sind nicht die Männer im Land; es ist nur die Regierung an der Macht, die uns das Wahlrecht geben kann. Wir betrachten nur die Regierung als unseren Feind, und unsere ganze Agitation ist darauf ausgerichtet, so viel Druck wie nötig auf diejenigen auszuüben, die sich mit unserem Anliegen befassen können.) Der nächste Schritt, den die Frauen unternahmen, bestand darin, während der Versammlungen Fragen zu stellen, denn, wie ich Ihnen sagte, diese Herren gaben ihnen keine Gelegenheit, sie im Nachhinein zu stellen. Und dann begannen die Zwischenrufe, von denen wir gehört haben, die Eingriffe in das Recht, öffentliche Versammlungen abzuhalten, die Eingriffe in das Recht auf freie Meinungsäußerung, von denen wir gehört haben, und für die diese Frauen, diese Hooligan-Frauen, wie sie genannt wurden, angeprangert wurden. Ich bitte Sie, meine Herren, sich vorzustellen, wie viel Mut eine Frau braucht, um diese Art von Arbeit zu übernehmen. Wenn Männer Frauenversammlungen unterbrechen, kommen sie in Gruppen mit lauten Instrumenten, singen und schreien gemeinsam und stampfen mit den Füßen. Aber wenn Frauen zu Sitzungen von Kabinettsministern gehen – nur um die Kabinettsminister und sonst niemanden zu unterbrechen –, dann gehen sie einzeln. Und es wird für sie immer schwieriger, hineinzukommen, denn aufgrund der Methoden der Frauen hat sich das System des Einlasses mit Eintrittskarte und des Ausschlusses von Frauen entwickelt – etwas, das in meiner Zeit als Liberale bei liberalen Versammlungen als sehr schändlich angesehen worden wäre. Aber dieses Eintrittskartensystem hat sich entwickelt, und so konnten die Frauen nur mit sehr großen Schwierigkeiten hineinkommen. Frauen haben sich 36 Stunden lang in gefährlichen Positionen versteckt, unter den Podesten, in den Orgeln, wo immer sie einen guten Blick hatten. Sie haben in der Kälte gehungert, manchmal auf dem Dach, das einer Winternacht ausgesetzt war, nur um im Verlauf der Rede eines Kabinettsministers sagen zu können: „Wann wird die liberale Regierung ihre Versprechen in die Tat umsetzen?" Das war die Form, die die Militanz in ihrer weiteren Entwicklung angenommen hat."

Ich ging noch einmal auf unsere friedlichen Delegationen ein und auf die Gewalt, mit der sie ausnahmslos empfangen wurden; auf unsere Verhaftungen und die absurden Polizeigerichtsprozesse , bei denen wir allein aufgrund der unbewiesenen Aussagen von Polizisten für lange Haftstrafen ins Gefängnis kamen; auf die Unwahrheiten, die im Unterhaus von verantwortlichen Mitgliedern der Regierung über uns erzählt wurden – Geschichten von Frauen, die Polizisten kratzten und bissen und mit Hutnadeln um sich griffen – und ich beschuldigte die Regierung, diese Angriffe gegen Frauen zu verüben, die machtlos waren, sich zu verteidigen, weil sie sich vor den Frauen fürchteten und die Agitation, die unsere Organisation vertrat, niederschlagen wollten .

„Nun wurde in diesem Gericht festgestellt", sagte ich, „dass nicht die Women's Social and Political Union vor Gericht steht, sondern bestimmte Angeklagte. Die Klage der Regierung, meine Herren, richtet sich sicherlich gegen die Angeklagten, die heute hier vor Ihnen stehen, aber sie richtet sich auch gegen die Women's Social and Political Union. Die Absicht ist, diese Organisation zu zerschlagen. Und diese Absicht wurde anscheinend erreicht, nachdem ich für zwei Monate ins Gefängnis geschickt worden war, weil ich eine Glasscheibe zerbrochen hatte, die, wie man mir sagte, 2s. 3d wert war, die Strafe, die ich akzeptierte, weil ich eine Anführerin dieser Bewegung war, obwohl es eine außerordentliche Strafe war, die für einen so geringen Schaden, wie ich ihn begangen hatte, verhängt wurde. Ich akzeptierte sie als Strafe für einen Anführer einer der Regierung missliebigen Agitation; und während ich dort war, begann diese Anklage. Sie dachten, sie würden mit den Leuten, die sie für die politischen Köpfe der Bewegung hielten, einen sauberen Schnitt machen. Wir haben viele falsche Freunde im Kabinett – Leute, die nach ihren Worten die Sache der Women's Social and Political Union wohlgesinnt zu sein scheinen. Stimmrecht. Und sie dachten, wenn sie die Führer der Union aus dem Weg räumen könnten, würde dies zu einer unbefristeten Verschiebung und Lösung der Frage in diesem Land führen. Nun, ihr Plan ist ihnen nicht gelungen, und selbst wenn sie alle sogenannten Führer dieser Bewegung aus dem Weg geräumt hätten, hätten sie auch dann keinen Erfolg gehabt. Warum haben sie nun die Union nicht auf die Anklagebank gesetzt? Wir haben eine sogenannte demokratische Regierung. Diese Women's Social and Political Union ist keine Ansammlung hysterischer und unwichtiger wilder Frauen, wie Ihnen behauptet wurde, sondern eine wichtige Organisation , zu deren Mitgliedern sehr wichtige Personen zählen. Sie besteht aus Frauen aller Gesellschaftsschichten, Frauen, die als berufstätige Frauen Einfluss in ihren jeweiligen Organisationen haben; Frauen, die als Berufsfrauen Einfluss in Berufsorganisationen haben ; Frauen von gesellschaftlicher Bedeutung; sogar Frauen von königlichem Rang sind unter den Mitgliedern dieser Organisation , und daher würde es sich für eine demokratische Regierung nicht lohnen, sich mit dieser Organisation als Ganzes zu befassen .

sie die Organisation zerschlagen würden , indem sie die Leute wegnahmen, von denen sie dachten, dass sie die politischen Geschicke der Organisation lenkten. Sie dachten, dass sie, wenn sie die einflussreichen Mitglieder der Organisation aus dem Weg räumten, die Bewegung zerschlagen und in die Flucht schlagen würden, wie ein Mitglied des Kabinetts, glaube ich, sagte. Nun, Regierungen haben sich schon oft geirrt , meine Herren, und ich wage zu behaupten, dass sich Regierungen wieder einmal irren. Ich glaube, die Antwort an die Regierung wurde bei der Versammlung in der Albert Hall gegeben, dic unmittelbar nach unserer Verhaftung stattfand. Innerhalb weniger Minuten, ohne die Beredsamkeit von Mrs. Pethick Lawrence, ohne die Appelle der Leute, die als Führer dieser Bewegung bezeichnet wurden, wurden innerhalb weniger Minuten 10.000 Pfund für die Fortführung dieser Bewegung gezeichnet.

"Eine solche Bewegung, die so unterstützt wird, ist keine wilde, hysterische Bewegung. Es ist keine Bewegung fehlgeleiteter Menschen. Es ist eine sehr ernsthafte Bewegung. Frauen, das behaupte ich, wie unsere Mitglieder, und Frauen, ich wage zu sagen, wie die beiden Frauen und wie der Mann, die heute auf der Anklagebank sitzen, sind nicht die Leute, die so etwas leichtfertig angehen. Darf ich nur versuchen, Ihnen zu vermitteln, was diese Bewegung von ihren sehr bescheidenen Anfängen an zu der gigantischen Größe gemacht hat, die sie heute ist? Es ist eine der größten Bewegungen der modernen Zeit. Eine Bewegung, die nicht nur einen vielleicht noch nicht erkannten Einfluss in diesem Land hat, sondern die Frauenbewegung auf der ganzen Welt beeinflusst. Gibt es in der modernen Zeit etwas Wunderbareres als die Art von spontanem Ausbruch dieser Frauenbewegung in jedem Land? Sogar in China — und ich denke, es ist eine gewisse Schande für die Engländer — sogar in China haben Frauen das Wahlrecht gewonnen, als Ergebnis einer erfolgreichen Revolution, mit der, wie ich vermute, Mitglieder der Regierung seiner Majestät sympathisieren — eine blutige Revolution.

"Noch ein Wort zu diesem Punkt. Als ich das zweite Mal im Gefängnis saß, drei Monate lang als gewöhnlicher Krimineller, für kein größeres Vergehen als die Herausgabe eines Flugblatts — das in seinen Worten weniger aufrührerisch war als manche Reden von Regierungsmitgliedern, die uns hier verfolgen —, wurde mir während dieser Zeit durch die Bemühungen eines Parlamentsmitglieds die Erlaubnis verschafft, die Tageszeitung im Gefängnis zu haben, und das erste, was ich in der Tagespresse las, war dies: dass die Regierung in diesem Moment die Mitglieder der Jungtürkischen Revolutionspartei feierte, Herren, die in die Privatsphäre des Hauses des Sultans eingedrungen waren — wir hörten viel über das Eindringen in die

Privatsphäre von Mr. Asquiths Residenz, wenn wir es wagten, an seiner Tür zu klingeln – Herren, die getötet und gemordet hatten und in ihrer Revolution erfolgreich gewesen waren, während wir Frauen nie einen Stein geworfen hatten – denn keiner von uns wurde wegen Steinewerfens inhaftiert, sondern nur wegen der Teilnahme, die wir damals an dieser Organisation geleistet hatten . Dort wurden wir eingesperrt, während diese politischen Mörder von den sehr Regierung, die uns einsperrte, und man gratulierte ihnen zum Erfolg ihrer Revolution. Nun frage ich Sie, war es verwunderlich, dass Frauen sich sagten: „Vielleicht haben wir nicht genug getan. Vielleicht verstehen diese Herren die Frauen nicht. Vielleicht erkennen sie nicht , „Wir sind nicht die Leute, die die gleichen Dinge tun wie die Frauen, und weil wir nicht die gleichen Dinge tun wie die Männer, denken sie vielleicht, wir meinen es nicht ernst.“

"Und dann kommen wir zu diesem letzten Punkt von allen, wenn verantwortungsbewusste Staatsmänner wie Mr. Hobhouse sagen, dass es nie einen sentimentalen Aufstand gegeben hat, keinen Gefühlsausdruck wie den, der zum Niederbrennen von Nottingham Castle geführt hat. Wundert es Sie dann, dass wir beschlossen, uns zu mehr Mut zu fassen, und können Sie verstehen, warum wir uns, wie Frauen, nach einem Weg umgesehen haben, der nicht den Verlust von Menschenleben und die Verstümmelung von Menschen mit sich bringt, denn Frauen liegt das menschliche Leben mehr am Herzen als Männern, und ich denke, es ist ganz natürlich, dass wir das tun, denn wir wissen, was das Leben kostet. Wir riskieren unser Leben, wenn Männer geboren werden. Nun, ich möchte dies als Anführer dieser Bewegung ganz bewusst sagen. Wir haben versucht, sie zurückzuhalten, wir haben versucht, sie davon abzuhalten, über ihre Grenzen hinauszugehen, und ich habe mich nie als stolzere Frau gefühlt als eines Abends, als ein Polizist nach einer dieser Demonstrationen zu mir sagte: ‚Wäre dies eine Demonstration von Männern gewesen, hätte es schon längst Blutvergießen gegeben.‘ Nun, mein Herr, es hat kein Blutvergießen gegeben, außer von Seiten der Frauen selbst – dieser sogenannten militanten Frauen. Uns wurde Gewalt angetan, und ich, der ich hier vor Ihnen auf der Anklagebank stehe, habe im Laufe dieser Agitation eine liebe Schwester verloren. Sie starb innerhalb von drei Tagen nach ihrer Entlassung aus dem Gefängnis, vor etwas mehr als einem Jahr. Das sind Dinge, über die wir, wo auch immer wir sind, nicht viel sprechen. Wir können nicht fröhlich bleiben, wir können nicht fröhlich bleiben, wir können nicht die richtige Art von Geist bewahren, die Erfolg bedeutet, wenn wir uns zu sehr auf den harten Teil unserer Agitation konzentrieren. Aber ich sage dies, meine Herren, was auch immer Sie in Zukunft von uns denken mögen, Sie werden dies über uns sagen, dass wir, was auch immer unsere Feinde sagen mögen, immer einen ehrenhaften Kampf geliefert und keine unfairen Mittel eingesetzt haben, um unsere

Gegner zu besiegen, obwohl es sich nicht immer um Leute handelte, die sich uns gegenüber so ehrenhaft verhalten haben .

„Wir haben niemanden angegriffen, wir haben niemandem wehgetan, und erst am ,Schwarzen Freitag' – und am ,Schwarzen Freitag' hatten wir einen neuen Innenminister, und es schien, als ob der Polizei neue Anweisungen gegeben worden wären, denn die Polizei zeigte bei dieser Gelegenheit eine Grausamkeit im Umgang mit den Frauen, wie sie es noch nie zuvor getan hatte, und die Frauen kamen zu uns und sagten: ,Das können wir nicht ertragen' – erst dann hatten wir das Gefühl, dass diese neue Form der Unterdrückung uns zu einem weiteren Schritt zwingen würde. Das ist die Frage des ,Schwarzen Freitags', und ich möchte hier und jetzt sagen, dass nach dem ,Schwarzen Freitag' jede Anstrengung unternommen wurde, eine öffentliche gerichtliche Untersuchung der Vorgänge am ,Schwarzen Freitag' hinsichtlich der Anweisungen an die Polizei zu erreichen. Diese Untersuchung wurde abgelehnt, aber eine informelle Untersuchung wurde von einem Mann durchgeführt, dessen Name auf der einen Seite der großen politischen Parteien für Überzeugungskraft hinsichtlich seines Status und seiner moralischen Integrität steht, und einem Mann von gleichem Rang auf der Seite der Liberalen. Diese beiden Männer waren Lord Robert Cecil und Mr. Ellis Griffith. Sie führten eine private Untersuchung durch, luden Frauen zu sich ein, nahmen ihre Aussagen auf, prüften diese und sagten nach Anhörung, dass sie davon überzeugt seien, dass die Aussagen der Frauen im Wesentlichen der Wahrheit entsprächen und dass es ihrer Ansicht nach gute Gründe für die Durchführung dieser Untersuchung gebe. Dies wurde in einem Bericht festgehalten. Um Ihnen unsere Schwierigkeiten zu verdeutlichen: Lord Robert Cecil sprach in einer Rede im Criterion Restaurant zu dieser Frage. Er forderte die Regierung auf, diese Untersuchung durchzuführen, und kein einziges Wort dieser Rede wurde in einer Morgenzeitung wiedergegeben. Mit solchen Dingen mussten wir uns auseinandersetzen, und ich stehe gern hier, und sei es nur, um diese Fakten ans Licht zu bringen, und ich fordere den Generalstaatsanwalt auf, eine Untersuchung dieser Vorgänge einzuleiten – nicht die Art von Untersuchung, bei der man seine Inspektoren nach Holloway schickt und akzeptiert, was ihnen von den Beamten erzählt wird –, sondern eine öffentliche Untersuchung einzuleiten, mit einer Jury, wenn er will, um unsere Beschwerden gegen die Regierung und die Methoden dieser Agitation zu behandeln.

"Ich sage, es sind nicht die Angeklagten, die sich verschworen haben, sondern die Regierung, die sich gegen uns verschworen hat, um diese Agitation niederzuschlagen; aber wie auch immer die Angelegenheit entschieden werden mag, wir sind zufrieden, uns an das Urteil der Nachwelt zu halten. Wir sind nicht die Art von Menschen, die gerne prahlen; wir sind nicht die Art von Menschen, die sich in diese Lage bringen würden, wenn wir nicht davon überzeugt wären, dass es der einzige Weg ist. Ich habe versucht – mein ganzes Leben lang habe ich für diese Frage gearbeitet – ich habe es mit Argumenten versucht, ich habe es mit Überzeugungsarbeit versucht. Ich habe vielleicht auf mehr öffentlichen Versammlungen gesprochen als irgendjemand in diesem Gericht, und ich habe nie eine Versammlung gesprochen, bei der die wesentliche Meinung der Versammlung – nicht einer Wahlversammlung, sondern einer öffentlichen Versammlung, denn ich habe nie vor einer anderen Art von Versammlung gesprochen – nicht war, dass Frauen, die Lasten tragen und Verantwortung teilen wie Männer, die gleichen Privilegien erhalten sollten, die Männer genießen. Ich bin überzeugt, dass die öffentliche Meinung auf unserer Seite ist – dass sie unterdrückt wurde – absichtlich unterdrückt –, sodass man in einem öffentlichen Gerichtshof froh ist, zu dieser Frage sprechen zu dürfen."

Die Zusammenfassung der Anklage durch den Generalstaatsanwalt war größtenteils eine Verteidigung der Liberalen Partei und ihres Kurses in Bezug auf die Gesetzgebung zum Frauenwahlrecht. Daher tat Herr Tim Healey gut daran, in seiner Verteidigung von Frau Pethick Lawrence den politischen Charakter der Verschwörungsklage und des Prozesses zu betonen. Er sagte:

„Es ist ohne Zweifel sehr nützlich, wenn man politische Gegner hat, das Gesetz gegen sie in Gang setzen zu können. Ich habe nicht den geringsten Zweifel, dass es sehr praktisch wäre, wenn sie den Mut dazu hätten, die gesamte Opposition Seiner Majestät zum Schweigen zu bringen, während die gegenwärtige Regierung im Amt ist – alle Männer von Glanz und Ansehen in unserem öffentlichen Forum und auf unseren öffentlichen Plattformen einzusperren – alle Carsons , FE Smiths, Bonar Laws und so weiter. Es wäre äußerst praktisch, das Ganze zu beenden, so wie es praktisch wäre, die Agitation der Frauen in Form der Anklage zu beenden. Meine Herren Geschworenen, welche Worte auch immer von gemeinsamen Gegnern gesprochen wurden, welche Anweisungen auch immer nicht an schwache Frauen, sondern an Männer gerichtet wurden, die sich des Drills und der Waffen rühmen, sie hatten nicht den Mut, irgendjemanden, außer Frauen, mittels einer Anklage anzuklagen. Doch die Regierung meines gelehrten Freundes hat zwei Daten als Kardinaldaten ausgewählt und bittet Sie, über die Angeklagten vor Gericht zu urteilen und zu sagen, dass ohne Diese verantwortungsbewussten, wohlerzogenen, gebildeten Akademiker haben ohne Grund den vorgeschlagenen Weg eingeschlagen und sich plötzlich, um es mit den Worten der Anklageschrift auszudrücken, in böswilliger Absicht und mit böser Vorsätzlichkeit auf diese kriminellen Pläne eingelassen.

"Meine Herren Geschworenen, das Erste, was ich in diesem Zusammenhang fragen möchte, ist Folgendes: Was hat es mit dieser Forderung der Frauen auf sich, das die Behandlung durch die Minister Seiner Majestät hervorgerufen haben sollte, die diese Bewegung gemäß den mir vorliegenden Beweisdokumenten erfahren hat? Ich würde annehmen, dass das Wesen jeder Regierung die reibungslose Führung der Angelegenheiten ist, sodass diejenigen, die ein hohes Ansehen und große Bezüge genießen, nicht die Parteien sein sollten, denen die Anschuldigung vorgeworfen werden sollte, bürgerlichen Streit zu provozieren und öffentliche Unruhen zu schüren. Was finden wir? Wir finden, dass in Bezug auf die Behandlung der Forderung, die ursprünglich immer demütig, respektvoll und respektvoll von denen vorgebracht wurde, die Gewerkschafter, Impfgegner, Schwestern verstorbener Ehefrauen und alle anderen Formen politischer Forderungen empfangen und ihnen demütig nachgegeben haben, wir finden, dass, wenn diese Leute, die diese besondere Form der Bürgerreform befürworten, um eine Audienz bitten, um Einlass bitten, sogar darum bitten, ihre Petitionen respektvoll aufgenommen, wurden sie doch gerichtlich jedenfalls mit einer klaren und feierlichen Ablehnung beantwortet. Das ist der Anfang dieser unglücklichen Stimmung, die in den Köpfen von Personen wie den Angeklagten, Personen wie denen, gegen die Beweise vorgelegt wurden, aufkommt – und die dazu geführt hat, dass Sie heute in diesen Zeugenstand berufen wurden . Und ich stelle Ihnen die Frage, ob ich Sie, wenn Sie darüber nachdenken, ob es die Anstiftung meiner Klienten oder das Verhalten der Minister war, die zu diesen Ereignissen geführt haben, nicht bitten kann, zu sagen, dass selbst eine gerechte Schuldverteilung nicht auf verantwortungsvolleren Schultern ruhen sollte, und ob Sie sich die Mühe machen sollten, zu sagen, dass diese Personen auf der Anklagebank allein schuldig sind."

Zum Schluss kam Mr. Healey noch einmal auf den politischen Charakter des Prozesses zurück. „Die Regierung hat diese Anklage erhoben", erklärte er, „um ihre Hauptgegner für eine beträchtliche Zeit von der Außenwelt fernzuhalten. Sie hofft, dass es bei den öffentlichen Versammlungen, an denen sie teilnimmt, keine unbequemen Rufe mehr nach ‚Frauenwahlrecht' geben wird. Ich kann mir keinen anderen Grund vorstellen, den sie mit der Anklageerhebung verfolgen könnte. Ich habe mein Bedauern über die Verluste zum Ausdruck gebracht, die Ladenbesitzer, Händler und andere erlitten haben. Ich bedauere es zutiefst. Ich bedauere, dass jemand unschuldigen Menschen Verluste oder Leid zufügt. Aber ich bitte Sie zu sagen, dass das Gesetz durch die Bestrafung der unmittelbaren Täter bereits ausreichend gerechtfertigt wurde. Was kann dadurch gewonnen werden? Gewinnt die Gerechtigkeit?

"Ich zögere fast, dies als juristische Untersuchung zu behandeln. Ich betrachte es als einen rachsüchtigen politischen Akt. Von all den erstaunlichen Taten, die jemals vor einem öffentlichen Gericht gegen einen Gefangenen vorgebracht wurden, kann ich nicht umhin, zu glauben, dass die

Anklage gegen Herrn Pethick Lawrence die erstaunlichste ist. Er wagte es, an einigen Polizeigerichten teilzunehmen und stellte Kaution für Frauen zur Verfügung, die, wie ich verstehe, verhaftet worden waren , als sie versuchten , Petitionen an das Parlament zu richten oder Gewalt anzuwenden. Ich beschwere mich nicht über die Art und Weise, in der mein gelehrter Freund die Anklage geführt hat, aber ich beschwere mich über die Methoden der Polizei – die Untersuchung der Häuser und der häuslichen Umstände der Gefangenen, die Beschaffung ihrer Papiere, die Entnahme ihrer Zeitung, das Einsehen ihrer Bankkonten, die Herbeirufung ihrer Bankiers, um ihren Kontostand zu erfahren; und ich sage, dass in keiner der Anklagen der Vergangenheit kleinere Methoden einen großen Staatsprozess herabgewürdigt haben, denn, wie man es auch dreht und wendet, man kann nicht leugnen, dass dies ein großer Staatsprozess ist. Es sind nicht die Frauen, die vor Gericht stehen. Es sind die Männer. Es ist das Regierungssystem, das auf dem Prüfstand steht. Es ist diese Methode, bei einer Anklage 54 Anklagepunkte zu würfeln, ohne zu zeigen, worauf irgendein Beweisstück vernünftigerweise zurückzuführen ist; das System steht auf dem Prüfstand – ein System, bei dem jede unschuldige Handlung im öffentlichen Leben in eine Verschwörung verstrickt werden soll."

Die Jury war über eine Stunde abwesend, was zeigte, dass sie einige Schwierigkeiten hatte, sich auf ein Urteil zu einigen. Als sie zurückkamen, war an ihren angespannten Gesichtern deutlich zu erkennen, dass sie unter starken Gefühlen litten . Die Stimme des Vorarbeiters zitterte, als er das Urteil verkündete: schuldig im Sinne der Anklage, und er hatte Mühe, seine Emotionen zu beherrschen, als er hinzufügte: „Euer Lordschaft, wir möchten einstimmig die Hoffnung zum Ausdruck bringen, dass Sie, in Anbetracht der zweifellos reinen Motive, die der Aufregung zugrunde liegen, die zu diesem Ärger geführt hat, bei der Behandlung des Falles äußerste Gnade und Nachsicht walten lassen werden."

Auf diese Bitte folgte ein Applaus. Dann stand Mr. Pethick Lawrence auf und bat darum, vor der Urteilsverkündung ein paar Worte zu sagen. Er sagte, dass es, abgesehen von der Empfehlung der Jury, offensichtlich sein müsse, dass wir von politischen Motiven getrieben worden seien und dass wir tatsächlich politische Straftäter seien. In englischen Gerichten sei entschieden worden, dass politische Straftäter sich von gewöhnlichen Straftätern unterschieden, und Mr. Lawrence zitierte den Fall eines Schweizers, dessen Auslieferung wegen des politischen Charakters seiner Straftat abgelehnt worden sei. Das Gericht hatte bei dieser Gelegenheit erklärt, dass es sich auch dann um ein politisches Verbrechen handele, wenn es sich um Mord aus politischen Motiven handele. Mr. Lawrence erinnerte den Richter auch an den Fall des verstorbenen Mr. WT Stead, der eines Verbrechens für schuldig befunden worden war, dem jedoch wegen des ungewöhnlichen Motivs hinter der Straftat eine Behandlung erster Klasse und die volle Freiheit gewährt worden sei, seine Familie und Freunde zu empfangen. Zuletzt wurde der Fall von Dr. Jameson zitiert. Obwohl bei seinem Überfall 21 Menschen getötet und 46 weitere verletzt wurden, wurde der politische Charakter seines Vergehens berücksichtigt und er wurde in die erste Division eingewiesen.

Sie waren Männer, die in einem Männerkrieg kämpften. Wir von der WSPU waren Frauen, die in einem Frauenkrieg kämpften. Lord Coleridge sah in uns daher nur rücksichtslose und kriminelle Gesetzesbrecher . Lord Coleridge sagte: „Sie wurden eines Verbrechens für schuldig befunden, für das das Gesetz, wenn ich es verhängen wollte, eine Freiheitsstrafe von zwei Jahren mit Zwangsarbeit verhängen würde . Es gibt Umstände in Ihrem Fall, auf die mich die Jury sehr richtig aufmerksam gemacht hat, und Sie alle drei haben mich gebeten, Sie als Verbrecher ersten Grades zu behandeln. Wenn ich im Laufe dieses Falles irgendeine Reue oder Ablehnung der von Ihnen begangenen Taten oder irgendeine Hoffnung bemerkt hätte, dass Sie eine Wiederholung dieser Taten in Zukunft vermeiden würden, hätten mich die mir vorgebrachten Argumente sehr überzeugen können."

Da wir keine Reue zeigten, lautete das Urteil des Gerichts auf eine Gefängnisstrafe von neun Monaten in der zweiten Abteilung und die Übernahme der Prozesskosten.

# KAPITEL III

Das Urteil von neun Monaten hat uns über alle Maßen überrascht, besonders im Hinblick auf einige sehr aktuelle Ereignisse. Dazu gehörte der Fall einiger Matrosen, die gemeutert hatten, um auf etwas aufmerksam zu machen, das sie als Gefahr für sich selbst und alle Seeleute betrachteten. Sie wurden vor Gericht gestellt und für schuldig befunden, aber aufgrund des Motivs hinter ihrer Meuterei wurden sie ohne Strafe entlassen. Unserem Fall vielleicht ähnlicher war der Fall des Arbeiterführers Tom Mann, der kurz zuvor eine Broschüre geschrieben hatte, in der er die Soldaten Seiner Majestät aufforderte, nicht auf Streikende zu schießen, wenn sie von ihren Vorgesetzten dazu aufgefordert wurden. Aus Sicht der Regierung war dies eine viel schwerwiegendere Art der Anstiftung als unsere, denn wenn man darauf reagiert hätte, wären die Behörden bei der Aufrechterhaltung der Ordnung völlig behindert gewesen. Außerdem droht Soldaten, die Befehle verweigern, die Todesstrafe. Tom Mann wurde zu einer Haftstrafe von sechs Monaten verurteilt, aber dies wurde von Seiten der liberalen Presse und der liberalen Politiker mit so viel Lärm und Protest aufgenommen, dass der Gefangene nach zwei Monaten freigelassen wurde. Sogar auf dem Weg ins Gefängnis sagten wir uns gegenseitig, dass unsere Urteile nicht aufrecht erhalten werden könnten. Die öffentliche Meinung würde es der Regierung niemals erlauben, uns neun Monate im Gefängnis zu behalten oder auch nur einen Teil unserer Haftzeit in der zweiten Abteilung. Wir einigten uns darauf, sieben Parlamentstage abzuwarten, bevor wir einen Hungerstreik beginnen würden.

Das Warten in diesen sieben Parlamentstagen war sehr trostlos, denn wir konnten nicht wissen, was draußen vor sich ging oder worüber im Parlament gesprochen wurde. Wir konnten nichts von den Protesten und Denkschriften wissen, die in unserem Namen von den Universitäten Oxford und Cambridge, von Mitgliedern gelehrter Gesellschaften und von angesehenen Männern und Frauen aller Berufe nicht nur aus England, sondern aus jedem Land Europas, aus den Vereinigten Staaten und Kanada und sogar aus Indien eintrafen. Eine internationale Denkschrift, in der gefordert wurde, wir als politische Gefangene zu behandeln, wurde von so bedeutenden Männern und Frauen unterzeichnet wie Prof. Paul Milyoukoff , Vorsitzender der Konstitutionellen Demokraten in der Duma; Signor Enrico Ferri von der italienischen Abgeordnetenkammer; Edward Bernstein vom deutschen Reichstag; George Brandes , Edward Westermarck, Madame Curie, Ellen Key, Maurice Maeterlinck und vielen anderen. Im Parlament wurde größte Empörung zum Ausdruck gebracht, wobei Keir Hardie und Mr. George Lansbury an der Spitze die Forderung nach einer drastischen Revision unserer Urteile und unserer sofortigen Versetzung in die erste

Kammer stellten. Der Druck war so groß, dass der Innenminister innerhalb weniger Tage ankündigte, er halte es für seine Pflicht, die Umstände des Falles unverzüglich zu untersuchen. Er erklärte, die Gefangenen seien zu keinem Zeitpunkt gezwungen worden, Gefängniskleidung zu tragen. Schließlich, in diesem Fall also kurz vor Ablauf der sieben Parlamentstage, wurden wir alle drei in die erste Abteilung eingeteilt. Mrs. Pethick Lawrence erhielt die Zelle, in der vorher Dr. Jameson inhaftiert war, und ich bekam die angrenzende Zelle. Mr. Pethick Lawrence im Brixton Gaol wurde ähnlich untergebracht. Wir alle hatten das Vorrecht, unsere Zellen mit bequemen Stühlen und Tischen sowie eigenem Bettzeug, Handtüchern usw. auszustatten. Wir bekamen Mahlzeiten von außerhalb geliefert, trugen unsere eigene Kleidung und hatten alle Bücher, Zeitungen und Schreibmaterialien, die wir brauchten. Es war uns nicht gestattet, Briefe zu schreiben oder zu empfangen oder unsere Freunde zu sehen, außer im normalen zweiwöchigen Rhythmus. Trotzdem hatten wir uns durchgesetzt, dass die Gefangenen, die das Wahlrecht hatten, politisch waren .

Wir hatten es erreicht, aber, wie sich herausstellte, nur für uns selbst. Als wir fragten: „Werden jetzt alle unsere Frauen in die erste Abteilung versetzt?", lautete die Antwort, dass sich der Versetzungsbefehl nur auf Herrn und Frau Pethick Lawrence und mich bezog. Selbstverständlich lehnten wir diesen unfairen Vorteil sofort ab, und nachdem wir alle uns zur Verfügung stehenden Mittel ausgeschöpft hatten, um den Innenminister dazu zu bewegen, den anderen Häftlingen mit Wahlrecht dieselbe Gerechtigkeit zuteil werden zu lassen, die wir erfahren hatten, traten wir als Protest in den Hungerstreik. Die Nachricht verbreitete sich schnell in Holloway und gelangte auf mysteriöse Weise nach Brixton, Aylesbury und Winson Green, und sofort folgten alle anderen Häftlinge mit Wahlrecht unserem Beispiel. Die Regierung hatte damals über achtzig Hungerstreikende in ihren Reihen und hatte wie zuvor nur das Argument der Gewalt parat, also den widerwärtigen und grausamen Prozess der Zwangsernährung. Holloway wurde zu einem Ort des Grauens und der Qual. Fast jede Stunde des Tages fanden widerwärtige Gewaltszenen statt, während die Ärzte von Zelle zu Zelle gingen und ihre abscheuliche Arbeit verrichteten. Einer der Männer verrichtete seine Arbeit auf so brutale Weise, dass allein sein Anblick Schreie des Entsetzens und der Angst auslöste. Ich werde mein Leben lang nie vergessen, wie ich in den Tagen litt, als mir diese Schreie in den Ohren klangen. In ihrem Schmerzwahn stürzte sich eine Frau von der Galerie, auf die ihre Zelle hinausging. Ein acht Fuß tiefer hängendes Maschendrahtgeflecht bremste ihren Sturz auf die darunterliegende Eisentreppe, sonst wäre sie unweigerlich getötet worden. So war sie jedoch furchtbar verletzt.

Der Hungerstreik löste in ganz England große Aufregung aus, und jeden Tag wurden die Minister im Unterhaus mit Fragen bombardiert. Der Höhepunkt wurde am dritten oder vierten Tag des Streiks erreicht, als es im Unterhaus zu stürmischen Szenen kam. Der stellvertretende Innenminister, Herr Ellis Griffith, wurde gnadenlos zu den Bedingungen befragt, unter denen die Zwangsernährung durchgeführt wurde, und sobald dies vorbei war, richtete eines der Suffragistinnen einen bewegenden Appell an den Premierminister selbst, die Freilassung aller Gefangenen anzuordnen. Herr Asquith, der gegen seinen Willen gezwungen wurde, an der Kontroverse teilzunehmen, stand auf und sagte, es sei nicht seine Aufgabe, sich in die Handlungen seines Kollegen, Herrn McKenna, einzumischen, und fügte in seiner eigenen höflichen, verlogenen Art hinzu: „Ich muss darauf hinweisen, dass es keinen einzigen Gefangenen gibt, der nicht heute Nachmittag das Gefängnis verlassen kann, wenn er die vom Innenminister geforderte Verpflichtung eingeht." Gemeint ist damit die Verpflichtung, von nun an auf militante Aktivitäten zu verzichten.


Sofort sprang Mr. George Lansbury auf und rief: „Sie wissen, dass sie das nicht können! Es ist eine absolute Schande, dass der Premierminister von England eine solche Aussage macht."

Mr. Asquith warf dem empörten Lansbury einen flüchtigen Blick zu, sank aber auf seinen Stuhl, ohne zu antworten. Bis ins tiefste Innerste schockiert von der Beleidigung unserer Frauen, schritt Mr. Lansbury zur Ministerbank und konfrontierte den Premierminister mit den Worten: „Das war eine Schande von Ihnen, Sir. Sie und Ihre Kollegen sind unter aller Würde. Sie nennen sich Gentlemen und ernähren und ermorden Frauen auf diese Weise. Man sollte Sie aus dem Amt jagen. Von Protest kann man da nur reden. Das ist das Schändlichste, was in der Geschichte Englands je passiert ist. Sie werden als die Männer in die Geschichte eingehen, die unschuldige Frauen gefoltert haben."

Zu diesem Zeitpunkt brodelte es im Haus, und das empörte Labour- Mitglied musste mit lauter Stimme schreien, um in dem Lärm gehört zu werden. Mr. Asquiths pompöse Anweisung, dass Mr. Lansbury das Haus für heute verlassen solle, war wahrscheinlich nur sehr wenigen bekannt, bis sie am nächsten Tag gedruckt erschien. Jedenfalls setzte Mr. Lansbury seinen Protest noch fünf Minuten lang fort. „Sie ermorden, foltern und machen Frauen verrückt", rief er, „und dann sagen Sie ihnen, sie können gehen. Sie sollten sich schämen. Sie sprechen von Prinzipien – Sie sprechen davon, in Ulster zu kämpfen – Sie auch –" und wandte sich an die Bänke der Unionisten – „Sie sollten aus dem öffentlichen Leben vertrieben werden. Diese Frauen zeigen Ihnen, was Prinzipien sind. Sie sollten sie dafür ehren , dass sie für ihre Weiblichkeit einstehen. Ich sage Ihnen, Unterhaus von England, Sie sollten sich schämen."

Der Sprecher kam Herrn Asquith schließlich zu Hilfe und beschwor Herrn Lansbury, dass er der Anweisung des Premierministers, das Haus zu verlassen, Folge leisten müsse, da ein solches ungebührliches Verhalten dazu führen würde, dass das Haus den Respekt verliere. „Sir", rief Herr Lansbury in einem letzten Ausbruch gerechter Wut aus, „es hat ihn bereits verloren."

Dieser beispiellose Ausbruch von Zorn und Verachtung gegenüber der Regierung war die Sensation des Augenblicks, und man war sich auf allen Seiten sicher, dass die Freilassung der Gefangenen oder zumindest die Einstellung der Zwangsernährung, was auf dasselbe hinauslief, angeordnet werden würde. Jeden Tag marschierten die Suffragetten in großen Scharen nach Holloway, brachten den Gefangenen Ständchen und hielten Protestversammlungen vor riesigen Menschenmengen ab. Die Musik und der Jubel, der schwach in unsere angestrengten Ohren drang, waren unbeschreiblich süß. Doch während ich einer dieser Ständchen lauschte, ereignete sich der schrecklichste Moment meiner Gefangenschaft. Ich lag im Bett, sehr geschwächt vom Hunger, als ich einen plötzlichen Schrei aus Mrs. Lawrences Zelle hörte, dann den Klang eines langwierigen und sehr heftigen Kampfes, und ich wusste, dass sie es gewagt hatten, ihr brutales Geschäft bis vor unsere Tür zu tragen. Ich sprang aus dem Bett, zitternd vor Schwäche und Wut, lehnte mich mit dem Rücken an die Wand und wartete, was kommen würde. In wenigen Augenblicken waren sie mit Mrs. Lawrence fertig und rissen die Tür meiner Zelle auf. Auf der Schwelle sah ich die Ärzte und dahinter eine große Gruppe von Wärterinnen. „Mrs. Pankhurst", begann der Arzt. Sofort nahm ich einen schweren irdenen Wasserkrug von einem Tisch ganz in der Nähe und schwang den Krug mit Händen, die jetzt keine Schwäche mehr spürten, kopfüber.

„Wenn einer von Ihnen es wagt, auch nur einen Schritt in diese Zelle zu machen, werde ich mich verteidigen", rief ich. Ein paar Sekunden lang bewegte sich niemand und sprach auch nicht, dann murmelte der Arzt verwirrt etwas von morgen früh, und sie zogen sich alle zurück.

Ich verlangte, in Mrs. Lawrences Zelle eingelassen zu werden, wo ich meine Begleiterin in einem verzweifelten Zustand vorfand. Sie ist eine starke und sehr entschlossene Frau, und es hatte die vereinte Kraft von neun Wärterinnen erfordert, sie zu überwältigen. Sie waren ohne Vorwarnung in die Zelle gestürmt und hatten sie unversehens gepackt, sonst hätten sie es vielleicht gar nicht geschafft. Tatsächlich wehrte sie sich so heftig, dass die Ärzte das Stethoskop nicht ansetzen konnten und es ihnen große Mühe bereitete, den Schlauch nach unten zu führen. Nachdem die elende

Angelegenheit vorüber war, fiel Mrs. Lawrence in Ohnmacht und war danach stundenlang sehr krank.

Dies war der letzte Versuch, Mrs. Lawrence oder mich zwangsweise zu ernähren, und zwei Tage später wurde unsere Freilassung aus medizinischen Gründen angeordnet. Die anderen Hungerstreikenden wurden gruppenweise freigelassen, da jeden Tag ein paar weitere triumphierende Rebellen den Punkt erreichten, an dem die Regierung in Gefahr geriet, einen tatsächlichen Mord zu begehen. Mr. Lawrence, der über zehn Tage lang zweimal täglich zwangsernährt worden war, wurde am 1. Juli in einem Zustand völligen Zusammenbruchs freigelassen. Wenige Tage später waren die letzten Gefangenen frei.


Sobald ich mich ausreichend erholt hatte, fuhr ich nach Paris und hatte die Freude, meine Tochter Christabel wiederzusehen, die während all der Tage voller Streit und Elend ihre persönlichen Sorgen in den Hintergrund gestellt und sich unerschütterlich ihrer Führungsaufgabe gewidmet hatte. Die Abwesenheit von Herrn und Frau Pethick Lawrence hatte die gesamte Verantwortung für die Redaktion unserer Zeitung „ *Votes for Women* "auf ihre Schultern gelegt, aber da sie sich stets neuen Aufgaben stellte, leitete sie die Zeitung mit Geschick und Umsicht.

Wir hatten viel zu besprechen und zu bedenken, denn es war offensichtlich, dass die Militanz nicht aufgegeben werden durfte, wie die anderen Wahlrechtsvereine ständig vorschlugen, sondern viel energischer weitergehen musste als bisher. Der Kampf hatte sich zu lange hingezogen. Wir mussten nach Wegen suchen, ihn abzukürzen, ihn zu einem solchen Höhepunkt zu bringen, dass die Regierung erkennen würde, dass etwas getan werden musste. Wir hatten bereits bewiesen, dass unsere Streitkräfte uneinnehmbar waren. Wir konnten nicht besiegt werden, wir konnten nicht in Angst und Schrecken versetzt werden, wir konnten nicht einmal im Gefängnis festgehalten werden. Da die Regierung ihren Krieg bereits im Voraus verloren hatte, bestand unsere Aufgabe lediglich darin, die Kapitulation zu beschleunigen.

Was die Wahlrechtsfrage anbelangte, war die Lage im Parlament glasklar und trostlos. Der dritte Schlichtungsentwurf hatte die zweite Lesung nicht bestanden, die Mehrheit dagegen lag bei vierzehn.

Viele liberale Abgeordnete hatten Angst, für das Gesetz zu stimmen, weil Lloyd-George und Lewis Harcourt hartnäckig das Gerücht verbreitet hatten, dass seine Verabschiedung zu diesem Zeitpunkt zu einer Spaltung des Kabinetts führen würde. Die irischen Nationalisten standen dem Gesetz feindlich gegenüber, weil ihr Führer, Redmond, ein Gegner des

Frauenwahlrechts war und sich geweigert hatte, eine Klausel zum Frauenwahlrecht in das Home Rule Bill aufzunehmen. Unsere einstigen Freunde, die Labour- Abgeordneten, waren so apathisch oder hatten so große Angst vor bestimmten ihrer eigenen Maßnahmen, dass die meisten von ihnen dem Parlament fernblieben, als das Gesetz seine zweite Lesung erreichte. Es ging also verloren, und die Militanten wurden für seine Niederlage verantwortlich gemacht! Im Juni kündigte die Regierung an, dass Asquiths Gesetzentwurf zum Männerwahlrecht bald eingeführt werden würde, und sehr bald darauf erschien der Gesetzentwurf tatsächlich. Er vereinfachte den Registrierungsmechanismus, verkürzte die Mindestwohnzeit auf sechs Monate und schaffte Eigentumsvoraussetzungen, Mehrfachwahl und Universitätsvertretung ab. Kurz gesagt, es gab jedem Mann über 21 Jahren das parlamentarische Wahlrecht und verweigerte es allen Frauen. Niemals in der Geschichte der Frauenwahlrechtsbewegung war den Frauen eine solche Beleidigung zugefügt worden, und nie in der Geschichte Englands war ein solcher Schlag gegen die Freiheit der Frauen gerichtet worden. Es ist wahr, dass der Premierminister sich verpflichtet hatte, einen Gesetzentwurf einzubringen, der so geändert werden konnte, dass das Frauenwahlrecht aufgenommen wurde, und dass er jede Änderung, die in zweiter Lesung angenommen wurde, in den Gesetzentwurf aufnehmen würde. Aber wir hatten kein Vertrauen in eine Änderung, noch in irgendeinen Gesetzentwurf, der nicht von Anfang an eine offizielle Regierungsmaßnahme war. Mr. Asquith hatte jedes Versprechen gebrochen, das er den Frauen jemals gegeben hatte, und dieses neue Versprechen beeindruckte uns überhaupt nicht. Wir wussten genau, dass er es nur gegeben hatte, um seinen Verrat bei der Torpedierung des Conciliation Bill zu vertuschen, und in der Hoffnung, die Suffragistinnen zu besänftigen und vielleicht einen weiteren Waffenstillstand in der Militanz zu erreichen.

Falls dies seine Hoffnung war, wurde er bitter enttäuscht. Immer wieder tauchten Anzeichen auf, die darauf hindeuteten, dass Frauen sich nicht länger mit der symbolischen Militanz zufrieden geben würden, die das Einschlagen von Fenstern mit sich bringt. So wurden beispielsweise im Büro des Innenministers in Whitehall Spuren eines Brandstiftungsversuchs gefunden. Vor der Tür eines anderen Kabinettsministers wurden ähnliche Spuren gefunden. Hätte die Regierung auf diese Warnungen reagiert und den Frauen das Wahlrecht gegeben, wären all die schweren Akte der Militanz, die seitdem stattgefunden haben, verhindert worden. Aber wie das Herz des Pharaos verhärtete sich das Herz der Regierung, und militante Akte folgten rasch aufeinander . Im Juli veröffentlichte die WSPU ein Manifest, in dem unsere Absichten in dieser Hinsicht dargelegt wurden. Das Manifest lautete auszugsweise wie folgt:

„Die Führerinnen der Women's Social and Political Union haben die Regierung so oft gewarnt, dass, wenn den Frauen nicht als Reaktion auf die milde Militanz der Vergangenheit das Wahlrecht gewährt würde, ein noch heftigerer Geist der Revolte erwachen würde, der unmöglich zu kontrollieren sein würde. Die Regierung hat die Warnung blind ignoriert und erntet nun die Früchte ihrer unstaatsmännischen Torheit."

Dies wurde unmittelbar nach einem Besuch von Herrn Asquith in Dublin erlassen. Der Anlass sollte eigentlich mit viel Pomp und Prunk stattfinden, eine riesige Volksdemonstration zu Ehren des Befürworters der Home Rule, aber die Suffragetten machten daraus das beklagenswerteste Fiasko, das man sich vorstellen kann. Von der Stunde seines heimlichen Abflugversuchs aus London bis zu seiner Rückkehr lebte und bewegte sich Herr Asquith in vorübergehender Furcht vor den Suffragetten. Jedes Mal, wenn er einen Eisenbahnwaggon oder ein Dampfschiff betrat oder verließ, wurde er von Frauen konfrontiert. Jedes Mal, wenn er aufstand, um zu sprechen, wurde er von Frauen unterbrochen. Jeder öffentliche Auftritt, den er machte, wurde von Frauen in einen Aufruhr verwandelt. Als er Dublin verließ, warf eine Frau ein Beil in sein Auto, ohne ihn jedoch zu verletzen. Als letzten Protest gegen seinen Empfang durch die Iren wurde das Theatre Royal von zwei Frauen in Brand gesteckt. Das Theater war zu diesem Zeitpunkt praktisch leer, da die Vorstellung bereits beendet war und der angerichtete Schaden verhältnismäßig gering war. Dennoch wurden die beiden hauptsächlich betroffenen Frauen, Mrs. Leigh und Miss Evans, zu barbarischen Haftstrafen von jeweils fünf Jahren verurteilt. Dies waren die ersten Frauen in der Geschichte unserer Bewegung, die zu Zwangsarbeit verurteilt wurden. Natürlich haben sie ihre Strafe nicht abgesessen. Als sie ins Gefängnis von Mountjoy kamen , beantragten sie wie üblich eine Behandlung in der ersten Abteilung. Als dies abgelehnt wurde, traten sie sofort in den Hungerstreik. Zu dieser Zeit befanden sich mehrere irische Suffragetten in Mountjoy , um gegen den Ausschluss von Frauen vom Home Rule Bill zu protestieren. Sie waren in der ersten Abteilung und standen kurz vor ihrer Freilassung. Der unbezwingbare Kampfgeist dieser Frauen war jedoch so stark, dass sie in einen mitfühlenden Hungerstreik traten. Sie wurden freigelassen, aber die Regierung verbot die Freilassung von Mrs. Leigh und Miss Evans, d. h. sie ordnete an, dass die Behörden die Frauen so lange festhalten sollten, wie sie durch Zwangsernährung am Leben gehalten werden konnten. Nach einem Kampf, der an Heftigkeit und Grausamkeit in unseren Annalen kaum seinesgleichen sucht, kämpften sich die beiden Frauen ihren Weg frei.

**Eine Suffragette wirft einen Sack Mehl auf Mr. Asquith in Chester.**

Den ganzen Sommer über kam es im ganzen Königreich zu heftigen Aufständen. Eine Reihe von Angriffen auf Golfplätze wurde verübt, keineswegs aus mutwilliger Boshaftigkeit, sondern mit dem direkten und sehr praktischen Ziel, die stumpfsinnige und selbstzufriedene englische Öffentlichkeit daran zu erinnern, dass man, wenn den englischen Frauen ihre Freiheiten geraubt wurden, nicht an Sport denken sollte. Die Frauen suchten sich Country Clubs aus, in denen prominente liberale Politiker ihre Wochenendvergnügungen zu verbringen pflegten, und verbrannten mit Säure große Rasenflächen, wodurch die Golfplätze für eine Weile unbrauchbar wurden. In einigen Fällen verbrannten sie die Worte „Stimmrecht für Frauen", und immer hinterließen sie Erinnerungen daran, dass Frauen für ihre Freiheit kämpften. Einmal, als sich das Gericht im

Balmoral Castle in Schottland befand, drangen die Suffragetten in die königlichen Golfplätze ein, und als der Sonntagmorgen anbrach, stellte man fest, dass alle Markierungsfahnen durch WSPU-Fahnen ersetzt worden waren, auf denen Inschriften standen wie „Stimmrecht für Frauen bedeutet Frieden für Minister", „Zwangsernährung muss gestoppt werden" und dergleichen. Die Golfplätze wurden häufig von Suffragetten besucht, um abtrünnige Minister zu befragen. Zwei Frauen folgten dem Premierminister nach Inverness, wo er mit Mr. McKenna Golf spielte. Als sie sich den Männern näherten, rief eine der Suffragetten: „Mr. Asquith, Sie müssen mit der Zwangsernährung aufhören –" Sie kam nicht weiter, denn Mr. Asquith, der vielleicht vor Wut blass wurde, zog sich hinter den Innenminister zurück, der seine Manieren völlig vergaß, die Suffragette packte und schrie, er würde sie in den Teich werfen. „Dann nehmen wir Sie mit", erwiderten die beiden, woraufhin es zu einem sehr lebhaften Handgemenge kam und die Frauen nicht in den Teich geworfen wurden.

Diese Aktivität auf dem Golfplatz rief tatsächlich mehr Feindseligkeit gegen uns hervor als all das Fens, einschlagen. Die Zeitungen appellierten an uns, uns nicht in ein Spiel einzumischen, das müden Politikern hilft, klar zu denken, aber unsere Antwort darauf war, dass es auf den Premierminister oder Herrn Lloyd-George keine solche Wirkung gehabt hatte. Wir hatten uns vorgenommen, ihnen und einer großen Klasse wohlhabender Männer den Sport zu verderben, damit sie gezwungen würden, klar über Frauen und die feste Entschlossenheit der Frauen, Gerechtigkeit zu erlangen, nachzudenken.

Im Herbst kehrte ich in die aktive Arbeit zurück, indem ich bei einem großen Treffen der WSPU in der Albert Hall sprach. Bei diesem Treffen musste ich bekannt geben, dass die sechsjährige Zusammenarbeit von Herrn und Frau Pethick Lawrence mit der WSPU beendet war.

Da persönliche Meinungsverschiedenheiten in der WSPU nie zur Sprache gekommen sind und nie zugelassen haben, dass sie die Bewegung aufhielten oder auch nur eine Stunde lang ihren Fortschritt behinderten, werde ich hier über diese wichtige Meinungsverschiedenheit nicht mehr sagen, als ich bei unserer ersten großen Versammlung in Albert Hall nach den Feiertagen am 17. Oktober sagte. An diesem Tag wurde auf den Straßen eine neue Zeitung verkauft. Sie hieß *The Suffragette* , wurde von Christabel Pankhurst herausgegeben und sollte fortan das offizielle Organ der Union sein. Sowohl in dieser neuen Zeitung als auch in *Votes for Women* erschien die folgende Ankündigung:

Ernste Erklärung der Führer

Beim ersten Treffen der Parteiführer nach den erzwungenen Feiertagen skizzierten Mrs. Pankhurst und Miss Christabel Pankhurst eine neue militante Politik, die

Mr. und Mrs. Pethick Lawrence jedoch überhaupt nicht billigen konnten.

Mrs. Pankhurst und Miss Christabel Pankhurst gaben zu verstehen, dass sie nicht bereit seien, ihre Absichten zu ändern, und empfahlen, dass Mr. und Mrs. Pethick Lawrence die Kontrolle über die Zeitung „ *Votes for Women* " *wieder übernehmen* und die Women's Social and Political Union verlassen sollten.

Anstatt eine Spaltung innerhalb der Union herbeizuführen, erklärten sich Herr und Frau Pethick Lawrence bereit, diesen Weg einzuschlagen.

Dies wurde von allen vieren unterzeichnet. An diesem Abend erklärte ich den Mitgliedern bei dem Treffen weiter, dass wir, so schwer der Abschied von alten Freunden und Kameraden zweifellos auch sein mag, nicht vergessen dürfen, dass wir in einer Armee kämpfen und dass Einheitlichkeit in den Zielen und in der Politik absolut notwendig ist, denn ohne sie ist die Armee hoffnungslos geschwächt. „Es ist besser", sagte ich, „wenn diejenigen, die sich nicht einigen können, die in der Politik nicht einer Meinung sind, sich freimachen, sich trennen und frei sein sollten, ihre Politik so fortzusetzen, wie sie sie auf ihre eigene Weise sehen, unbeeinflusst von denen, mit denen sie nicht länger einer Meinung sind."

Ich fuhr fort: „Ich möchte Herrn und Frau Pethick Lawrence für ihre unschätzbaren Verdienste um die militante Bewegung für das Frauenwahlrecht höchstens danken und bin der festen Überzeugung, dass die Frauenbewegung dadurch gestärkt wird, dass sie sich in Zukunft nach eigenem Ermessen für das Frauenwahlrecht einsetzen können. Wir von der Women's Social and Political Union werden dagegen die militante Agitation für das Frauenwahlrecht fortsetzen, die meine Tochter und ich sowie eine Handvoll Frauen vor über sechs Jahren initiiert haben."

Ich ging dann dazu über, die Situation zu überblicken, in der sich die WSPU jetzt befand, und die neue militante Politik zu skizzieren, für die er sich entschieden hatte. Diese Politik bestand zunächst aus unerbittlicher Opposition, nicht nur gegen die Partei an der Macht, die Liberale Partei, sondern gegen alle Parteien in der Koalition. Ich erinnerte die Frauen daran, dass die Regierung, die uns ausgetrickst und betrogen hatte und nun plante, uns den Weg zur Staatsbürgerschaft doppelt zu erschweren, durch die Koalition der drei Parteien im Amt gehalten wurde. Es gab die Liberale Partei, nominell die Regierungspartei, aber sie konnten keinen weiteren Tag ohne die Koalition der Nationalistischen und der Arbeiterpartei leben . Deshalb sollten wir nicht nur der Liberalen Partei, sondern auch der Nationalistischen Partei und der Arbeiterpartei sagen : „Solange Sie eine

Regierung im Amt halten, die das Wahlrecht ablehnt, sind Sie an ihrer Schuld beteiligt, und von nun an bieten wir Ihnen dieselbe Opposition an, die wir den Menschen entgegenbringen, die Sie mit Ihrer Unterstützung an der Macht halten." Ich sagte weiter: „Wir haben die Labour Party aufgefordert, ihre Pflicht gemäß ihrem eigenen Programm zu erfüllen und in jeder Frage in Opposition zur Regierung zu treten, bis die Regierung den Frauen Gerechtigkeit widerfährt. Dazu sind sie offensichtlich nicht bereit. Einige von ihnen sagen uns, dass andere Dinge wichtiger seien als die Freiheit der Frauen – als die Freiheit der arbeitenden Frauen. Wir sagen: ‚Dann, meine Herren, müssen wir Ihnen den Wert Ihrer eigenen Prinzipien beibringen, und bis Sie bereit sind, für das Recht der Frauen einzutreten, über ihr Leben und die Gesetze, nach denen sie leben sollen, zu entscheiden, sind Sie, zusammen mit Mr. Asquith und seinen Kollegen, gleichermaßen verantwortlich für alles, was den Frauen in diesem Kampf um die Emanzipation widerfahren ist und widerfährt.'"

In einer weiteren Erläuterung unserer neuen und stärkeren Aggressionspolitik sagte ich: „Es gibt viel Kritik, meine Damen und Herren, an dieser Bewegung. Wenn die Mitglieder der Regierung, die gegen das Frauenwahlrecht sind, die Militanz der Frauen kritisieren , kommt es mir immer so vor, als würden Raubtiere den sanfteren Tieren Vorwürfe machen, die sich in verzweifelter Gegenwehr wenden, wenn sie dem Tod nahe sind. Kritik von Herren, die nicht zögern, Armeen zu befehlen, ihre Gegner zu töten und zu erschlagen, die nicht zögern, Parteimobs zu ermutigen, wehrlose Frauen bei öffentlichen Versammlungen anzugreifen – Kritik von ihnen klingt kaum glaubwürdig. Dann bekomme ich Briefe von Leuten, die mir sagen, dass sie glühende Frauenrechtlerinnen sind, denen aber die jüngsten Entwicklungen in der militanten Bewegung nicht gefallen, und die mich anflehen, die Mitglieder zu ermahnen, nicht rücksichtslos mit Menschenleben umzugehen. Meine Damen und Herren, die einzige Rücksichtslosigkeit, die die militanten Frauenrechtlerinnen gegenüber Menschenleben gezeigt haben, bezog sich auf ihr eigenes Leben und nicht auf das Leben anderer, und ich sage hier und jetzt, dass dies nie der Fall war und nie der Fall sein wird. die Politik der Women's Social and Political Union, rücksichtslos Menschenleben zu gefährden. Das überlassen wir dem Feind. Das überlassen wir den Männern in ihrem Krieg. Das ist nicht die Methode der Frauen. Nein, selbst aus Sicht der öffentlichen Ordnung wäre Militanz, die die Sicherheit von Menschenleben beeinträchtigt, fehl am Platz. *Es gibt etwas, das Regierungen weitaus mehr bedeutet als Menschenleben, und das ist die Sicherheit von Eigentum, und deshalb werden wir den Feind durch Eigentum angreifen.* Von nun an werden die Frauen, die mir zustimmen, sagen: „Wir missachten Ihre Gesetze, meine Herren, wir stellen die Freiheit und die Würde und das Wohlergehen der Frauen über alle derartigen Erwägungen, und wir werden diesen Krieg fortsetzen, wie wir es in der Vergangenheit getan haben; und welche Eigentumsopfer oder welche Eigentumsschäden dadurch entstehen, wird nicht unsere Schuld sein. Es wird die Schuld jener Regierung sein, die die Rechtmäßigkeit unserer Forderungen anerkennt, sich aber weigert, sie ohne die Beweise zuzugeben, die sie uns, wie sie uns gesagt haben, den Regierungen der Vergangenheit vorgelegt haben, dass diejenigen, die um Freiheit baten, es mit ihren Forderungen ernst meinten!"

Ich forderte die Frauen der Versammlung auf, sich mir in diesem neuen Kampf anzuschließen, und erinnerte sie erneut daran, dass die Frauen, die in der Suffragettenarmee kämpften, eine große Mission hatten, die größte Mission, die die Welt je gesehen hat: die Befreiung der Hälfte der Menschheit und durch diese Freiheit die Rettung der anderen Hälfte. Ich sagte zu ihnen: „Seid jeder auf seine Weise militant. Diejenigen unter euch, die eure Militanz ausdrücken können, indem sie ins Unterhaus gehen und sich weigern, ohne Genugtuung zu gehen, wie wir es in den frühen Tagen getan haben – tut das. Diejenigen unter euch, die eure Militanz ausdrücken können, indem sie sich bei den Sitzungen der Kabinettsminister dem Parteimob stellen, wenn ihr sie an ihre Prinzipienverfehlung erinnert – tut das. Diejenigen unter euch, die eure Militanz ausdrücken können, indem sie sich unserer regierungsfeindlichen Nachwahlpolitik anschließen – tut das. Diejenigen unter euch, die Fenster einschlagen können – schlägt sie ein. Diejenigen unter euch, die das geheime Idol des Eigentums noch weiter angreifen können, um der Regierung klarzumachen, dass das Eigentum durch das Frauenwahlrecht ebenso stark gefährdet ist wie durch die Chartisten von einst – tut das. Und mein letztes Wort gilt der Regierung: Ich stachle diese Sitzung zum Aufstand an. Ich sage der Regierung: Ihr habt es nicht gewagt, die Führer Ulsters wegen ihrer Anstiftung zum Aufstand anzuklagen. Verhaftet mich, wenn ihr es wagt, aber wenn ihr es wagt, sage ich euch dies: Solange diejenigen, die angestachelt haben, zu bewaffnetem Aufstand und zur Vernichtung menschlichen Lebens in Ulster auf freiem Fuß sind, werden Sie mich nicht im Gefängnis halten. Solange die Rebellen – und die Wähler – auf freiem Fuß sind, werden wir nicht im Gefängnis bleiben, ob in der ersten Division oder nicht."

Ich bitte meine Leser, von denen einige zweifellos schockiert und verärgert sein werden über diese Worte, die ich so offen niedergeschrieben habe, sich in die Lage jener Frauen zu versetzen, die jahrelang ihr Leben ganz und gar der Arbeit gewidmet hatten, die politische Freiheit für Frauen zu sichern; die einen so großen Teil der Wählerschaft bekehrt hatten, dass wir diese Freiheit schon vor Jahren hätten erringen können, wenn das Unterhaus ein freies Gremium gewesen wäre; die erlebt hatten, wie ihnen ihre Freiheit durch Verrat und Machtmissbrauch vorenthalten wurde. Ich bitte Sie, zu bedenken, dass wir in unserer Agitation nur friedliche Mittel eingesetzt hatten, bis wir klar sahen, dass friedliche Mittel absolut nutzlos waren, und dann jahrelang nur die mildeste Militanz angewandt hatten, bis wir von Kabinettsministern verspottet wurden und man uns sagte, dass wir das Wahlrecht nie bekommen würden, bis wir dieselbe Gewalt anwendeten, die Männer in ihrer Agitation für das Wahlrecht angewandt hatten. Danach hatten wir stärkere Militanz angewandt, aber selbst das konnte im Vergleich zur Militanz der Männer in Arbeitskämpfen unmöglich als gewalttätig gelten. In all diesen Phasen unserer Agitation wurden wir mit größter Härte bestraft, wie gewöhnliche Kriminelle ins Gefängnis gesteckt und in den letzten Jahren gefoltert, wie seit einem Jahrhundert in zivilisierten Ländern der Welt kein Krimineller mehr gefoltert wurde. Und in all diesen Jahren hatten wir verheerende Streiks erlebt, die Leid und Tod verursacht hatten, ganz zu schweigen von der enormen wirtschaftlichen Verwüstung, und wir hatten nie erlebt, dass ein Streikführer so bestraft wurde wie wir. Wir hatten neun Monate Gefängnis verbüßt, weil wir Frauen zu einer leichten Rebellion angestiftet hatten, und hatten erlebt, wie ein Arbeiterführer , der sein Bestes getan hatte, um eine Armee zur Meuterei anzustacheln, innerhalb von zwei Monaten von der Regierung aus dem Gefängnis entlassen wurde. Und jetzt waren wir an einem Punkt angelangt, an dem wir einen Bürgerkrieg drohten, wo wir in den Zeitungen täglich Berichte über Reden lasen, die tausendmal aufrührerischer waren als alles, was wir je gesagt hatten. Wir hörten prominente Parlamentsmitglieder offen erklären, dass Ulster kämpfen würde, wenn das Home Rule Bill verabschiedet würde, und dass Ulster Recht haben würde. Keiner dieser Männer wurde verhaftet. Stattdessen bekamen sie Beifall. Lord Selborne , einer unserer schärfsten Kritiker, sagte in Bezug auf die Tatsache, dass die Ulster-Männer unter Waffen exerzierten, öffentlich: „Die Methode, die die Menschen in Ulster anwenden, um die Tiefe ihrer Überzeugungen und die Intensität ihrer Gefühle zu zeigen, wird die Vorstellungskraft des ganzen Landes beeindrucken." Aber Lord Selborne wurde nicht verhaftet. Ebenso wenig wurden die meuternden Offiziere verhaftet, die ihre Posten aufgaben, als sie zum Dienst gegen die Männer in Ulster befohlen wurden, die sich tatsächlich auf einen Bürgerkrieg vorbereiteten.

Was bedeutet das alles? Warum wird der blutige Kampfgeist der Männer bejubelt, während der symbolische Kampfgeist der Frauen mit Gefängnis und dem Horror der Zwangsernährung bestraft wird? Es bedeutet einfach, dass die Doppelmoral der Männer in Bezug auf die Sexualmoral, wonach die Opfer ihrer Lust als Ausgestoßene gelten, während die Männer selbst jeglicher gesellschaftlicher Kritik entgehen, tatsächlich für die Moral in allen Bereichen des Lebens gilt. Männer machen den Moralkodex und erwarten von den Frauen, dass sie ihn akzeptieren. Sie haben entschieden, dass es völlig richtig und angemessen ist, wenn Männer für ihre Freiheiten und Rechte kämpfen, dass es jedoch nicht richtig und angemessen ist, wenn Frauen für ihre kämpfen. [3]

, dass es feige und unehrenhaft ist, wenn Männer schweigend und untätig bleiben, während tyrannische Herrscher ihnen die Fesseln der Sklaverei auferlegen, dass es aber nicht feige und unehrenhaft , sondern lediglich respektabel ist , wenn Frauen dasselbe tun . Nun, die Suffragetten lehnen diese Doppelmoral absolut ab. Wenn es richtig ist, dass Männer für ihre Freiheit kämpfen, und Gott weiß, wie die Menschheit heute aussehen würde, wenn Männer nicht seit jeher für ihre Freiheit gekämpft hätten, dann ist es richtig, dass Frauen für ihre Freiheit und die Freiheit ihrer Kinder kämpfen. Auf dieses Glaubensbekenntnis stützen die militanten Frauen Englands ihre Argumente.

## FUSSNOTE:

[3] Es besteht kein Zweifel, dass ein Großteil der Feindseligkeit, die die Regierung in den Jahren 1913 und 1914 gegen uns richtete, auf sexuelle Bitterkeit zurückzuführen war, die durch eine Reihe von Artikeln von Christabel Pankhurst geschürt und in *The Suffragette veröffentlicht wurde* . Diese Artikel, eine furchtlose und maßgebliche Enthüllung der Übel der sexuellen Unmoral und ihrer verheerenden Wirkung auf unschuldige Frauen und Kinder, wurden inzwischen in einem Buch mit dem Titel „The Great Scourge, and how to end it" veröffentlicht, herausgegeben von David Nutt, New Oxford Street, London WC

# KAPITEL IV

Ich hatte Frauen dazu aufgerufen, sich mir anzuschließen und die Regierung mit dem einzigen Angriff zu bestrafen, der Regierungen wirklich am Herzen liegt – Eigentum – und die Reaktion ließ nicht lange auf sich warten. Innerhalb weniger Tage waren in den Zeitungen die Berichte über die Angriffe auf Briefkästen in London, Liverpool, Birmingham, Bristol und einem halben Dutzend anderer Städte zu lesen. In einigen Fällen gingen die Kästen auf mysteriöse Weise in Flammen auf, als sie von Postboten geöffnet wurden; in anderen wurden die Briefe durch ätzende Chemikalien zerstört; in wieder anderen wurden die Adressen durch schwarze Flüssigkeiten unleserlich gemacht. Insgesamt wurden schätzungsweise über 5.000 Briefe vollständig zerstört und viele Tausende weitere auf dem Transportweg verzögert.

Wir waren uns der Schwere dieser Proteste durch Briefverbrennungen sehr bewusst, aber wir waren der Meinung, dass etwas Drastisches getan werden müsse, um die Apathie der englischen Männer zu durchbrechen, die dem Leid der Frauen, die durch ungerechte Gesetze unterdrückt werden, gleichgültig gegenüberstehen. Wie wir bereits betonten, sind Briefe, so wertvoll sie auch sein mögen, weniger wertvoll als menschliche Körper und Seelen. Diese Tatsache wurde beim Untergang der *Titanic allgemein* bewusst . Briefe und Wertgegenstände verschwanden für immer, aber ihr Verlust wurde angesichts des weitaus schrecklicheren Verlusts so vieler Menschenleben vergessen. Und so gingen unsere Briefverbrennungen weiter, um auf noch größere Verbrechen gegen die Menschheit aufmerksam zu machen.

Nur in wenigen Fällen wurden die Täter festgenommen, und eine der wenigen festgenommenen Frauen war eine hilflose Krüppelin, eine Frau, die sich nur in einem Rollstuhl fortbewegen konnte. Sie erhielt eine Haftstrafe von acht Monaten in der ersten Abteilung und wurde, während sie entschlossen in Hungerstreik trat, mit ungewöhnlicher Brutalität zwangsernährt. Der Gefängnisarzt brach ihr absichtlich einen Zahn, um ihr einen Knebel einzusetzen. Trotz ihrer Behinderungen und ihrer Schwäche beharrte das verkrüppelte Mädchen auf ihrem Hungerstreik und ihrem Widerstand gegen die Gefängnisregeln und musste innerhalb kurzer Zeit freigelassen werden. Die überzogenen Haftstrafen der anderen Briefkastenzerstörer wurden aufgrund des Widerstands der Gefangenen, von denen jeder in den Hungerstreik trat, in sehr kurze Haftstrafen umgewandelt.

Nachdem wir der Regierung gezeigt hatten, dass wir es todernst meinten, als wir erklärten, dass wir einen Guerillakrieg führen würden, und auch, dass wir nicht im Gefängnis bleiben würden, verkündeten wir einen Waffenstillstand, damit die Regierung volle Gelegenheit hätte, ihr Versprechen hinsichtlich einer Änderung des Franchise-Gesetzes hinsichtlich des Frauenwahlrechts einzulösen. Wir glaubten nicht eine Sekunde lang, dass Mr. Asquith freiwillig sein Wort halten würde. Wir wussten, dass er es brechen würde, wenn er könnte, aber es bestand eine geringe Chance, dass ihm dies nicht möglich sein würde. Unser Hauptgrund für die Erklärung des Waffenstillstands war jedoch, dass wir glaubten, der Premierminister würde einen Weg finden, sein Versprechen zu umgehen, und wir waren entschlossen, die Schuld nicht den Militanten, sondern dem wahren Verräter zuzuschieben . Wir ließen die Geschichte früherer Wahlrechtsgesetze Revue passieren: 1908 war das Gesetz in zweiter Lesung mit einer Mehrheit von 179 Stimmen verabschiedet worden, und damals hatte Mr. Asquith sich geweigert, es weiter zuzulassen; 1910 wurde der Conciliation Bill in der zweiten Lesung mit einer Mehrheit von 110 Stimmen angenommen, und wieder blockierte Mr. Asquith seinen Fortschritt, indem er sich versprach, dass, wenn der Gesetzentwurf 1911 in einer Form, die freie Änderungen ermöglicht, erneut eingebracht würde, ihm alle Möglichkeiten gegeben würden, Gesetz zu werden; diese Bedingungen wurden 1911 erfüllt, und wir sahen, wie der Gesetzentwurf, nachdem er die erhöhte Mehrheit von 167 Stimmen erhalten hatte, durch die Einführung eines Gesetzentwurfs der Regierung zum Männerwahlrecht torpediert wurde. Mr. Asquith hatte sich diesmal verpflichtet, dass der Gesetzentwurf so formuliert werden würde, dass ein Zusatz zum Frauenwahlrecht hinzugefügt werden könnte, und er versprach weiter, dass er, falls ein solcher Zusatz in der zweiten Lesung angenommen würde, zulassen würde, dass er Teil des Gesetzentwurfs wird. Wie genau die Regierung es schaffen würde, sich aus ihrem Versprechen herauszuwinden, war Gegenstand aufgeregter Spekulationen.

allerlei Gerüchte , einige deuteten auf den Rücktritt des Premierministers hin, andere auf die Möglichkeit von Parlamentswahlen, wieder andere darauf, dass das geänderte Gesetz ein erzwungenes Referendum über das Frauenwahlrecht mit sich bringen würde. Es hieß auch, die Regierung wolle das Gesetz so lange hinauszögern, dass es nach seiner Verabschiedung im Parlament nicht mehr unter den Vorteilen der Parlamentsgesetze stehe, denen zufolge ein Gesetz, dessen Verabschiedung über die ersten zwei Jahre der Legislaturperiode hinaus verzögert wird, keine Chance hat, vom Oberhaus geprüft zu werden. Um ohne die Genehmigung des Oberhauses Gesetz zu werden, muss ein Gesetz dreimal das Unterhaus passieren. Die Aussicht, dass ein Gesetz über das Frauenwahlrecht dies schaffen würde, war praktisch gleich null.

Keines dieser Gerüchte bestritt Herr Asquith ausdrücklich, und tatsächlich bestand seine einzige positive Äußerung zum Thema Wahlrechtsgesetz darin, dass er es für höchst unwahrscheinlich hielte, dass das Repräsentantenhaus eine Änderung des Frauenwahlrechts beschließen würde. Um die Stimmung im Repräsentantenhaus für das Frauenwahlrecht zu entmutigen, waren Herr Lloyd-George und Herr Lewis Harcourt erneut damit beschäftigt, pessimistische Prophezeiungen über eine Spaltung des Kabinetts zu verbreiten, falls eine Änderung angenommen würde. Sie wussten genau, dass keine andere Drohung die schüchternen Hinterbänkler der Liberalen so sehr terrorisieren würde, die neben ihrer blinden Parteitreue auch Angst hatten, ihre Sitze bei den Parlamentswahlen zu verlieren, die auf eine solche Spaltung folgen würden. Anstatt ihre politischen Ämter zu riskieren, hätten sie jedes Prinzip geopfert. Natürlich war die Andeutung einer Spaltung des Kabinetts reines Geschwätz und täuschte nur wenige der Mitglieder. Eines wurde dadurch jedoch sehr deutlich klargestellt: Asquiths Versprechen, dem Parlament solle bei der Entscheidung über das Wahlrecht völlige Freiheit gelassen werden und das Kabinett sei bereit, sich der Entscheidung des Hauses zu beugen, würde niemals eingelöst werden.

Das Franchise Bill in unveränderter Fassung verweigerte schon durch seinen Wortlaut allen Frauen das Wahlrecht. Sir Edward Grey brachte einen Änderungsantrag ein, der das Wort „männlich" aus dem Gesetzentwurf strich und so Platz für einen Änderungsantrag zum Frauenwahlrecht machte. Zwei solcher Änderungsanträge wurden eingebracht, einer sah das Wahlrecht für Erwachsene für Männer und Frauen vor, der andere das volle Wahlrecht für weibliche Haushaltsvorstände und deren Ehefrauen. Letzterer setzte das Wahlalter für Frauen von 21 Jahren auf 25 Jahre herab. Am 24. Januar 1913 begann die Debatte über den ersten Änderungsantrag. Für die Beratung von Sir Edward Greys Änderungsantrag waren anderthalb Tage vorgesehen. Wenn er angenommen würde, wäre der Weg frei für die Beratung der beiden anderen, für die jeweils ein Drittel eines Tages vorgesehen war.

Wir hatten geplant, dass während der Debatten jeden Tag große Versammlungen abgehalten werden sollten, und am Tag vor deren Eröffnung schickten wir eine Abordnung berufstätiger Frauen unter der Leitung von Mrs. Drummond und Miss Annie Kenney, um Mr. Lloyd-George und Sir Edward Grey zu interviewen. Wir hatten Mr. Asquith gebeten, die Abordnung zu empfangen, aber wie üblich lehnte er ab. Die Abordnung bestand aus den beiden Anführern, vier Baumwollspinnereiarbeiterinnen aus Lancashire, vier Arbeiterinnen in Londoner Lohnarbeiterberufen, zwei Grubenbrauenmädchen, zwei Lehrerinnen, zwei ausgebildeten Krankenschwestern, einer Verkäuferin, einer Wäscherin, einer Schuhmacherin und einer Hausangestellten, insgesamt zwanzig, die genaue Zahl, die Mr. Lloyd-George angegeben hatte. Einige Hundert berufstätige Frauen eskortierten die Abordnung zur offiziellen Residenz des Schatzkanzlers und warteten gespannt auf der Straße, um das Ergebnis der Audienz zu erfahren.

Das Ergebnis war natürlich dürftig. Mr. Lloyd-George wiederholte schlagfertig sein Vertrauen in die „große Chance", die das Wahlrechtsgesetz biete, und Sir Edward Grey erinnerte die Frauen an die Meinungsverschiedenheiten der Kabinettsmitglieder in der Wahlrechtsfrage und versicherte ihnen, dass ihre beste Chance auf Erfolg in einer Änderung des vorliegenden Gesetzes liege. Die Frauen sprachen mit größter Offenheit mit den beiden Ministern und befragten sie scharf zur Integrität des Versprechens des Premierministers, die Änderungen anzunehmen, falls sie angenommen würden. Die englische Politik war so tief in die Niedertracht gesunken, dass es Frauen möglich war, das Versprechen des obersten Ministers des Königs offen in Frage zu stellen! Mrs. Drummond, die vor keinem Menschen Ehrfurcht empfindet, forderte den aalglatten Mr. Lloyd-George in klaren Worten auf, seinen eigenen Ruf von der Schande reinzuwaschen. In den Schlussworten ihrer Rede legte sie ihm die ganze Angelegenheit klar vor, indem sie sagte: „Nun, Mr. Lloyd-George, Sie haben hartnäckig an Ihren Altersrenten und dem Versicherungsgesetz festgehalten und sie gesichert, und was Sie für diese Maßnahmen getan haben, können Sie auch für die Frauen tun."

Am folgenden Nachmittag trat das Haus zusammen, um Sir Edward Greys freizügigen Änderungsantrag zu debattieren. Doch kaum war die Diskussion eröffnet, platzte eine wahre Bombe. Mr. Bonar Law erhob sich und bat um eine Entscheidung über die Verfassungsmäßigkeit eines Änderungsantrags zum Frauenwahlrecht in der vorliegenden Gesetzesvorlage. Der Sprecher, der nicht nur den Vorsitz im Haus innehat, sondern auch dessen offizieller Parlamentarier ist, antwortete, dass seiner Meinung nach ein solcher Änderungsantrag den Gesetzesentwurf erheblich verändern würde und dass er in einem späteren Stadium der Debatten sorgfältig prüfen müsse, ob ein Änderungsantrag zum Frauenwahlrecht, falls er angenommen würde, den Gesetzesentwurf nicht so wesentlich verändern würde, dass er zurückgezogen werden müsste. Trotz dieser unheilvollen Ankündigung debattierte das Haus weiter über den Änderungsantrag Greys, der von Lord Hugh Cecil, Sir John Rolleston und anderen tatkräftig unterstützt wurde.

Während des dazwischenliegenden Feiertagswochenendes fanden zwei Kabinettssitzungen statt, und als das Parlament am Montag zusammentrat, bat der Premierminister den Sprecher um seine Entscheidung. Der Sprecher erklärte, dass seiner Meinung nach die Verabschiedung einer der Änderungen des Frauenwahlrechts den Geltungsbereich des Wahlgesetzes so verändern würde, dass praktisch ein neues Gesetz geschaffen würde, da das Hauptziel der Maßnahme in ihrer Formulierung nicht die Verleihung des Wahlrechts an eine bisher ausgeschlossene Klasse sei. Wäre sie so formuliert worden, wäre eine Änderung des Frauenwahlrechts völlig angemessen gewesen. Das Hauptziel des Gesetzes war jedoch die Änderung der Qualifikation oder der Grundlage für die Registrierung für eine Parlamentswahl. Es würde die Zahl der männlichen Wähler erhöhen, aber nur als indirekte Folge der geänderten Qualifikationen. Eine Änderung des Gesetzes, die die Geschlechterschranke aus den Wahlgesetzen entfernt, war nach Ansicht des Sprechers nicht angemessen.

Anschließend verkündete der Premierminister die Absichten des Kabinetts, das Wahlrechtsgesetz zurückzuziehen und in dieser Sitzungsperiode kein Gesetz zur Mehrfachwahl einzubringen. Herr Asquith gab offen zu, dass sein Versprechen in Bezug auf das Frauenwahlrecht nicht mehr einzuhalten sei, und sagte, er fühle sich gezwungen, ein neues Versprechen abzugeben, das an dessen Stelle treten solle. Es gab nur zwei Versprechen, die man geben konnte. Das erste war, dass die Regierung ein Gesetz zur Gewährung des Frauenwahlrechts einbringen sollte, was die Regierung jedoch nicht tun wollte. Das zweite war, dass die Regierung sich bereit erklärte, in der nächsten Sitzungsperiode des Parlaments einem Gesetzentwurf eines Abgeordneten zeitlich uneingeschränkte Freiheiten zu gewähren, der so formuliert war, dass er frei geändert werden konnte. Dies war der Weg, den die Regierung einzuschlagen beschlossen hatte. Herr Asquith hatte die Frechheit, abschließend zu sagen, er glaube, das Haus werde zustimmen, dass er sich bemüht und es geschafft habe, jede Zusage der Regierung sowohl dem Wortlaut als auch dem Geist nach in die Tat umzusetzen.

Nur zwei Abgeordnete, Herr Henderson und Herr Keir Hardie, hatten den Mut, im Unterhaus aufzustehen und den Verrat der Regierung anzuprangern, denn Verrat war es zweifellos. Herr Asquith hatte seine heilige Ehre darauf verwendet, einen Gesetzentwurf einzubringen, der so geändert werden könnte, dass das Frauenwahlrecht aufgenommen würde, und er hatte einen Gesetzentwurf ausgearbeitet, der nicht geändert werden konnte. Ob er dies absichtlich getan hatte, mit der klaren Absicht, die Frauen zu verraten , oder ob Unkenntnis der parlamentarischen Regeln für das Scheitern des Gesetzentwurfs verantwortlich war, war unerheblich. Der Gesetzentwurf musste nicht aus Unwissenheit verfasst worden sein. Die Quelle der Weisheit, die der Sprecher darstellte, hätte man sowohl zu der Zeit konsultieren können, als der Gesetzentwurf ausgearbeitet wurde, als auch, als er die Debattenphase erreicht hatte. In einem Leitartikel unserer Zeitung hieß es, der die Ansichten unserer Mitglieder vertrat und perfekt zum Ausdruck brachte: „Entweder kennt sich die Regierung so schlecht mit den Verfahrensweisen des Parlaments aus, dass sie für die Übernahme einer verantwortungsvollen Position ungeeignet ist, oder sie sind Schurken der schlimmsten Sorte."

ehrenhafter Mann gewesen, hätte er das Wahlgesetz so umformuliert, dass es eine Änderung des Wahlrechts enthalten hätte, oder er hätte seinen gewaltigen Fehler – wenn es denn ein Fehler war – wiedergutgemacht, indem er eine Regierungsmaßnahme für das Frauenwahlrecht einführte. Er tat weder das eine noch das andere, sondern erledigte die Angelegenheit, indem er Erleichterungen für ein Gesetz eines Abgeordneten versprach, von dem er und jeder wusste, dass es unmöglich verabschiedet werden konnte.

Aus einer Reihe von Gründen gab es keine Chance für einen Gesetzesentwurf eines Abgeordneten, selbst wenn er mit Mitteln versehen war, vor allem aber, weil die Torpedierung des Schlichtungsgesetzes den Geist der Versöhnung völlig zerstört hatte, in dem Konservative, Liberale und Radikale im Unterhaus und militante und nicht militante Frauen im ganzen Königreich ihre Meinungsverschiedenheiten beiseite gelegt und sich auf eine Kompromissmaßnahme geeinigt hatten. Als das zweite Schlichtungsgesetz von 1911 diskutiert wurde, hatte Lord Lytton gesagt: „Wenn dieses Gesetz nicht verabschiedet wird, wird die Frauenwahlrechtsbewegung nicht gestoppt, aber der Geist der Versöhnung, dessen Ausdruck dieses Gesetz ist, wird zerstört, und es wird im ganzen Land Krieg geben, wütender, zerreißender, wilder, erbitterter Streit, obwohl niemand ihn will."

Lord Lyttons Worte waren prophetisch. Über diesen letzten dreisten Trick der Regierung entbrannte im Land bitterer Zorn. Alle Wahlrechtsvereine forderten gemeinsam, dass die Regierung unverzüglich ein Gesetz zur Einführung des Frauenwahlrechts einführen müsse. Das leere Versprechen, Erleichterungen für einen Gesetzesentwurf eines Abgeordneten zu schaffen, wurde mit Hohn und Spott zurückgewiesen. Der Exekutivausschuss der Liberalen Frauen trat zusammen und unternahm große Anstrengungen, eine Resolution zu verabschieden, die den Rückzug der gesamten Föderation aus der Parteiarbeit androhte, doch dies schlug fehl und der Exekutivausschuss verabschiedete lediglich eine schwache Resolution des Bedauerns.

Die Mitgliederzahl der Women's Liberal Federation lag damals bei knapp 200.000, und wenn der Vorstand die starke Resolution verabschiedet hätte, die jede weitere Arbeit für die Partei verweigerte, bis eine Regierungsmaßnahme eingeführt worden wäre , wäre die Regierung gezwungen gewesen, nachzugeben. Ohne die Unterstützung der Frauen hätten sie sich dem Land nicht stellen können. Aber viele dieser Frauen waren Ehefrauen von Männern im Dienst, dem bezahlten Dienst der Liberalen Partei. Viele von ihnen waren Ehefrauen liberaler Mitglieder. Ihnen fehlte der Mut, die Intelligenz oder die Einsicht, der Regierung als Gruppe den Krieg zu erklären. Eine große Zahl von Frauen und auch viele Männer traten aus der Liberalen Partei aus, aber die Überläufer waren nicht schwerwiegend genug, um die Regierung zu beeinträchtigen.

Die Militanten erklärten einen unerbittlichen Krieg und begannen sofort damit. Wir verkündeten, dass wir entweder eine Regierungsmaßnahme oder eine Kabinettsspaltung brauchen würden – die Männer im Kabinett, die sich selbst als Suffragistinnen bezeichneten, würden gehen – oder wir würden das Schwert wieder in die Hand nehmen und es nie wieder niederlegen, bis die Frauen Englands das Wahlrecht erhalten hätten.

Zu dieser Zeit, im Februar 1913, also vor weniger als zwei Jahren, als ich diese Worte schreibe, begann die Militanz, wie sie heute allgemein von der Öffentlichkeit verstanden wird – Militanz im Sinne eines fortgesetzten, zerstörerischen Guerillakriegs gegen die Regierung durch Schädigung von Privateigentum. Einiges Eigentum war schon vorher zerstört worden, aber die Angriffe waren sporadisch und sollten eine Warnung vor einer möglicherweise festgelegten Politik sein. Nun entzündeten wir tatsächlich die Fackel, und wir taten es in der absoluten Überzeugung, dass uns kein anderer Weg offen stand. Wir hatten jede andere Maßnahme ausprobiert, wie ich meinen Lesern sicher schon gezeigt habe, und unsere jahrelange Arbeit, unser Leiden und unsere Opfer hatten uns gelehrt, dass die Regierung nicht dem Recht und der Gerechtigkeit nachgeben würde, was die Mehrheit der Mitglieder des Unterhauses als Recht und Gerechtigkeit anerkannte, sondern dass die Regierung, wie andere Regierungen es ausnahmslos tun, der Zweckmäßigkeit nachgeben würde. Nun bestand unsere Aufgabe darin, der Regierung zu zeigen, dass es zweckmäßig war, den berechtigten Forderungen der Frauen nachzugeben. Um das zu erreichen, mussten wir England und jeden Bereich des englischen Lebens unsicher und gefahrlos machen. Wir mussten das englische Recht versagen und die Gerichte zu Farce-Komödientheatern machen; wir mussten Regierung und Parlament in den Augen der Welt diskreditieren; wir mussten den englischen Sport verderben, die Wirtschaft schädigen, wertvolles Eigentum zerstören, die Welt der Gesellschaft demoralisieren , die Kirchen beschämen, die gesamte geordnete Lebensführung umwerfen –

Das heißt, wir mussten so viel von diesem Guerillakrieg führen, wie das englische Volk dulden würde. Als sie an den Punkt kamen, der Regierung zu sagen: „Hört damit auf, und zwar auf die einzige Art und Weise, wie es gestoppt werden kann, indem wir den Frauen Englands eine Vertretung geben", dann sollten wir unsere Fackel löschen.

Gerade Amerikaner sollten die Logik unserer Argumentation verstehen. Es gibt ein Stück amerikanischer Redekunst, das bei Schuljungen beliebt ist und das oft auf militanten Plattformen zitiert wurde. In einer Rede, die heute zu den Klassikern der englischen Sprache zählt, fasste Ihr großer Staatsmann Patrick Henry die Ursachen zusammen, die zur amerikanischen Revolution führten. Er sagte: „Wir haben Petitionen eingereicht, wir haben Proteste erhoben, wir haben gefleht, wir haben uns vor dem Thron niedergeworfen, und alles war vergebens. Wir müssen kämpfen – ich wiederhole es, Sir, wir müssen kämpfen."

Patrick Henry, erinnern Sie sich, befürwortete das Töten von Menschen und die Zerstörung von Privateigentum als geeignete Mittel zur Sicherung der politischen Freiheit der Menschen. Die Suffragetten haben das nicht getan und werden es auch nie tun. Tatsächlich ist der treibende Geist der Militanz eine tiefe und bleibende Ehrfurcht vor dem menschlichen Leben. Im Laufe unserer Agitation wurde ich aufgefordert, unsere Politik mit vielen bedeutenden Männern zu diskutieren, Politikern, Literaten, Rechtsanwälten, Wissenschaftlern und Geistlichen. Einer der Letztgenannten, ein hoher Würdenträger der Church of England, sagte mir, dass er, obwohl er ein überzeugter Suffragist sei, es unmöglich fände, unser Unrecht zu rechtfertigen, aus dem sich das Rechte ergeben könnte. Ich sagte zu ihm: „Wir handeln nicht falsch – wir handeln richtig, wenn wir revolutionäre Methoden gegen das Privateigentum anwenden. Unsere Aufgabe ist es, dadurch wahre Werte wiederherzustellen und den Wert der Menschenrechte gegenüber den Eigentumsrechten hervorzuheben . Sie sind sich durchaus bewusst, Sir, dass das Eigentum in den Augen der Menschen und in den Augen des Gesetzes einen Wert angenommen hat, den es niemals haben sollte. Es steht über allen menschlichen Werten. Das Leben, die Gesundheit und das Glück und sogar die Tugend von Frauen und Kindern – das heißt, die Rasse selbst – werden jeden Tag auf der Welt rücksichtslos dem Gott des Eigentums geopfert."

Dem stimmte mein ehrwürdiger Freund zu, und ich sagte: „Wenn wir Frauen falsch daran tun, Privateigentum zu zerstören, damit menschliche Werte wiederhergestellt werden können, dann sage ich in aller Ehrfurcht, dass es falsch war, dass der Gründer des Christentums Privateigentum zerstörte, wie er es tat, als er die Geldwechsler aus dem Tempel jagte und als er die Gaderener Schweine ins Meer trieb."

In genau diesem Geist zogen unsere Frauen in den Krieg. Im ersten Monat des Guerillakriegs wurde enorm viel Eigentum beschädigt und zerstört. Am 31. Januar wurden mehrere Putting Greens mit Säure verbrannt; am 7. und 8. Februar wurden an mehreren Stellen Telegrafen- und Telefonleitungen durchgeschnitten und für einige Stunden war die gesamte Kommunikation zwischen London und Glasgow unterbrochen; einige Tage später wurden in mehreren der elegantesten Clubs Londons Fenster eingeschlagen, die Orchideenhäuser in Kew wurden zerstört und viele wertvolle Blumen durch die Kälte vernichtet. Der Juwelenraum im Tower von London wurde gestürmt und eine Vitrine zertrümmert. Die Residenz Seiner Königlichen Hoheit Prinz Christian und Lambeth Palace, Sitz des Erzbischofs von Canterbury, wurden besucht und die Fenster wurden eingeschlagen. Das Erfrischungshaus im Regents Park wurde am 12. Februar bis auf die

Grundmauern niedergebrannt und am 18. Februar wurde ein Landhaus, das in Walton-on-the-Hill für Mr. Lloyd-George gebaut wurde, teilweise zerstört, da am frühen Morgen vor der Ankunft der Arbeiter eine Bombe explodiert war. Eine Hutnadel und eine Haarnadel, die in der Nähe des Hauses gefunden wurden – und die Tatsache, dass darauf geachtet worden war, niemandes Leben zu gefährden – ließen die Polizei glauben, dass die Tat von weiblichen Feinden von Mr. Lloyd-George begangen worden war. Vier Tage später wurde ich verhaftet und vor das Polizeigericht in Epsom gebracht , wo ich angeklagt wurde, die Personen, die den Schaden angerichtet hatten, „beraten und beschafft" zu haben. Ich wurde für die Nacht auf Kaution freigelassen und erschien am nächsten Morgen vor Gericht, wo der Fall vollständig überprüft wurde. Reden von mir wurden verlesen, eine Rede, die ich bei einer Versammlung am 22. Januar gehalten hatte und in der ich Freiwillige aufrief, mit mir bei einem bestimmten Einsatz zusammenzuarbeiten; und eine andere, die ich am Tag nach der Explosion hielt, in der ich öffentlich die Verantwortung für alle militanten Taten der Vergangenheit übernahm, sogar für das, was in Walton getan worden war. Am Ende der Anhörung wurde ich zur Verhandlung vor die Mai-Assizes in Guildford überstellt. Eine Freilassung auf Kaution würde gewährt, hieß es, wenn ich mich wie üblich dazu verpflichten würde, von jeglicher Militanz oder Anstiftung zur Militanz abzusehen.

Ich bat darum, dass der Fall vor den damals laufenden Assisen schnell verhandelt werden sollte. Ich sagte, ich sei durchaus bereit, für einen kurzen Zeitraum, für eine Woche oder sogar zwei Wochen, eine Zusage zu geben, aber für einen viel längeren Zeitraum könne ich dies unmöglich tun, da im März eine neue Parlamentssitzung beginne, die sich mit den Interessen der Frauen eng befasse. Der Antrag wurde abgelehnt und ich wurde nach Holloway gebracht. Ich warnte den Richter, dass ich sofort in den Hungerstreik treten sollte, und sagte ihm, dass, wenn ich überhaupt bis zum Sommer leben würde, eine sterbende Frau vor Gericht gestellt werden würde.

Als ich in Holloway ankam, führte ich mein Vorhaben aus, doch innerhalb von 24 Stunden hörte ich, dass die Behörden angeordnet hatten, dass mein Prozess am 1. April und nicht erst Ende Juni stattfinden sollte, und zwar am Central Criminal Court in London statt am Guildford Court. Ich gab dann die erforderlichen Zusagen ab und wurde sofort gegen Kaution freigelassen.

# KAPITEL V

Als ich an jenem denkwürdigen Mittwoch, dem 2. April 1913, Old Bailey betrat, um wegen Anstiftung zu einem Verbrechen vor Gericht gestellt zu werden, war das Gericht vollgestopft mit Frauen. Eine große Menge von Frauen, die nicht die erforderlichen Eintrittskarten bekommen konnten, wartete stundenlang in den Straßen unten auf Neuigkeiten zum Prozess. Eine große Anzahl von Detektiven von Scotland Yard und eine noch größere Anzahl uniformierter Polizisten waren sowohl innerhalb als auch außerhalb des Gerichts im Einsatz. Ich konnte mir nicht vorstellen, warum es für notwendig erachtet wurde, ein solches Regiment von Polizisten vor Ort zu haben, denn ich war mir damals noch nicht im Klaren über den Zustand der Angst, in den die militante Bewegung in ihrer neuen Entwicklung die Behörden gestürzt hatte.

Herr Bodkin und Herr Travers Humphreys traten als Ankläger im Namen der Krone auf, und ich führte meinen eigenen Fall in Absprache mit meinem Anwalt, Herrn Marshall. Nachdem der Richter, Herr Justice Lush, seinen Platz eingenommen hatte, betrat ich die Anklagebank und hörte mir die Verlesung der Anklage an. Ich plädierte auf „nicht schuldig", nicht weil ich mich der Verantwortung für die Explosion entziehen wollte – ich hatte diese Verantwortung bereits übernommen –, sondern weil die Anklage mich beschuldigte, Frauen böswillig und arglistig zu Verbrechen angestiftet zu haben. Was ich getan hatte, war nicht böswillig, sondern das Gegenteil von böswillig. Ich konnte mich daher nicht wahrheitsgemäß schuldig bekennen. Als die Verhandlung eröffnet war, fragte mich der Richter höflich, ob ich mich setzen wolle. Ich dankte ihm und fragte, ob ich auch einen kleinen Tisch haben könnte, auf den ich meine Papiere legen könnte. Auf Anweisung des Richters wurde mir ein Tisch gebracht.

Mr. Bodkin eröffnete den Fall mit einer Erklärung des „Malicious Damages to Property Act" von 1861, auf dessen Grundlage ich angeklagt wurde, und nachdem er die Explosion beschrieben hatte, die das Lloyd-George-Haus in Walton beschädigt hatte, sagte er, dass ich angeklagt sei, an der Affäre beteiligt gewesen zu sein. Es werde nicht behauptet, sagte er, dass ich bei der Begehung des Verbrechens anwesend gewesen sei, aber es werde mir vorgeworfen, Frauen, deren Namen unbekannt seien, dazu bewegt, angestiftet, beraten und beschafft zu haben, dieses Verbrechen zu begehen. Es sei Sache der Jury, nach Vorlage der Beweise zu entscheiden, ob die Fakten nicht ganz klar darauf hindeuteten, dass die Frauen, wahrscheinlich zwei an der Zahl, die das Verbrechen begangen haben, Mitglieder der Women's Social and Political Union waren, die ihr Büro in Kingsway in London hatte und deren Kopf, treibende Kraft und anerkannte Führungspersönlichkeit die Angeklagte war.

Anschließend wurde die Sprengung von Mr. Lloyd-Georges Haus im Detail beschrieben. Dass die Zerstörung als Angriff auf Mr. Lloyd-George gedacht war, ginge aus den bösartigen Äußerungen des Gefangenen gegen ihn hervor, sagte Mr. Bodkin. Er legte einen privaten Brief vor, den ich an einen Freund geschrieben hatte, in dem ich den Kampfgeist verteidigt und gesagt hatte, dass er nicht nur zu einer Pflicht geworden sei, sondern unter den gegebenen Umständen auch zu einer politischen Notwendigkeit. Mr. Bodkin sagte:

"Ein Brief dieser Art beweist ganz klar mehrere Dinge. Er zeigt, dass sie die Anführerin ist. Er zeigt ihren Einfluss auf die emotionalen Mitglieder dieser Organisation . Er zeigt, dass ihrer Meinung nach die Militanz eine Zeit lang zurückgehalten und zu einem anderen Zeitpunkt auf die Gesellschaft losgelassen werden kann. Und er zeigt weiter, dass jede Person oder jede Frau, die sich der Militanz hingeben will, was nur ein bildhafter Ausdruck für das Begehen von Verbrechen gegen die Gesellschaft ist, mit ihr und nur mit ihr kommunizieren muss, mündlich oder per Brief. Das ist die Proklamation, die an die Mitglieder dieser Organisation ging . Die klare Sprache dieses Briefes lautet: ‚Wenn wir nicht bekommen, was wir wollen, sind die Regierung und ihre Mitglieder dafür verantwortlich, und die Regierung und die Öffentlichkeit werden dazu gezwungen, uns zu geben, was wir wollen.'"

Viele Auszüge aus meinen Reden vom Januar und Februar wurden verlesen, und die letzte Rede hielt ich kurz vor meiner Verhaftung in Chelsea. Doch bevor sie verlesen wurden, sagte ich:

"Ich möchte nun Einspruch gegen die Polizeiberichte über meine Reden erheben. Sie wurden mir vorgelegt, und der einzige Bericht, den ich akzeptiere, ist der des Journalisten aus Cardiff, der einer der Zeugen ist. Er hat einen ziemlich genauen Bericht über das geliefert, was ich in dieser Stadt gesagt habe. Die Polizeiberichte akzeptiere ich nicht. Sie sind höchst ungenau und unwissend und ungrammatisch und vermitteln in vielerlei Hinsicht einen absolut falschen Eindruck von dem, was ich gesagt habe."

Anschließend wurden Zeugen befragt: der Fuhrmann, der die Explosion gehört und gemeldet hatte; der Vorarbeiter, der für das beschädigte Haus zuständig war, der die Höhe des Schadens nannte und die Sprengstoffe usw. beschrieb, die auf dem Grundstück gefunden worden waren; mehrere Polizisten, die berichteten, dass sie im Haus Haarnadeln und die Gummistiefel einer Frau gefunden hatten , und so weiter. Es wurde absolut nichts vorgebracht, was darauf hindeutete, dass die Suffragetten irgendetwas mit der Angelegenheit zu tun hatten. Der Richter bemerkte dies, denn er sagte zu Mr. Bodkin:

"Ich bin mir nicht ganz sicher, wie Sie diesen Fall darstellen. Es gibt zwei Möglichkeiten, ihn zu betrachten. Fordern Sie die Jury lediglich auf, zu sagen, dass die Angeklagte ausdrücklich zur Begehung dieses Verbrechens geraten hat, oder sagen Sie auch, dass, wenn man sich ihre Reden ansieht, die Sie gelesen haben – vorausgesetzt, Sie beweisen, dass sie gehalten wurden –, dass die verwendete Sprache eine allgemeine Aufforderung zur Sachbeschädigung war, jeder , der dieser Aufforderung nachkam und diese Gräueltat beging, von ihr dazu angestiftet worden wäre?"

Herr Bodkin antwortete, dass die letztere Annahme richtig sei.

"Ich behaupte, dass die Reden im Allgemeinen zu allen Arten von Gewalttaten gegen Eigentum aufrufen und dass sie Beweise für Angriffe gegen Eigentum und eine bestimmte Person liefern. Außerdem enthalten die Reden, die verlesen wurden und die bewiesen werden, Beweise dafür, dass Frau Pankhurst zugibt, in einer Weise mit der konkreten Gewalttat in Verbindung gestanden zu haben, die sie rechtlich zur Mittäterin macht."

„Aber Sie beschränken den Fall nicht auf die letztere Formulierung?“

„Nein“, antwortete Herr Bodkin.

"Selbst wenn die Jury davon überzeugt ist", sagte der Richter, "dass Mrs. Pankhurst nicht direkt mit dieser Gewalttat in Verbindung stand, indem sie sie beraten hat, bitten Sie die Jury dennoch zu sagen, dass sie jeden, der diese Gewalttat begangen hat, dazu angestiftet hätte, indem sie, wie Sie in ihren Reden behaupten, die Zerstörung von Eigentum, insbesondere das eines bestimmten Herrn, beraten hat?"

"Ja, mein Gebieter."

„Ich denke, Frau Pankhurst, Sie verstehen jetzt, wie es ausgedrückt wird?“, fragte der Richter.

„Ich verstehe es ganz gut, Mylord“, antwortete ich.

Am nächsten Tag wurde die Verhandlung wieder aufgenommen und die Befragung der Zeugen der Anklage fortgesetzt. Am Ende der Befragung fragte mich der Richter, ob ich Zeugen aufrufen wolle. Ich antwortete:

„Ich möchte weder Beweise vorlegen noch Zeugen aufrufen, sondern mich an Eure Lordschaft wenden.“

Ich begann damit, einige Dinge zu beanstanden, die Mr. Bodkin in seiner Rede gesagt hatte und die mich persönlich betrafen. Er hatte mich als Frau bezeichnet – oder zumindest ließen seine Worte dies vermuten –, die in ihrem Auto herumfuhr und andere Frauen zu Taten anstiftete, die Gefängnis und großes Leid nach sich zogen, während ich, vielleicht weil ich mich irgendeiner seltsamen Form des Vergnügens hingab, vor ernsthaften

Konsequenzen geschützt war oder mich zumindest für geschützt hielt. Ich sagte, dass Mr. Bodkin ganz genau wusste, dass ich alle Gefahren teilte, denen die anderen Frauen ausgesetzt waren, dass ich dreimal im Gefängnis gewesen war, zwei der Strafen vollständig verbüßt hatte und wie ein gewöhnlicher Schwerverbrecher behandelt wurde – durchsucht, in Gefängniskleidung gesteckt, Gefängniskost gegessen, in Einzelhaft gesteckt und allen abscheulichen Regeln unterworfen, die Frauen auferlegt wurden, die in England Verbrechen begehen. Ich dachte, ich sei es mir schuldig, zu sagen, dass ich kein Auto besitze und nie eines besessen habe, insbesondere da dieselben Behauptungen – in Bezug auf den Luxus, in dem ich lebte, unterstützt von den Mitgliedern der WSPU – nicht nur von Mr. Bodkin vor Gericht, sondern auch von Mitgliedern der Regierung im Unterhaus gemacht worden waren. Das Auto, in dem ich gelegentlich mitfuhr, gehörte der Organisation und wurde für allgemeine Propagandaarbeit verwendet. In diesem Auto und in Autos von Freunden war ich meiner Arbeit als Sprecherin der Frauenwahlrechtsbewegung nachgegangen. Es sei ebenso unwahr, sagte ich, dass einige von uns aus der Frauenwahlrechtsbewegung ein Einkommen von 1.000 bis 1.500 Pfund pro Jahr erzielten, wie tatsächlich in den Debatten im Unterhaus behauptet worden war, in denen die Parlamentsmitglieder versuchten, zu entscheiden, wie die Militanz niedergeschlagen werden sollte. Keine Frau in unserer Organisation verdiente ein solches oder auch nur annähernd vergleichbares Einkommen. Ich selbst hatte auf einen beträchtlichen Teil meines Einkommens verzichtet, weil ich auf einen sehr wichtigen Teil verzichten musste, um die Freiheit zu haben, das zu tun, was ich für meine Pflicht in der Bewegung hielt.

In meiner Verteidigung erklärte ich dem Gericht, dass die Lage sehr ernst sei, wenn eine große Zahl anständiger und von Natur aus gesetzestreuer Menschen, die ein ehrbares Leben führten, das Gesetz missachteten und ernsthaft zu der Überzeugung gelangten, dass sie das Gesetz zu Recht brechen durften.


"Eine gute Regierung", sagte ich, "beruht auf der Akzeptanz des Gesetzes, auf der Achtung des Gesetzes, und ich sage Ihnen allen Ernstes, Mylord und meine Herren der Jury, dass intelligente Frauen, gebildete Frauen, Frauen mit einem aufrechten Lebenswandel, seit vielen Jahren aufgehört haben, die Gesetze dieses Landes zu respektieren. Das ist eine absolute Tatsache, und wenn man sich die Gesetze dieses Landes ansieht, wie sie sich auf Frauen auswirken, ist das nicht verwunderlich."

Ich ging ausführlich auf diese Gesetze ein, Gesetze, die es dem Richter ermöglichten, mich, wenn ich für schuldig befunden wurde, für vierzehn Jahre ins Gefängnis zu schicken, während die Höchststrafe für die abscheulichsten Vergehen an kleinen Mädchen nur zwei Jahre Gefängnis betrug. Das Erbrecht, das Scheidungsrecht, das Vormundschaftsrecht für Kinder – alles so skandalös ungerecht gegenüber Frauen, skizzierte ich kurz und sagte, dass nicht nur diese und andere Gesetze, sondern auch die Umsetzung der Gesetze so weit hinter den Erwartungen zurückblieben, dass Frauen das Gefühl hatten, man müsse ihnen erlauben, an der Arbeit zur Bereinigung der gesamten Situation mitzuwirken. Ich versuchte hier, von gewissen schrecklichen Dingen zu erzählen, die ich als Frau eines Rechtsanwalts erfahren hatte, Dinge über einige der Männer in hohen Positionen, die mit der Rechtspflege betraut sind, von einem Richter bei Schwurgerichten, wo viele abscheuliche Verbrechen an Frauen verhandelt wurden, und dieser Richter selbst wurde eines Morgens tot in einem Bordell aufgefunden, aber das Gericht erlaubte mir nicht, auf Persönlichkeiten einzugehen, wie er es nannte, im Hinblick auf „angesehene Leute", und sagte mir, dass die einzige Frage, die der Jury bevorstünde, sei, ob ich der Anklage schuldig sei oder nicht. Ich müsse zu diesem Thema sprechen und zu keinem anderen.


Nach einem harten Kampf, um der Jury die Gründe dafür darlegen zu dürfen, warum Frauen den Respekt vor dem Gesetz verloren hatten und einen solchen Kampf führten, um selbst Gesetzgeberinnen zu werden, schloss ich meine Rede mit den Worten:

„Über tausend Frauen sind im Laufe dieser Agitation ins Gefängnis gekommen, haben ihre Gefangenschaft erlitten, sind mit gesundheitlichen Schäden und körperlicher Schwäche, aber nicht mit geistiger Schwäche aus dem Gefängnis entlassen worden. Ich stehe hier, um mich am Bett einer meiner Töchter vor Gericht zu stellen, die aus dem Holloway-Gefängnis entlassen wurde, wo sie zu zwei Monaten Zwangsarbeit verurteilt wurde, weil sie mit vier anderen daran beteiligt war, eine kleine Glasscheibe zu zerbrechen. Sie erlitt im Gefängnis einen Hungerstreik. Sie unterwarf sich mehr als fünf Wochen lang der schrecklichen Tortur der Zwangsernährung und kam mit einem Gewichtsverlust von fast 12 Kilo aus dem Gefängnis. Sie ist so schwach, dass sie ihr Bett nicht verlassen kann. Und ich sage Ihnen, meine Herren, das ist die Art von Strafe, die Sie mir oder jeder anderen Frau auferlegen, die vor Sie gebracht werden könnte. Ich frage Sie, ob Sie bereit sind, eine unberechenbare Zahl von Frauen ins Gefängnis zu schicken – ich spreche zu Ihnen als Vertreterin anderer in derselben Lage –, ob Sie bereit sind, so etwas auf unbestimmte Zeit weiter zu tun, denn genau das wird passieren. Daran besteht absolut kein Zweifel. Ich denke, Sie haben auch in diesem vorliegenden Fall genug gesehen, um Sie davon zu überzeugen, dass wir Frauen keine Jagd nach Ruhm sind. Das könnten wir, weiß der Himmel, viel billiger bekommen, wenn wir danach strebten. Wir sind Frauen, zu Recht oder zu Unrecht, und davon überzeugt, dass dies der einzige Weg ist, auf dem wir die Macht gewinnen können, um die für uns unerträglichen Zustände zu ändern, die absolut unerträglichen Zustände. Erst neulich sagte ein Londoner Geistlicher, 60 Prozent der verheirateten Frauen in seiner Gemeinde seien Ernährerinnen, die sowohl ihre Männer als auch ihre Kinder unterstützten. Wenn Sie an den Lohn denken, den Frauen verdienen, wenn Sie daran denken, was das für die Zukunft der Kinder dieses Landes bedeutet, dann bitte ich Sie, diese Frage sehr, sehr ernst zu nehmen. Erst heute Morgen wurden mir Informationen zugestellt, die durch eidesstattliche Erklärungen belegt werden könnten, wonach in diesem Land, in unserer Stadt London, ein geregelter Handel nicht nur mit volljährigen Frauen, sondern auch mit kleinen Kindern herrscht; dass sie gekauft werden, dass sie in eine Falle gelockt werden und dass sie dazu ausgebildet werden, den lasterhaften Vergnügungen von Personen zu dienen, die es aufgrund ihrer Lebenssituation besser wissen sollten.

"Nun, das sind die Dinge, die uns Frauen entschlossen gemacht haben, weiterzumachen, entschlossen, uns allem zu stellen, entschlossen, diese Sache bis zum Ende durchzustehen, koste es, was es wolle. Und wenn Sie mich verurteilen, meine Herren, wenn Sie mich für schuldig befinden, sage ich Ihnen ganz ehrlich und ganz offen, dass ich mich dem Urteil nicht unterwerfen werde, egal ob es ein langes oder ein kurzes Urteil ist. Ich werde mich dem Urteil nicht unterwerfen, sobald ich dieses Gericht verlasse, wenn ich ins Gefängnis geschickt werde, sei es zu Zwangsarbeit oder zu einer milderen Form der Haft – denn ich bin nicht ausreichend mit dem Gesetz vertraut, um zu wissen, was Seine Lordschaft entscheiden könnte; aber wie auch immer mein Urteil ausfällt, von dem Moment an, an dem ich dieses Gericht verlasse, werde ich mich ganz bewusst weigern, Nahrung zu mir zu nehmen – ich werde mich den Frauen anschließen, die bereits in Holloway im Hungerstreik sind. Ich werde das Gefängnis so schnell wie möglich verlassen, tot oder lebendig; und sobald ich wieder draußen bin, werde ich diesen Kampf wieder aufnehmen, sobald ich körperlich fit bin. Das Leben ist uns allen sehr lieb. Ich versuche nicht, wie der Innenminister sagte, Selbstmord begehen. Ich möchte keinen Selbstmord begehen. Ich möchte, dass die Frauen dieses Landes das Wahlrecht erhalten, und ich möchte leben, bis das geschieht. Das sind die Gefühle, die uns beflügeln. Wir bieten uns selbst als Opfer dar, genau wie es Ihre Vorfahren in der Vergangenheit getan haben, für diese Sache, und ich möchte Sie alle bitten, sich diese Frage zu stellen: Haben Sie als Menschen das Recht, einen anderen Menschen zum Tode zu verurteilen – denn darauf läuft es hinaus? Dürfen Sie den ersten Stein werfen? Haben Sie das Recht, über Frauen zu richten?

"Sie haben nicht das Recht, mich nach menschlichem Recht zu verurteilen, nicht das Recht nach der Verfassung dieses Landes, wenn sie richtig ausgelegt wird, denn Sie sind nicht meine Ebenbürtigen. Sie alle wissen, dass ich nicht hier stehen würde, dass ich kein einziges Gesetz brechen würde – wenn ich die Rechte hätte, die Sie besitzen, wenn ich an der Wahl derjenigen beteiligt wäre, die die Gesetze machen, denen ich gehorchen muss; wenn ich ein Mitspracherecht bei der Kontrolle der Steuern hätte, die ich zu zahlen habe, dann würde ich nicht hier stehen. Und ich sage Ihnen, die Lage ist sehr ernst. Ich sage Ihnen, Mylord, die Lage ist sehr ernst, dass Frauen, die ein rechtschaffenes Leben führen, Frauen, die das Beste ihres Lebens dem Gemeinwohl gewidmet haben, Frauen, die versuchen, einige der schrecklichen Fehler rückgängig zu machen, die Männer in ihrer Regierung des Landes gemacht haben, denn letzten Endes sind die Männer für die gegenwärtige Lage verantwortlich – ich sage Ihnen, die Lage ist sehr ernst. Sie sind es nicht gewohnt, bei der normalen Ausübung Ihrer Pflichten mit Leuten wie mir umzugehen; aber Sie sind dazu berufen, sich mit Leuten auseinanderzusetzen, die das Gesetz aus selbstsüchtigen Motiven brechen. Ich breche das Gesetz nicht aus selbstsüchtigen Motiven. Ich habe keine persönlichen Ziele zu verfolgen, und das gilt auch für keine der anderen Frauen, die in den letzten Wochen wie Schafe zur Schlachtbank durch dieses Gericht gegangen sind. Wären die Frauen frei, würde keine dieser Frauen das Gesetz brechen. Es sind Frauen, die ernsthaft glauben, dass dieser harte Weg, den sie beschreiten, der einzige Weg zu ihrer Erlangung des Wahlrechts ist. Sie glauben ernsthaft, dass das Wohl der Menschheit dieses Opfer verlangt; sie glauben, dass die schrecklichen Übel, die unsere Zivilisation verwüsten , niemals beseitigt werden können, bis Frauen das Wahlrecht erhalten. Sie wissen, dass die Quelle des Lebens vergiftet wird; sie wissen, dass Heime zerstört werden; dass wegen schlechter Erziehung, wegen der ungleichen Moralvorstellungen sogar Mütter und Kinder durch eine der abscheulichsten und schrecklichsten Krankheiten, die die Menschheit heimsuchen, zugrunde gerichtet werden.

„Es gibt nur einen Weg, dieser Agitation ein Ende zu setzen; es gibt nur einen Weg, diese Agitation zu beenden. Nicht indem man uns deportiert, nicht indem man uns ins Gefängnis steckt ; sondern indem man uns Gerechtigkeit widerfahren lässt. Und so appelliere ich an Sie, meine Herren, in meinem Fall ein Urteil zu fällen, nicht nur in meinem Fall, sondern in Bezug auf diese ganze Agitation. Ich bitte Sie, mich der böswilligen Anstiftung zu einem Gesetzesbruch für nicht schuldig zu befinden.

"Dies sind meine letzten Worte. Meine Hetze ist nicht böswillig. Wenn ich die Macht hätte, mich mit diesen Dingen zu befassen, würde ich mich strikt an das Gesetz halten. Ich würde den Frauen sagen: ‚Sie haben ein verfassungsmäßiges Mittel, um Ihre Beschwerden zu klären; nutzen Sie Ihre Stimme, überzeugen Sie Ihre Mitwähler von der Rechtmäßigkeit Ihrer Forderungen. Das ist der Weg, um Gerechtigkeit zu erlangen.‘ Ich bin nicht der böswilligen Hetze schuldig und appelliere an Sie, zum Wohle des Landes, zum Wohle der Rasse, in diesem Fall, den Sie vor Gericht bringen sollen, einen Freispruch auszusprechen."

Nachdem der Richter die Anklage rekapituliert hatte, sagte er abschließend:

„Es ist kaum nötig, dass ich Ihnen sage, dass die von der Angeklagten in ihrer Ansprache an Sie angesprochenen Themen, in denen es um die Provokation durch die Gesetze des Landes und die Ungerechtigkeit gegenüber Frauen geht, weil sie nicht das gleiche Wahlrecht wie Männer haben, für die Frage, über die Sie entscheiden müssen, keinen Einfluss haben.

"Die Motive in ihrem Hinterkopf oder in den Köpfen derjenigen, die das Schießpulver tatsächlich dort platziert haben, würden dieser Anklage keine Verteidigung bieten . Ich bin ganz sicher, dass Sie diesen Fall auf der Grundlage der Beweise und nur der Beweise behandeln werden, ohne Rücksicht auf die Frage, ob Sie das Gesetz für gerecht oder ungerecht halten. Es hat nichts mit dem Fall zu tun. Ich denke, Sie werden wahrscheinlich keinen Zweifel daran haben, dass diese Angeklagte, wenn sie die ihr zur Last gelegten Dinge getan hat, nicht von dem gewöhnlichen selbstsüchtigen Motiv getrieben wird, das die meisten Kriminellen, die hier auf der Anklagebank sitzen, dazu bringt, die Verbrechen zu begehen, die sie begehen. Sie ist nichtsdestotrotz schuldig, wenn sie die ihr zur Last gelegten Dinge getan hat, obwohl sie glaubt, dass sich dadurch der Zustand der Gesellschaft ändern wird."

Die Geschworenen zogen sich zurück und kamen bald nach Beginn der Nachmittagssitzung des Gerichts herein. Als Antwort auf die übliche Frage des Gerichtsschreibers sagten sie, sie hätten sich auf ein Urteil geeinigt. Der Gerichtsschreiber sagte:

„Halten Sie Frau Pankhurst für schuldig oder nicht schuldig?"

„Schuldig", sagte der Vorarbeiter, „mit der dringenden Empfehlung, Gnade walten zu lassen."

Ich habe noch einmal mit dem Richter gesprochen.

„Die Jury hat mich für schuldig befunden und dringend zur Gnade geraten, und da das Motiv in den menschlichen Gesetzen keine Berücksichtigung findet, sehe ich nicht, dass sie nach Ihrem Schlussplädoyer anders entscheiden könnte. Aber da das Motiv in den menschlichen Gesetzen keine Berücksichtigung findet und da ich, dessen Motive keine gewöhnlichen Motive sind, im Begriff bin, von Ihnen zu der Strafe verurteilt zu werden, die Menschen zuteil wird, deren Motive selbstsüchtige Motive sind, habe ich nur Folgendes zu sagen: Wenn es unmöglich war, ein anderes Urteil zu fällen; wenn es Ihre Pflicht ist, mich zu verurteilen, wie es in Kürze sein wird, dann möchte ich Ihnen als Privatbürger und der Jury als Privatbürger sagen, dass ich, der ich hier stehe und nach den Gesetzen meines Landes für schuldig befunden wurde, es Ihre Pflicht als Privatbürger ist, alles in Ihrer Macht Stehende zu tun, um diesem unerträglichen Zustand ein Ende zu setzen. Ich übertrage Ihnen diese Pflicht. Und ich möchte sagen, *egal, welches Urteil Sie über mich fällen, ich werde alles Menschenmögliche tun, um dieses Urteil so bald wie möglich zu beenden. Ich habe kein Schuldgefühl. Ich habe das Gefühl, meine Pflicht getan zu haben. Ich betrachte mich als ein Kriegsgefangener. Ich habe keine moralische Verpflichtung, mich dem gegen mich verhängten Urteil zu fügen oder es in irgendeiner Weise zu akzeptieren.* Ich werde das verzweifelte Mittel anwenden, das andere Frauen angewendet haben. Es ist Ihnen klar, dass der Kampf ungleich sein wird, aber ich werde es schaffen – ich werde es schaffen, solange ich noch ein Fünkchen Kraft oder Leben in mir habe.

„Ich werde kämpfen, ich werde kämpfen, ich werde kämpfen, von dem Moment an, in dem ich das Gefängnis betrete, um gegen eine überwältigende Übermacht anzukämpfen; ich werde mich den Ärzten widersetzen, wenn sie versuchen, mich zu ernähren. Ich wurde letzten Mai von diesem Gericht zu neun Monaten Gefängnis verurteilt. Ich blieb sechs Wochen im Gefängnis. Es gibt Leute, die über die Tortur des Hungerstreiks und der Zwangsernährung gelacht haben. Ich kann nur sagen, und die Ärzte können mir das bestätigen, dass ich freigelassen wurde, weil ich, wäre ich noch viel länger dort geblieben, eine tote Frau gewesen wäre.

"Ich weiß, was es ist, denn ich habe es durchgemacht. Meine eigene Tochter [4] hat es gerade erst hinter sich gelassen. Es gibt Frauen, die immer noch diese Tortur durchstehen müssen, zweimal am Tag. Denken Sie daran, Mylord, zweimal am Tag wird dieser Kampf durchgestanden. Zweimal am Tag widersteht eine schwache Frau überwältigender Gewalt, kämpft und kämpft, solange sie noch Kraft hat; sie kämpft gegen Frauen und sogar gegen Männer, widersteht dieser Tortur mit ihrer Zunge, mit ihren Zähnen. Gestern Abend wurde im Unterhaus eine Alternative diskutiert, oder besser gesagt, eine zusätzliche Bestrafung. Ist es nicht seltsam, Mylord, dass Gesetze, die im Laufe der Geschichte dieses Landes ausgereicht haben, um Männer zu zügeln, heute nicht ausreichen, um Frauen zu zügeln – anständige Frauen, ehrenhafte Frauen?

„Nun, Mylord, ich möchte, dass Sie sich dessen bewusst sind . Ich jammere nicht über meine Strafe, ich habe sie herausgefordert. Ich habe das Gesetz bewusst gebrochen, nicht aus Hysterie oder aus Emotionen, sondern mit ernsthafter Absicht, weil ich ehrlich glaube, dass es der einzig richtige Weg ist. Nun lege ich die Verantwortung für das, was nun folgt, auf Sie, Mylord, als Privatbürger, und auf die Herren der Jury, als Privatbürger, und auf alle Männer in diesem Gericht – was werden Sie mit Ihren politischen Kräften tun, um dieser unerträglichen Situation ein Ende zu setzen?

*„ Den Frauen, die ich vertreten habe, den Frauen, die als Reaktion auf meine Hetze diese schrecklichen Konsequenzen zu spüren bekamen und Gesetze brachen, möchte ich sagen, dass ich sie nicht im Stich lassen werde, sondern dass sie sich der Situation so stellen müssen wie sie, dass sie es durchstehen müssen, und dass ich weiß, dass sie den Kampf fortsetzen werden, ob ich nun lebe oder sterbe.*

*„ Diese Bewegung wird immer weitergehen, bis wir in diesem Land die gleichen Bürgerrechte haben wie die Frauen in unseren Kolonien und wie sie sie überall in der zivilisierten Welt haben werden, bevor dieser Frauenkrieg zu Ende ist.“*

„Das ist alles, was ich zu sagen habe.“

Richter Lush sagte bei der Urteilsverkündung: „Es ist meine Pflicht, Frau Emmeline Pankhurst, und es ist eine sehr schmerzliche Pflicht, ein meiner Meinung nach angemessenes und angemessenes Urteil für das Verbrechen zu fällen, dessen Sie am ehesten für schuldig befunden wurden, unter Berücksichtigung der starken Empfehlung der Jury, Gnade walten zu lassen. Ich erkenne durchaus an , wie ich bereits sagte, dass die Motive, die Sie zur Begehung dieses Verbrechens getrieben haben, nicht die selbstsüchtigen Motive sind, die die meisten Menschen in Ihrer Position treiben, aber obwohl Sie Ihre Augen davor verschließen, kann ich nicht umhin, Sie darauf hinzuweisen, dass das Verbrechen, dessen Sie schuldig befunden wurden, nicht nur ein sehr schweres Verbrechen ist, sondern trotz Ihrer Motive in der Tat ein böses. Es ist böse, weil es nicht nur zur Zerstörung des Eigentums von Personen führt, die Ihnen kein Unrecht getan haben, sondern trotz Ihrer Berechnungen andere Menschen der Gefahr aussetzt, verstümmelt oder sogar getötet zu werden. Es ist böse, weil Sie andere Menschen dazu verleiten und verlocken, Es ist schlimm, dass Menschen - vielleicht junge Frauen - solche Verbrechen begehen und möglicherweise damit in den Ruin treiben. Und es ist schlimm, denn man kann nicht anders, als sich dessen bewusst zu sein, wenn man nur daran denkt.

„Sie geben anderen Personen, die möglicherweise andere Beschwerden haben, die sie zu Recht aus der Welt schaffen wollen, ein Beispiel, indem Sie einen ähnlichen Plan wie Sie in Angriff nehmen und versuchen, ihr Ziel zu erreichen , indem Sie das Eigentum, wenn nicht das Leben anderer Menschen angreifen. Ich weiß leider – zumindest bin ich mir sicher –, dass Sie meinen Worten keine Beachtung schenken werden. Ich bitte Sie nur, an diese Dinge zu denken.“

„Ich habe daran gedacht“, warf ich ein.

„Denken Sie, wenn auch nur für eine kurze Stunde, leidenschaftslos nach“, fuhr die Majestät des Gesetzes fort. „Ich kann nur sagen, dass das Urteil, das ich fällen werde, zwar streng sein muss und dem Verbrechen, dessen Sie schuldig gesprochen wurden, angemessen sein muss. Wenn Sie jedoch nur das Unrecht, das Sie tun, und den Fehler, den Sie machen, erkennen und den Irrtum, den Sie begangen haben, erkennen und sich dazu verpflichten würden, die Dinge zu ändern, indem Sie Ihren Einfluss in die richtige Richtung lenken, wäre ich der Erste, der mein Bestes tun würde, um eine Milderung des Urteils zu erreichen, das ich gleich fällen werde.

„Ich kann und werde Ihr Verbrechen nicht als ein bloß triviales betrachten. Das ist es nicht. Es ist ein äußerst schwerwiegendes und, was auch immer Sie denken mögen, ein böses Verbrechen. Ich habe die Empfehlung der Jury berücksichtigt. Sie selbst haben die Höchststrafe festgelegt, die dieses besondere Vergehen nach Ansicht des Gesetzgebers verdient. Die Mindeststrafe, die ich gegen Sie verhängen kann, ist eine Strafe von drei Jahren Zuchthaus."

Sobald das Urteil verkündet war, war die tiefe Stille, die während des gesamten Prozesses geherrscht hatte, gebrochen und unter den Zuschauern brach ein regelrechtes Chaos aus. Zuerst war es nur ein verwirrtes und wütendes Gemurmel von „Schande!" „Schande!" Das Gemurmel schwoll schnell zu lauten und empörten Rufen an, und dann erhob sich von der Galerie und dem Gerichtssaal ein großer Chor, der mit äußerster Intensität und Leidenschaft geäußert wurde. „Schande!" „Schande!" Die Frauen sprangen auf, standen in vielen Fällen auf ihren Sitzen und riefen „Schande!" „Schande!", als ich unter der Aufsicht zweier Aufseherinnen aus der Anklagebank geführt wurde. „Lasst die Fahne wehen!", rief eine Frauenstimme und die Antwort kam im Chor: „Das werden wir!" „Bravo!" „Dreimal Hoch auf Mrs. Pankhurst!" Das war das Letzte, was ich von dem Protest im Gerichtssaal hörte.

Später hörte ich, dass der Lärm und die Verwirrung noch einige Minuten anhielten, da der Richter und die Polizei völlig machtlos waren, für Ordnung zu sorgen. Dann marschierten die Frauen hinaus und sangen die Marseillaise der Frauen:

"Marsch weiter, marsch weiter,

Gesicht zur Morgendämmerung,

Der Beginn der Freiheit."

Der Richter schleuderte ihren flüchtenden Truppen die schreckliche Drohung mit Gefängnis für jede Frau hinterher, die es wagte, eine solche Szene zu wiederholen. Gefängnisdrohung – für Suffragetten! Das Lied der Frauen schwoll nur noch lauter an und die Korridore von Old Bailey hallten von ihren Rufen wider. Dieses ehrwürdige Gebäude hatte in seiner bewegten Geschichte sicherlich noch nie eine solche Szene erlebt. Die große Menge der im Dienst befindlichen Kriminalbeamten und Polizisten schien von der

Kühnheit des Protests geradezu gelähmt , denn sie unternahmen keinen Versuch einzugreifen.

Als ich um drei Uhr das Gericht durch einen Seiteneingang in der Newgate Street verließ, wartete eine Menge Frauen auf mich, um mir zuzujubeln. Zusammen mit den beiden Wärterinnen bestieg ich ein Quad und wurde nach Holloway gefahren, um meinen Hungerstreik zu beginnen. Dutzende Frauen folgten mir in Taxis, und als ich am Gefängnistor ankam, gab es einen weiteren Protest aus Jubelrufen für die Sache und Buhrufen für das Gesetz. Inmitten all dieser intensiven Aufregung passierte ich die düsteren Tore in die Dämmerung des Gefängnisses, das nun zu einem Schlachtfeld geworden war.

## FUSSNOTE:

[4] Sylvia Pankhurst, die fünf Wochen lang zwangsernährt wurde, während sie zu einer Haftstrafe von zwei Monaten verurteilt worden war, weil sie ein Fenster eingeschlagen hatte.

# KAPITEL VI

Das Gefängnis war für uns tatsächlich ein Schlachtfeld, seit wir feierlich beschlossen hatten, dass wir uns grundsätzlich nicht den Regeln unterwerfen würden, die für gewöhnliche Gesetzesbrecher galten. Aber als ich an jenem Apriltag 1913 in Holloway eintrat, war ich mir völlig bewusst, dass mir ein weitaus langwierigerer Kampf bevorstand als alle, die die militanten Suffragistinnen bis dahin durchstehen mussten. Ich habe den Hungerstreik beschrieben, diese schreckliche Waffe, mit der wir wiederholt unsere Gefängnisgitter durchbrochen hatten. Die Regierung, die mit den Hungerstreikenden nicht mehr fertig werden konnte und eine Situation bewältigen wollte, die die Gesetze Englands in solch skandalösen Verruf gebracht hatte, hatte zu einer Maßnahme gegriffen, die sicherlich die grausamste war, die jemals einem modernen Parlament vorgelegt wurde.

Im März desselben Jahres, während ich auf meinen Prozess wegen der Verschwörung zur Zerstörung von Mr. Lloyd-Georges Landhaus wartete, brachte der Innenminister, Mr. Reginald McKenna, einen Gesetzentwurf ins Unterhaus ein, dessen erklärtes Ziel die Beendigung des Hungerstreiks war. Diese Maßnahme, heute allgemein als „Katz- und Mausgesetz" bekannt, sah vor, dass eine im Hungerstreik befindliche Häftlingin (das Gesetz galt offen gesagt nur für Häftlinge mit Wahlrecht), deren Gefängnisärzte eine Todesgefahr attestierten, mit einer Art Urlaubsschein freigelassen werden konnte, um wieder zu Kräften zu kommen und den Rest ihrer Strafe abzusitzen. Nach der Freilassung war sie immer noch eine Gefangene, die Gefangene oder Patientin oder das Opfer, wie Sie sie nennen wollen, und stand unter ständiger polizeilicher Überwachung. Gemäß den Bestimmungen des Gesetzes wurde die Gefangene für eine bestimmte Anzahl von Tagen freigelassen, nach deren Ablauf sie auf eigene Kosten ins Gefängnis zurückkehren musste. Das Gesetz besagt:

> „Die Dauer der vorläufigen Entlassung kann, wenn der Minister dies für angebracht hält, verlängert werden, wenn die Gefangene erklärt, dass sie aufgrund ihres Gesundheitszustands nicht in der Lage ist, ins Gefängnis zurückzukehren. Wenn dies der Fall ist, muss sich die Gefangene, falls erforderlich, einer medizinischen Untersuchung durch den Amtsarzt des oben genannten Gefängnisses oder einen anderen zugelassenen Arzt unterziehen, der vom Minister ernannt wird.

> Die Gefangene muss dem Polizeipräsidenten der Metropole mitteilen, in welchen Wohnort sie nach ihrer Entlassung geht. Sie darf ihren Wohnsitz nicht wechseln,

ohne dem Polizeipräsidenten einen vollen Tag vorher schriftlich Bescheid zu geben und dabei den Wohnsitz anzugeben, in den sie geht, und sie darf ihren Wohnsitz nicht länger als zwölf Stunden verlassen, ohne dies ebenfalls mitzuteilen usw.

Die Vorstellung, dass militante Suffragistinnen ein Gesetz dieser Art respektieren, ist beinahe humorvoll, und doch erlischt das Lächeln angesichts des Mitleids, das man für den Minister empfindet, dessen Eingeständnis des Versagens in einer solchen Maßnahme zum Ausdruck kommt. Hier war eine mächtige Regierung, die schwach entschlossen war, den Frauen keine Gerechtigkeit zu gewähren, wohl wissend, dass sie die Unterwerfung der Frauen nicht erzwingen konnte, und deshalb bereit war, einen Kompromiss mit einem Klassengesetz einzugehen, das all ihren erklärten Prinzipien absolut widersprach. Herr McKenna sagte, als er im Repräsentantenhaus für die Durchsetzung seiner abscheulichen Maßnahme plädierte: „Derzeit kann ich diese Gefangenen nicht dazu zwingen, ihre Strafe abzusitzen, ohne dass sie ernsthaft in Todesgefahr geraten, und ich möchte die Macht haben, einen Gefangenen dazu zu zwingen, die Strafe abzusitzen, und ich möchte diese Macht in allen Fällen, in denen der Gefangene das System des Hungerstreiks anwendet. Obwohl ich derzeit die Macht habe, einen Gefangenen freizulassen, kann ich ihn nicht ohne Begnadigung freilassen, und ich muss ihn endgültig entlassen. Ich möchte die Macht haben, einen Gefangenen ohne Begnadigung freizulassen, wobei die Strafe aufrecht erhalten bleibt … Ich möchte das Gesetz durchsetzen, und ich möchte es, wenn möglich, ohne Zwangsernährung durchsetzen und ohne das Leben eines anderen zu riskieren ."

Auf Nachfrage mehrerer Abgeordneter gab Herr McKenna zu, dass das „Katz-und-Maus"-Gesetz, sollte es verabschiedet werden, die Zwangsernährung nicht zwangsläufig abschaffen würde, versprach jedoch, dass dieser abscheuliche und widerwärtige Prozess nur dann angewandt würde, wenn es „absolut notwendig" sei. Wir werden später sehen, wie heuchlerisch diese Darstellung war.

Das Parlament, das nie Zeit gehabt hatte, sich über die Anfangsphase hinaus mit einem Gesetz zum Frauenwahlrecht zu befassen, verabschiedete den Cat and Mouse Act innerhalb weniger Tage durch beide Kammern. Als ich am 3. April 1913 in Holloway einzog, war er bereits Gesetz, und ich muss leider feststellen, dass viele Mitglieder der Labour Party, die sich für das Frauenwahlrecht einsetzten, dazu beitrugen, dass er Gesetz wurde.

Natürlich wurde das Gesetz von Anfang an von den Suffragistinnen mit äußerster Verachtung behandelt. Wir hatten nicht die geringste Absicht, Mr. McKenna dabei zu helfen, ungerechte Urteile gegen Soldaten der

Freiheitsarmee durchzusetzen, und als sich die Gefängnistüren hinter mir schlossen, trat ich in den Hungerstreik, als ob ich erwartete, dass er sich wie zuvor als Mittel zur Erlangung meiner Freiheit erweisen würde.

Es ist nicht angenehm, sich an diesen Kampf zu erinnern. Man griff auf alle möglichen Mittel zurück, um meinen Entschluss zu brechen. Man brachte mir das leckerste und verlockendste Essen in die Zelle. Man brachte alle möglichen Argumente gegen mich vor – die Sinnlosigkeit, sich dem Katz-und-Maus-Gesetz zu widersetzen, die Niedertracht, Selbstmord zu riskieren – ich werde nicht versuchen, alle Argumente aufzuzählen. Sie stießen auf eine leere Wand des Bewusstseins, denn meine Gedanken waren alle sehr weit weg von Holloway und all seinen Qualen. Ich wusste, was ich später als Tatsache erfuhr, dass auf meine Inhaftierung der größte revolutionäre Ausbruch folgte, den England seit 1832 erlebt hatte. Von einem Ende der Insel zum anderen strahlten die Leuchtfeuer der Frauenrevolution Tag und Nacht. Viele unbewohnte Landhäuser wurden niedergebrannt, die Tribüne der Pferderennbahn von Ayr wurde bis auf die Grundmauern niedergebrannt, im Bahnhof Oxted in London explodierte eine Bombe, die Wände und Fenster zerfetzte, einige leere Eisenbahnwaggons wurden in die Luft gesprengt, die Glasscheiben von dreizehn berühmten Gemälden in der Manchester Art Gallery wurden mit Hämmern zertrümmert – dies sind nur zufällige Beispiele für den allgemeinen Ausbruch eines geheimen Guerillakriegs, der von Frauen geführt wurde, deren Freiheiten von der liberalen Regierung des freien Englands jeder andere Zugang versperrt worden war. Die einzige Antwort der Regierung war die Schließung des British Museum, der National Gallery, von Windsor Castle und anderer Touristenorte. Was die Folgen für die Bevölkerung Englands anging, so waren sie genau das, was wir erwartet hatten. Die Öffentlichkeit wurde in einen Zustand der Unsicherheit und ängstlichen Erwartung versetzt. Sie zeigte sich noch nicht bereit, von der Regierung zu fordern, dass die Verbrechen auf die einzige Weise gestoppt würden, die es gab – indem man Frauen das Wahlrecht gab. Ich wusste, dass es so kommen würde. Als ich in meiner einsamen Zelle in Holloway lag, von Schmerzen gequält, von zunehmender Schwäche bedrückt und von der schweren Verantwortung unbekannter Ereignisse niedergedrückt, war ich mir traurig bewusst, dass wir uns nur einem fernen Ziel näherten. Das Ende war zwar sicher, aber noch weit entfernt. Geduld und noch mehr Geduld, Glaube und noch mehr Glaube – nun, wir hatten diese Seelen schon früher um Hilfe gebeten und es war sicher, dass sie uns in dieser größten Krise nicht im Stich lassen würden.

So vergingen neun schreckliche Tage in großer seelischer und körperlicher Qual, jeder Tag war länger und schrecklicher als der vorhergehende. Gegen Ende war ich mir meiner Umgebung glücklicherweise kaum bewusst. Eine seltsame Gleichgültigkeit ergriff Besitz von meinem überreizten Geist, und fast ohne Emotionen hörte ich am Morgen des zehnten Tages, dass ich vorübergehend freigelassen werden sollte, um meine Gesundheit wiederherzustellen. Der Direktor kam in meine Zelle und las mir meine Erlaubnis vor , die mich verpflichtete, in fünfzehn Tagen nach Holloway zurückzukehren und in der Zwischenzeit alle unterwürfigen Bedingungen einzuhalten, um die Polizei über meine Bewegungen zu informieren. Mit der Kraft, die meine Hände noch übrig hatten, riss ich das Dokument in Streifen und ließ es auf den Boden der Zelle fallen. „Ich habe nicht die Absicht", sagte ich, „diesem schändlichen Gesetz zu gehorchen. Sie lassen mich frei, obwohl Sie genau wissen, dass ich niemals freiwillig in eines Ihrer Gefängnisse zurückkehren werde."

Sie schickten mich weg, kerzengerade in einem Taxi sitzend, ohne zu beachten, dass ich in einem gefährlichen Schwächezustand war, 12 Kilo abgenommen hatte und ernsthaft unter Herzrhythmusstörungen litt. Als ich das Gefängnis verließ, war ich dankbar, dass Gruppen unserer Frauen tapfer vor den Toren standen, als ob sie eine lange Mahnwache aushielten. Tatsächlich hatten während meiner gesamten Haftzeit Abordnungen von Frauen Tag und Nacht vor dem Gefängnis demonstriert . Die ersten Demonstranten wurden verhaftet, aber als ständig andere eintrafen, um ihre Plätze einzunehmen, gab die Polizei schließlich nach und erlaubte den Frauen, mit der Fahne vor dem Gefängnis auf und ab zu marschieren.

In dem Pflegeheim, in das ich gebracht wurde, erfuhr ich, dass Annie Kenney, Mrs. Drummond und unser treuer Freund, Mr. George Lansbury, [5] während meiner Haft verhaftet worden waren und dass alle drei in den Hungerstreik getreten waren. Ich erfuhr auch aus eigener Erfahrung, wie verzweifelt die Regierung versuchte, ihr Katz-und-Maus-Spiel – den letzten Versuch in ihrem erfolglosen Feldzug – zum Erfolg zu führen. Ohne Rücksicht auf die zusätzlichen Kosten, die den unglücklichen Steuerzahlern des Landes aufgebürdet wurden, setzte die Regierung eigens zu diesem Zweck eine große zusätzliche Polizeitruppe ein. Während ich im Bett lag und mit allen medizinischen Mitteln wieder zu Leben und Gesundheit zurückkam, bewachten diese Spezialpolizisten, umgangssprachlich „Katzen" genannt, das Pflegeheim wie eine belagerte Burg. Auf der Straße unter meinen Fenstern standen zwei Detektive und ein Polizist Tag und Nacht Wache. In einem Haus im rechten Winkel zu meinem Zufluchtsort hielten drei weitere Detektive ständig Wache. In den Stallungen hinter dem Haus waren weitere Detektive untergebracht, und auf der Straße patrouillierten sie eifrig, als erwarteten sie ein Rettungsregiment. Zwei Taxis, jedes mit seiner Quote an Detektiven, bewachten die Autobahnen.

All dies machte die Genesung langsam und schwierig. Aber es sollte noch schlimmer kommen. Am 30. April, gerade als ich mich wieder etwas zu erholen begann, kam die Nachricht, dass die Polizei in unser Hauptquartier

in Kingsway eingefallen war und die gesamte offizielle Truppe verhaftet
hatte. Miss Barrett, stellvertretende Herausgeberin von *The Suffragette* ; Miss
Lennox, die Redakteurin; Miss Lake, Geschäftsführerin; Miss Kerr,
Büroleiterin, und Mrs. Sanders, Finanzsekretärin der Union, wurden
verhaftet, obwohl keiner von ihnen jemals an einer militanten Aktion
teilgenommen hatte. Mr. EG Clayton, ein Chemiker, wurde ebenfalls
verhaftet und beschuldigt, die WSPU mit Sprengstoff versorgt zu haben. Die
Büros wurden gründlich durchsucht und wie bei einer früheren Gelegenheit
aller Bücher und Papiere beraubt. Während dies geschah, begab sich ein
weiterer Trupp Polizisten, bewaffnet mit einem Sonderbefehl, zur Druckerei,
in der unsere Zeitung *The Suffragette* veröffentlicht wurde. Der Drucker, Mr.
Drew, wurde verhaftet und das Material für die Zeitung, die am nächsten Tag
erscheinen sollte, wurde beschlagnahmt. Um ein Uhr nachmittags waren die
gesamte Fabrik und das Hauptquartier der Gewerkschaft in den Händen der
Polizei, und allem Anschein nach war die militante Bewegung – zumindest
vorübergehend – völlig zum Stillstand gekommen. In meinem Zustand
halber Erschöpfung schien es mir zunächst das Beste, die Wochenausgabe
der Zeitung auslaufen zu lassen, aber bei näherem Überlegen entschied ich,
dass selbst der Anschein einer Kapitulation nicht in Frage kam. Wie wir das
schafften, muss hier nicht erzählt werden, aber tatsächlich brachten wir über
Nacht, mit kaum Material außer Christabels Leitartikel und mit hastig
herbeigerufenen Helfern, die Zeitung wie üblich heraus, und neben den
Morgenzeitungen, die auf den Titelseiten Geschichten über die
Unterdrückung des Suffragettenorgans brachten, verkauften unsere
Zeitungsverkäufer *The Suffragette* . Auf der Titelseite stand statt der üblichen
Karikatur das einzige Wort in Fettdruck :

### „Überfallen“,

Die ganze Geschichte der polizeilichen Durchsuchung und der
Verhaftungen wird auf den anderen Seiten erzählt. Unser Hauptquartier, das
möchte ich nebenbei sagen, blieb weniger als 48 Stunden geschlossen. Wir
sind so organisiert , dass uns die Verhaftung von Anführern nicht ernsthaft
behindert. Jeder hat einen Ersatz, und wenn ein Anführer ausfällt, steht sein
Ersatz sofort bereit, um seinen Platz einzunehmen.

In dieser Notsituation trat an Miss Kenneys Stelle Miss Grace Roe als
Hauptorganisatorin auf , eine der jungen Suffragetten, auf die ich als
Angehörige der älteren Generation so stolz bin. Angesichts der größten
Schwierigkeiten, die die Regierung ihnen bereiten konnte, erwies sich Miss
Roe sofort der Situation gewachsen und verfügte über die Gabe
unerschütterlicher Loyalität, verbunden mit einem starken und schnellen
Urteilsvermögen in Bezug auf Dinge und Menschen. Ihre Hilfe erhielt Mrs.
Dacre Fox, die uns alle mit ihrer erstaunlichen Fähigkeit überraschte, als
stellvertretende Herausgeberin von *The Suffragette* zu fungieren , eine Vielzahl

von Angelegenheiten im Büro zu regeln und unsere wöchentlichen Versammlungen zu leiten. Ein weiteres Mitglied der Gewerkschaft, das in dieser Krise besonders in den Vordergrund trat, war Mrs. Mansel .

Innerhalb von zwei Tagen war das Büro wieder geöffnet und lief wie gewohnt, ohne dass man von der Trauer und Empörung um unsere inhaftierten Kameraden etwas merkte. Die meisten von ihnen lehnten eine Kaution ab und traten sofort in einen Hungerstreik, als sie drei Tage später in einem erbärmlichen Zustand vor Gericht erschienen. Mrs. Drummond war so offensichtlich krank und brauchte medizinische Hilfe, dass sie entlassen und sehr bald darauf operiert wurde. Mr. Drew, der Drucker, wurde gezwungen, eine Verpflichtungserklärung zu unterschreiben, die Zeitung nicht mehr zu veröffentlichen. Die anderen wurden zu Haftstrafen zwischen sechs und achtzehn Monaten verurteilt. Mr. Clayton wurde zu einundzwanzig Monaten verurteilt und entkam nach verzweifeltem Widerstand, während dessen er viele Male zwangsernährt wurde, aus dem Gefängnis. Die anderen folgten demselben Beispiel und hungerten sich ihren Weg in die Freiheit frei und wurden seitdem immer wieder verfolgt und aufgrund des Cat and Mouse Act erneut festgenommen.

Nach meiner Entlassung am 12. April blieb ich im Pflegeheim, bis ich mich teilweise erholt hatte. Dann fuhr ich unter den Augen der Polizei nach Woking , dem Landhaus meiner Freundin Dr. Ethel Smyth. Dieses Haus wurde, wie das Pflegeheim, von einer kleinen Polizeitruppe bewacht. Ich ging nie ans Fenster, ich schnappte nie frische Luft im Garten, ohne mir beobachtender Augen bewusst zu sein. Die Situation wurde unerträglich und ich beschloss, ihr ein Ende zu setzen. Am 26. Mai gab es im London Pavillion eine große Versammlung , und ich kündigte an, dass ich daran teilnehmen würde. Unterstützt von Dr. Flora Murray, Dr. Ethel Smyth und meiner ergebenen Krankenschwester Pine ging ich die Treppe hinunter und wurde an der Tür von einem Detektiv erwartet, der wissen wollte, wohin ich ginge. Ich war in einem schwachen Zustand, viel schwächer, als ich es mir vorgestellt hatte, und da ich das Recht eines Mannes ablehnte, meine Bewegungen zu hinterfragen, erschöpfte ich den letzten Rest meiner Kraft und sank ohnmächtig in die Arme meiner Freunde. Sobald ich wieder zu mir gekommen war, stieg ich ins Auto. Der Detektiv nahm sofort neben mir Platz und forderte den Chauffeur auf, zur Bow Street Station zu fahren. Der Chauffeur antwortete, er nehme seine Befehle nur von Mrs. Pankhurst entgegen, woraufhin der Detektiv ein Taxi rief, mich verhaftete und zur Bow Street brachte.

**Erneute Festnahme von Frau Pankhurst in Woking**

*26. Mai 1913*

Nach dem Katz-und-Maus-Gesetz kann eine auf Bewährung entlassene Gefangene ohne die Formalität eines Haftbefehls verhaftet werden, und die Zeit, die sie in Freiheit verbracht hat, um ihre Gesundheit wiederherzustellen, wird auch nicht von ihrer Gefängnisstrafe abgezogen. Der Richter in der Bow Street war daher durchaus im Recht, als er meine Rückkehr nach Holloway anordnete. Ich hielt es dennoch für meine Pflicht, ihn auf die Unmenschlichkeit seiner Tat hinzuweisen. Ich sagte zu ihm: „Ich wurde aus gesundheitlichen Gründen aus Holloway entlassen. Seitdem werde ich genau so behandelt, als wäre ich im Gefängnis. Es ist für jeden absolut unmöglich geworden , unter solchen Bedingungen gesund zu werden, und heute Morgen beschloss ich, diesen Protest gegen einen Zustand einzulegen, der in einem zivilisierten Land beispiellos ist."

Der Richter antwortete förmlich: „Sie verstehen die Lage vollkommen. Sie wurden aufgrund dieses Haftbefehls verhaftet, und ich muss lediglich eine Gefängnisstrafe gegen Sie verhängen."

„Ich denke", sagte ich, „dass Sie dies mit vollem Verantwortungsbewusstsein tun sollten. Wenn ich aufgrund Ihres Haftbefehls nach Holloway gebracht werde, werde ich meinen Protest, den ich zuvor eingelegt habe und der zu meiner Freilassung führte, wieder aufnehmen und auf unbestimmte Zeit weitermachen, bis ich sterbe oder bis die Regierung, da sie es auf sich genommen hat, Sie und andere Leute mit der Verwaltung der Gesetze zu beauftragen, beschließt, Frauen als Bürgerinnen anzuerkennen und ihnen eine gewisse Kontrolle über die Gesetze dieses Landes zu geben."

Diesmal dauerte es fünf Tage, denn mein extrem schwacher Zustand machte es mir unmöglich, länger durchzuhalten. Am 30. Mai wurde ich auf sieben Tage Bewährung entlassen und halbtot wieder in ein Pflegeheim gebracht. Knapp eine Woche später, als ich noch immer bettlägerig war, geschah etwas Schreckliches, das der gleichmütigen britischen Öffentlichkeit hätte bewusst machen müssen, wie ernst die von der Regierung herbeigeführte Lage war. Emily Wilding Davison, die seit 1906 mit der militanten Bewegung verbunden war, gab ihr Leben für die Sache der Frauen, indem sie sich dem in den Weg warf, was den Engländern neben ihrem Eigentum am heiligsten ist: dem Sport. Miss Davison ging zu den Rennen in Epsom, durchbrach die Absperrungen, die die riesigen Menschenmengen von der Rennbahn trennten, stürzte sich in den Weg der galoppierenden Pferde und ergriff das Zügel des Pferdes des Königs, das alle anderen anführte. Das Pferd stürzte, warf seinen Jockey ab und zerquetschte Miss Davison auf so schreckliche Weise, dass sie sterbend von der Rennbahn getragen wurde. Alles Mögliche wurde getan, um ihr Leben zu retten. Der großartige Chirurg, Mr. Mansell Moullin , ließ alles andere beiseite und widmete sich ihrem Fall, aber obwohl er äußerst geschickt operierte , waren die Verletzungen, die sie erlitten hatte, so schrecklich, dass sie vier Tage später starb, ohne auch nur einmal das Bewusstsein wiedererlangt zu haben. Mitglieder der Union waren bei ihr, als sie am 8. Juni ihren letzten Atemzug tat, und am 14. Juni gaben sie ihr in London ein großes öffentliches Begräbnis. Menschenmengen säumten die Straßen, als der Leichenwagen, gefolgt von Tausenden von Frauen, langsam und traurig zur St. George's Church in Bloomsbury fuhr, wo die Trauerfeier stattfand.

Emily Wilding Davison war ein Charakter, der durch einen Kampf wie den unseren fast zwangsläufig geformt wurde. Sie hatte einen BA der Universität London und in Oxford Englische Sprache und Literatur mit Auszeichnung abgeschlossen . Doch die Sache der Frauen sprach ihre Vernunft und ihr Mitgefühl so sehr an, dass sie jeden intellektuellen und sozialen Appell beiseite schob und sich unermüdlich und furchtlos der Arbeit der

Gewerkschaft widmete. Sie hatte viele Gefängnisaufenthalte erlitten, war zwangsernährt und äußerst brutal behandelt worden. Einmal, als sie ihre Zelle vor den Gefängnisärzten verbarrikadiert hatte, richtete man aus dem Fenster einen Gartenschlauch auf sie, und sie wurde durchnässt und ertrank beinahe im eiskalten Wasser, während Arbeiter ihre Zellentür aufbrachen. Nach dieser Erfahrung äußerte Miss Davison gegenüber mehreren ihrer Freunde die tiefe Überzeugung, dass das Gewissen der Menschen heute, wie in den sogenannten unzivilisierten Tagen , nur durch das Opfer eines Menschenlebens erwachen würde. Einmal versuchte sie im Gefängnis, sich umzubringen, indem sie sich kopfüber von einer der oberen Galerien stürzte, doch es gelang ihr nur, grausame Verletzungen davonzutragen. Von da an hielt sie an ihrer Überzeugung fest, dass eine große Tragödie, das absichtliche Auslöschen eines Menschenlebens, der unerträglichen Folter von Frauen ein Ende bereiten würde. Und so warf sie sich vor den Augen des Königs und der Königin und einer großen Zahl von Untertanen ihrer Majestäten auf das Pferd des Königs, bot dem König ihr Leben als Bittgebet an und betete für die Befreiung leidender Frauen in ganz England und der Welt. Niemand kann bezweifeln, dass dieses Gebet für immer unbeantwortet bleiben wird, denn sie trug es direkt zum Thron des Königs aller Welten.

Der Tod von Miss Davison war für mich ein großer Schock und auch ein großer Kummer, und obwohl ich kaum in der Lage war, mein Bett zu verlassen, beschloss ich, alles zu riskieren, um an ihrer Beerdigung teilzunehmen. Dazu sollte es jedoch nicht kommen, denn als ich das Haus verließ, wurde ich erneut von Detektiven verhaftet, die dort auf der Lauer lagen. Wieder wurde die Farce unternommen, mich zu einer dreijährigen Haftstrafe zu zwingen. Aber jetzt hatten die militanten Frauen eine neue und schrecklichere Waffe entdeckt, mit der sie die ungerechten Gesetze Englands herausfordern konnten, und diese Waffe – den Durststreik – setzte ich mit solcher Wirkung gegen meine Gefängniswärter ein , dass sie gezwungen waren, mich innerhalb von drei Tagen freizulassen.

Den Hungerstreik habe ich als schreckliche Tortur beschrieben, aber im Vergleich zum Durststreik, der von Anfang bis Ende schlichte und ungemilderte Folter ist, ist er eine milde Erfahrung. Durch einen Hungerstreik nimmt das Gewicht eines Gefangenen sehr schnell ab, durch einen Durststreik jedoch so erschreckend schnell, dass die Gefängnisärzte zunächst in absolute Panik und Angst gerieten. Später wurden sie etwas abgehärtet, aber selbst jetzt noch blicken sie mit Schrecken auf den Durststreik. Ich bin nicht sicher, ob ich dem Leser die Wirkung von Tagen ohne einen einzigen Tropfen Wasser vermitteln kann. Der Körper kann den Verlust von Feuchtigkeit nicht ertragen. Er schreit mit jedem Nerv protestierend auf. Die Muskeln verkümmern, die Haut wird schrumpfend und schlaff, das Aussehen des Gesichts verändert sich schrecklich; all diese äußeren Symptome sind beredtes Zeugnis für das akute Leiden des gesamten physischen Wesens. Jede natürliche Funktion wird natürlich ausgesetzt, und die Gifte, die den Körper nicht verlassen können, werden zurückgehalten und absorbiert. Der Körper wird kalt und zittert , es gibt ständig Kopfschmerzen und Übelkeit, und manchmal kommt es zu Fieber. Mund und Zunge werden belegt und geschwollen, die Kehle verkrampft sich und die Stimme wird zu einem dünnen Flüstern.

Als ich am Ende des dritten Tages meines ersten Durststreiks nach Hause geschickt wurde, litt ich an Gelbsucht, von der ich mich nie ganz erholt habe. Ich war so stark betroffen, dass die Gefängnisbehörden nach meiner Entlassung fast einen Monat lang keinen Versuch unternahmen, mich zu verhaften. Am 13. Juli fühlte ich mich wieder stark genug, um gegen das abscheuliche Katz-und-Maus-Gesetz zu protestieren, und ging mit Miss Annie Kenney, die ebenfalls „aus medizinischen Gründen" auf freiem Fuß war, zu einer Versammlung im London Pavillion . Am Ende der Versammlung, bei der Miss Kenneys Gefängnislizenz für 12 Pfund versteigert wurde, versuchten wir zum ersten Mal die offene Flucht, die uns seitdem so oft gelungen ist. Miss Kenney verkündete vom Podium aus, dass wir den Saal öffentlich verlassen sollten, und ging sofort kühl ins Publikum. Die Polizei stürmte in überwältigender Zahl herein und konnte sie nach einem verzweifelten Kampf festnehmen. Andere Kriminalbeamte und Polizisten eilten zur Seitentür der Halle, um mich abzufangen, doch ich enttäuschte sie, indem ich durch die Vordertür verschwand und mit einem Taxi zum Haus eines Freundes flüchtete.

Die Polizei fand mich bald im Haus meiner Freundin, der angesehenen Wissenschaftlerin Frau Hertha Ayrton , und der Ort wurde sofort zu einer belagerten Festung. Tag und Nacht war das Haus nicht nur von der Polizei, sondern auch von Scharen sympathisierender Frauen umringt . Am Samstag nach meinem Auftritt im Pavillon sorgten wir für Aufregung bei der Polizei, wie sie sie nicht mag. Ein Taxi fuhr vor Mrs. Ayrtons Tür vor, und mehrere bekannte Mitglieder der Union stiegen aus und eilten ins Haus. Sofort sprach sich herum, dass ein Rettungsversuch unternommen wurde, und die Polizei umringte das Taxi entschlossen. Bald erschien eine verschleierte Frau in der Tür, umringt von Suffragetten, die, als die verschleierte Dame versuchte, in das Taxi einzusteigen, den Versuchen der Polizei, Hand an sie zu legen, mit aller Kraft widerstanden. Von allen Seiten erklang der Ruf: „Sie verhaften Mrs. Pankhurst!" Es folgte etwas, das einer Schlägerei sehr glich und die ganze Aufmerksamkeit der Polizisten in Anspruch nahm, die sich nicht in unmittelbarer Nähe des Taxis befanden. Den Männern, die das schwankende Fahrzeug umringten, gelang es, die verschleierte Gestalt aus den Armen der anderen Frauen zu reißen, in das Taxi zu steigen und dem Chauffeur zu befehlen, mit Vollgas in Richtung Bow Street zu fahren. Doch bevor sie ihr

Ziel erreichten, hob die verschleierte Dame ihren Schleier – leider war es nicht Mrs. Pankhurst, die zu diesem Zeitpunkt in einem anderen Taxi in eine ganz andere Richtung davonraste.

Unser Trick machte die Polizei wütend und sie beschlossen, mich bei meinem ersten öffentlichen Auftritt zu verhaften, der am Montag nach der eben geschilderten Episode im Pavillon stattfand. Als ich den Pavillon erreichte , war er buchstäblich von Hunderten Polizisten umringt. Es gelang mir, an der Außenabsperrung vorbeizukommen , aber Scotland Yard hatte seine besten Männer in der Halle, und mir wurde nicht gestattet, die Plattform zu erreichen. Umringt von Männern in Zivil mit gezogenen Schlagstöcken konnte ich nicht entkommen, aber ich rief den Frauen zu, dass sie mich festnahmen, und sie eilten so tapfer zu Hilfe, dass die Polizei fast eine halbe Stunde lang alle Hände voll zu tun hatte, bevor sie mich in ein Taxi nach Holloway brachten. An diesem Tag wurden sechs Frauen verhaftet und weit mehr als sechs Polizisten vorübergehend dienstunfähig gemacht.

Zu diesem Zeitpunkt hatte ich mich entschlossen, nicht nur dem Gefängnisaufenthalt zu widerstehen, sondern mich mit allen Mitteln auch dem Gefängnisaufenthalt zu widersetzen. Als wir Holloway erreichten, weigerte ich mich daher, aus dem Taxi auszusteigen, und erklärte meinen Entführern, dass ich den langsamen Justizmord, dem die Regierung Frauen aussetzte, nicht länger dulden würde. Ich wurde herausgehoben und in eine Zelle im Krankenflügel des Gefängnisses gebracht . Die dort diensthabenden Aufseherinnen sprachen ziemlich freundlich mit mir und meinten, ich solle mich ausziehen und zu Bett gehen, da ich offensichtlich erschöpft und krank sei. „Nein", antwortete ich, „ich werde nicht zu Bett gehen, nicht ein einziges Mal, solange ich hier festgehalten werde. Ich bin dieses brutalen Spiels überdrüssig und habe vor, ihm ein Ende zu setzen."

Ohne mich auszuziehen, legte ich mich auf die Außenseite des Bettes. Später am Abend besuchte mich der Gefängnisarzt, aber ich weigerte mich, untersucht zu werden. Am Morgen kam er wieder, und mit ihm der Gouverneur und die Oberaufseherin. Da ich seit dem Vortag weder Nahrung noch Wasser zu mir genommen hatte, hatte sich mein Aussehen so sehr verändert, dass der Arzt sichtlich beunruhigt war. Er bat mich, ihm „als kleines Zugeständnis" zu erlauben, meinen Puls zu fühlen, aber ich schüttelte den Kopf, und sie ließen mich für den Tag in Ruhe. In dieser Nacht war ich so krank, dass ich mir über meinen eigenen Zustand Sorgen machte, aber ich wusste nicht, was ich tun konnte, außer abzuwarten. Am Mittwochmorgen kam der Gouverneur wieder und fragte mich mit einer gespielten Nachlässigkeit, ob es wahr sei, dass ich sowohl Nahrung als auch Wasser ablehne. „Es ist wahr", sagte ich, und er antwortete brutal: „Sie sind sehr knausrig." Dann, als wäre die Sache nicht eine lächerliche Farce, verkündete er, dass ich zu drei Tagen Einzelhaft unter Entzug aller Privilegien verurteilt sei, und verließ danach meine Zelle.

Zweimal an diesem Tag besuchte mich der Arzt, aber ich ließ nicht zu, dass er mich berührte. Später kam ein Sanitäter vom Innenministerium, bei dem ich mich, wie schon beim Gouverneur und dem Gefängnisarzt, über die Schmerzen beschwert hatte, die ich noch immer von der groben Behandlung im Pavillon hatte . Beide Ärzte bestanden darauf, dass ich mich von ihnen untersuchen ließ, aber ich sagte: „Ich werde mich nicht von Ihnen untersuchen lassen, denn Sie wollen mir nicht als Patient helfen, sondern nur feststellen, wie lange ich im Gefängnis noch am Leben bleiben kann. Ich bin nicht bereit, Ihnen oder der Regierung in irgendeiner Weise zu helfen. Ich bin nicht bereit, Sie in dieser Angelegenheit von jeglicher Verantwortung zu entbinden." Ich fügte hinzu, es sei ganz offensichtlich, dass ich sehr krank und nicht haftbar sei. Sie zögerten einen Moment oder zwei und ließen mich dann allein.

Die Nacht zum Mittwoch war ein langer, alptraumhafter Leidensweg, und am Donnerstagmorgen muss ich fast wie eine Mumifizierung ausgesehen haben. Als der Direktor und der Arzt in meine Zelle kamen und mich ansahen, dachte ich, sie würden sofort meine Freilassung veranlassen. Aber die Stunden vergingen, und es kam kein Freilassungsbefehl. Ich beschloss, meine Freilassung zu erzwingen, stand von dem Bett auf, in dem ich gelegen hatte, und begann, in der Zelle auf und ab zu taumeln. Als mir alle Kraft fehlte und ich mich nicht mehr auf den Beinen halten konnte, legte ich mich auf den Steinboden, und dort fanden sie mich um vier Uhr nachmittags, keuchend und halb bewusstlos. Und dann schickten sie mich weg. Diesmal war ich in einem sehr geschwächten Zustand und musste mit Salzlösungen behandelt werden, um mein Leben zu retten. Ich hatte jedoch das Gefühl, dass ich zumindest für eine Weile die Mauern meines Gefängnisses durchbrochen hatte, und das bewahrheitete sich. Am 24. Juli wurde ich freigelassen. Ein paar Tage später wurde ich in einem Krankenstuhl auf die Plattform des London Pavillion getragen . Ich konnte nicht sprechen, aber ich war da, wie ich es versprochen hatte. Meine Lizenz , die ich inzwischen nicht mehr zerriss, weil sie einen Auktionswert hatte, wurde für die Summe von einhundert Pfund an einen anwesenden Amerikaner verkauft. Ich hatte dem Gouverneur bei meiner Abreise gesagt, dass ich die Lizenz verkaufen und das Geld für militante Zwecke ausgeben wollte, aber ich hatte nicht erwartet, eine so prächtige Summe wie einhundert Pfund aufzubringen. Ich werde die Großzügigkeit dieses unbekannten amerikanischen Freundes nie vergessen.

Im Sommer 1913 fand in London ein großer medizinischer Kongress statt, und am 11. August hielten wir eine große Versammlung in Kingsway Hall ab, an der Hunderte von Ärzten teilnahmen. Ich hielt eine Rede bei dieser

Versammlung, bei der eine schallende Resolution gegen Zwangsernährung verabschiedet wurde, und ich durfte ohne polizeiliche Einmischung nach Hause gehen. Tatsächlich war es das zweite Mal in diesem Monat, dass ich ohne Belästigung öffentlich sprach. Die Anwesenheit so vieler angesehener Mediziner in London mag den Behörden nahegelegt haben, dass es besser sei, mich vorerst in Ruhe zu lassen. Jedenfalls ließ man mich in Ruhe, und Ende des Monats ging ich ganz öffentlich nach Paris, um meine Tochter Christabel zu besuchen und mit ihr die Kampagne für den kommenden Herbst zu planen. Ich brauchte Ruhe nach den Strapazen der letzten fünf Monate, in denen ich von meiner dreijährigen Gefängnisstrafe, also nicht ganz drei Wochen, abgesessen hatte.

## FUSSNOTE:

[5] Kurz zuvor hatte Herr Lansbury seinen Parlamentssitz aufgegeben und sich wegen der Frage des Frauenwahlrechts an seine Wähler gewandt. Sowohl die Liberale als auch die Konservative Partei hatten sich gegen ihn verbündet, mit dem Ergebnis, dass an seiner Stelle ein unionistischer Kandidat gewählt wurde. Herr Lloyd-George freute sich öffentlich über das Ergebnis dieser Wahl und sagte, Herr Marsh, der konservative Kandidat, sei sein Mann gewesen. Die Labour Party, im Parlament und außerhalb, akzeptierte diese liberale Schikane ohne Protest.

# KAPITEL VII

Die zwei Monate des Sommers 1913, die ich mit meiner Tochter in Paris verbrachte, waren beinahe die letzten Tage des Friedens und der Ruhe, die mir seither zuteilwurden. Ich verbrachte diese Tage oder einige Stunden mit der ersten Vorbereitung dieses Bandes, weil ich der Meinung war, ich hätte die Pflicht, der Welt meine eigene klare Darstellung der Ereignisse zu geben, die zur Frauenrevolution in England geführt haben. Zweifellos werden noch weitere Geschichten dieser militanten Bewegung geschrieben werden; in kommenden Zeiten, wenn in allen verfassungsmäßigen Ländern der Welt das Frauenwahlrecht ebenso allgemein akzeptiert sein wird wie heute das der Männer; wenn Männer und Frauen die Welt der Industrie zu gleichen Bedingungen bevölkern, als Kollegen und nicht als erbitterte Konkurrenten; Wenn, mit einem Wort, alle schrecklichen und verbrecherischen Diskriminierungen, die heute zwischen den Geschlechtern bestehen, abgeschafft sind, wie sie eines Tages abgeschafft werden müssen, wird der Historiker sich in aller Ruhe hinsetzen und der seltsamen Geschichte, wie die Frauen Englands gegen die blinde und hartnäckige Regierung Englands zu den Waffen griffen und sich ihren Weg zur politischen Freiheit erkämpften, voll und ganz gerecht werden können. Ich möchte lange genug leben, um eine solche Geschichte zu lesen, ruhig überlegt, sorgfältig analysiert und gewissenhaft dargelegt. Es wird ein besseres Buch zu lesen sein als dieses, das sozusagen im Lager zwischen den Schlachten geschrieben wurde. Aber vielleicht wird dieses, so hastig es auch verfasst wurde, dem Leser der Zukunft einen klareren Eindruck von der Anstrengung und Verzweiflung des Konflikts vermitteln und auch etwas von dem bisher ungeahnten Mut und der Kampfkraft der Frauen, die, nachdem sie die Freude am Kampf kennengelernt haben, jedes Gefühl der Angst verlieren und ihren Kampf bis an die Tore des Todes und darüber hinaus fortsetzen, ohne auf irgendeinem Schritt des Weges zurückzuschrecken.

Jeder Schritt seit jenem Treffen im Oktober 1912, als wir dem Frieden in England definitiv den Krieg erklärten, war mit Gefahren und Schwierigkeiten verbunden, die oft unerwartet und unerklärt kamen. Im Oktober 1913 stach ich an Bord des französischen Linienschiffs *La Provence* zu meinem dritten Besuch in die Vereinigten Staaten in See. Meine Absicht wurde in der englischen, französischen und amerikanischen Presse veröffentlicht. Es wurde kein Versuch unternommen, meine Absicht zu verheimlichen, und tatsächlich wurde meine Abreise von zwei Männern von Scotland Yard bezeugt. Ich hatte einige Hinweise gehört, dass die Einwanderungsbeamten im Hafen von New York versuchen würden, mich als unerwünschten Ausländer auszuweisen, aber ich schenkte diesen Berichten wenig Glauben. Amerikanische Freunde schrieben und telegrafierten mir aufmunternde

Worte, und so verbrachte ich meine Zeit an Bord des Schiffes ganz friedlich, arbeitete einen Teil der Zeit und ruhte mich gegen die Erschöpfung aus, die eine Vortragsreise stets mit sich bringt.

**FRAU PANKHURST UND CHRISTABEL IM GARTEN VON CHRISTABELS
HAUS IN PARIS**

Wir gingen am 26. Oktober im Hafen von New York vor Anker, und dort teilten mir die Einwanderungsbehörden zu meinem Erstaunen mit, dass ich nach Ellis Island beordert worden sei, um vor einem Sonderuntersuchungsausschuss zu erscheinen. Die Beamten, die den Haftbefehl zustellten, taten dies mit aller Höflichkeit, wenn auch mit einem gewissen Widerwillen. Sie erlaubten meiner amerikanischen Reisebegleiterin, Mrs. Rheta Childe Dorr, mich auf die Insel zu begleiten, aber niemandem, nicht einmal dem Anwalt, den Mrs. OHP Belmont zu meiner Verteidigung geschickt hatte, wurde gestattet, mich vor dem Sonderuntersuchungsausschuss zu begleiten. Ich ging ganz allein vor diese drei Männer, so wie schon viele arme, freundlose Frauen ohne meine Mittel erscheinen mussten. In dem Moment, als ich den Raum betrat, wusste ich, dass außergewöhnliche Mittel gegen mich eingesetzt worden waren, denn auf dem Schreibtisch, hinter dem der Ausschuss saß, sah ich eine vollständige

*Akte* meines Falles in englischen Rechtsdokumenten. Diese Dokumente könnten von Scotland Yard oder von der Regierung stammen. Ich kann es natürlich nicht sagen. Sie genügten, um das Board of Special Inquiry davon zu überzeugen, dass ich eine Person von zweifelhaftem Charakter war, um es gelinde auszudrücken, und man teilte mir mit, dass ich festgehalten werden müsse, bis die höheren Behörden in Washington meinen Fall untersuchten. Es wurde alles getan, um mir ein angenehmes Leben zu ermöglichen, und mir und meinem Begleiter wurden die Räume des Einwanderungskommissars überlassen. Dieselben Männer, die mich der moralischen Beleidigung für schuldig befanden – etwas, dessen mir noch keine britische Jury je vorgeworfen hat –, bemühten sich auf vielerlei Weise, meine Inhaftierung angenehm zu gestalten. Ich wurde über die ganze Insel und durch die Quartiere der inhaftierten Einwanderer eskortiert, deren Recht, in den Vereinigten Staaten zu landen, in Frage steht. Die riesigen Speisesäle, die blitzsauberen Küchen und die bewundernswert abwechslungsreiche Speisekarte interessierten und beeindruckten mich. So etwas gibt es in keiner englischen Einrichtung.

Ich blieb zweieinhalb Tage auf Ellis Island, lange genug, damit der Einwanderungsbeauftragte in Washington meinen Fall dem Präsidenten vorlegen konnte, der sofort meine Freilassung anordnete. Wer auch immer für meine Inhaftierung verantwortlich war, übersah völlig den Werbewert des Vorfalls. Meine Vortragsreise wurde dadurch viel erfolgreicher und ich schiffte mich Ende November mit einem sehr großzügigen amerikanischen Beitrag zu unserer Kriegskasse nach England ein, einen Beitrag, den ich leider nicht persönlich überbringen durfte.

In der Nacht bevor das White Star-Linienschiff *Majestic* Plymouth erreichte, teilte mir eine Funknachricht vom Hauptquartier mit, dass die Regierung beschlossen habe, mich bei meiner Ankunft zu verhaften. Die Verhaftung erfolgte unter höchst dramatischen Umständen am nächsten Tag kurz vor Mittag. Der Dampfer ging im äußeren Hafen vor Anker , und wir sahen sofort, dass die Bucht, die normalerweise so belebt von vorbeifahrenden Schiffen ist, von allen Booten geräumt war. In weiter Ferne lag das Beiboot, das den Dampfer sonst immer getroffen hatte, zwischen zwei riesigen grauen Kriegsschiffen vor Anker. Für einen Moment stand die Szene still, und die Passagiere drängten sich in sprachloser Neugier an der Decksreling , um zu sehen, was als nächstes geschehen würde. Plötzlich raste ein Fischerboot mit Motorantrieb durch den Hafen , direkt unter der Nase der grimmigen Kriegsschiffe hindurch. Zwei Frauen standen, durchnässt von Gischt, im Boot auf, und als es schnell an unserem Dampfer vorbeipflügte, riefen die Frauen mir zu: „Die Katzen sind da, Mrs. Pankhurst! Sie sind dicht hinter Ihnen –" Ihre Stimmen verklangen im Nebel, und wir hörten nichts mehr. Nach ein oder zwei Minuten erschien ein verängstigter Schiffsjunge an Deck und überbrachte eine Nachricht vom Zahlmeister, in der er mich aufforderte, in sein Büro zu kommen. Ich antwortete, dass ich dergleichen bestimmt nicht tun würde, und dann schwärmte die Polizei an Deck aus, und ich hörte zum fünften Mal, dass ich aufgrund des Katz-und-Maus-Gesetzes verhaftet worden war. Sie hatten fünf Männer von Scotland Yard geschickt, zwei Männer aus Plymouth und eine Wärterin aus Holloway, eine ausreichende Zahl, das sei zugegeben, um eine Frau von einem Schiff zu holen, das zwei Meilen weit draußen auf See vor Anker lag.

Gemäß meinem festen Entschluss, die Durchsetzung des berüchtigten Gesetzes in keiner Weise zu unterstützen, weigerte ich mich, mit den Männern zu gehen, die mich daraufhin aufhoben und zu dem wartenden Polizeiboot trugen. Wir fuhren einige Meilen die Küste von Cornwall hinauf, wobei die Polizei sich absolut weigerte, mir zu sagen, wohin sie mich brachte, und gingen schließlich in Bull Point von Bord, einem für die Öffentlichkeit gesperrten Regierungsanlegeplatz . Hier wartete ein Auto, und in Begleitung meines Leibwächters von Scotland Yard und Holloway wurde ich über Dartmoor nach Exeter gefahren, wo ich eine nicht unerträgliche Haftstrafe und einen viertägigen Hungerstreik absitzen musste. Alle, vom Gefängnisdirektor bis zu den Aufseherinnen, zeigten sich offen mitfühlend und freundlich, und ein vertraulicher Beamter sagte mir, sie hielten mich nur fest, weil sie den Befehl dazu hatten, bis nach dem großen Treffen im Empress Theatre in Earls Court, London, das als Willkommensgruß für mich arrangiert worden war. Das Treffen fand am Sonntagabend nach meiner Verhaftung statt und die große Summe von 15.000 Pfund floss in die Kassen der Militanz. Darin waren auch die 4.500 Pfund enthalten, die ich während meiner Amerika-Tour gesammelt hatte.

Einige Tage nach meiner Entlassung aus Exeter ging ich offen nach Paris, um mit meiner Tochter über Angelegenheiten zu sprechen, die mit der bevorstehenden Kampagne zusammenhingen, und kehrte am Tag vor Ablauf meiner Lizenz zurück, um an einem WSPU-Treffen teilzunehmen. Trotzdem wurde der Waggon des Bootszugs, in dem ich mit meinem Arzt und meiner Krankenschwester reiste, in Dover von zwei Kriminalbeamten gestürmt, die mir mitteilten, ich sei verhaftet. Wir kochten gerade Tee, als die Männer eintraten, aber wir warfen diesen sofort aus dem Fenster, weil im Moment der Verhaftung immer ein Hungerstreik begann. Wir gingen nie irgendwelche Kompromisse ein, sondern leisteten vom ersten Moment des Angriffs an Widerstand.

Der Grund für diese unangebrachte Verhaftung in Dover war die Angst der Polizei vor der Leibwache der Frauen, die gerade zu dem ausdrücklichen Zweck organisiert worden war , Verhaftungsversuchen gegen mich entgegenzutreten. Dass die Polizei ebenso wie die Regierung Angst hatten, Frauen zu begegnen, die sich nicht fürchteten zu kämpfen, hatten wir in ausreichender Zahl bezeugt. Diesmal hatten wir es ganz sicher, denn da die Behörden wussten, dass die Leibwache an der Victoria Station wartete, hatten sie alle Zugänge zum Ankunftsbahnsteig gesperrt und der Ort wurde von Polizeibataillonen bewacht. Kein Passagier durfte einen Wagen verlassen, bis ich zwischen einer doppelten Reihe von Polizisten und Kriminalbeamten über den Ankunftsbahnsteig getragen und in ein 40 PS starkes Auto geworfen worden war, das innen von zwei Männern in Zivil und einer Wärterin und außen von drei weiteren Polizisten bewacht wurde. Um dieses Auto herum standen zwölf Taxis voller Männer in Zivil, vier pro Fahrzeug und drei Bewacher außen, ganz zu schweigen vom Fahrer, der ebenfalls im Dienst der Polizei stand. Kriminalbeamte auf Motorrädern standen an verschiedenen Stellen Wache und waren bereit, jedem rettenden Taxi zu folgen.

Als ich in Holloway ankam, wurde ich wieder aus dem Auto gehoben und in den Empfangsraum gebracht, wo ich in einem Zustand großer Erschöpfung auf den Boden gelegt wurde. Als der Arzt hereinkam und mich kurz angebunden aufforderte aufzustehen, musste ich ihm sagen, dass ich nicht stehen könne. Ich weigerte mich strikt, untersucht zu werden, und sagte, ich sei entschlossen, die Regierung die volle Verantwortung für meinen Zustand übernehmen zu lassen. „Ich weigere mich, von Ihnen oder einem Gefängnisarzt untersucht zu werden", erklärte ich, „und ich tue dies aus Protest gegen mein Urteil und gegen meine Anwesenheit hier überhaupt. Ich bin nicht länger Ich erkenne einen Gefängnisarzt als Mediziner im eigentlichen Sinne des Wortes an. Ich habe meine Zustimmung zurückgezogen, mich den Gefängnisregeln zu unterwerfen; ich weigere mich, die Autorität irgendeines Gefängnisbeamten anzuerkennen und mache es der Regierung daher unmöglich, das Urteil zu vollstrecken, das sie gegen mich verhängt hat."

Es wurden Wärterinnen gerufen, ich wurde in einen Rollstuhl gesetzt und drei Treppen hochgetragen und in eine ungeheizte Zelle mit Betonboden gebracht. Da ich mich weigerte, den Rollstuhl zu verlassen, wurde ich herausgehoben und auf das Bett gelegt, wo ich die ganze Nacht lag, ohne meinen Mantel auszuziehen oder meine Kleidung zu lockern. Die Verhaftung erfolgte an einem Samstag und ich wurde bis zum folgenden Mittwochmorgen im Gefängnis festgehalten. Während dieser ganzen Zeit kam weder Essen noch Wasser über meine Lippen, und dazu kam noch ein Schlafstreik, was bedeutet, dass ich, soweit es menschlich möglich war, jeglichen Schlaf und jegliche Ruhe verweigerte. Zwei Nächte lang saß oder lag ich auf dem Betonboden und lehnte die oft wiederholten Angebote einer medizinischen Untersuchung entschieden ab. „Sie sind kein Arzt", sagte ich dem Mann. „Sie sind ein Folterer der Regierung und wollen sich nur davon überzeugen, dass ich noch nicht ganz bereit zum Sterben bin." Der Arzt, ein neuer Mann seit meiner letzten Inhaftierung, errötete und sah äußerst unglücklich aus. „Ich nehme an, Sie denken das wirklich", murmelte er.

Am Dienstagmorgen kam der Gouverneur, um nach mir zu sehen, und zweifellos machte ich zu diesem Zeitpunkt einen ziemlich schlechten Eindruck. Zumindest schloss ich das aus dem erschrockenen Gesichtsausdruck der Wärterin, die ihn begleitete. Dem Gouverneur teilte ich einfach mit, dass ich bereit sei, das Gefängnis zu verlassen, und dass ich beabsichtige, es sehr bald zu verlassen, tot oder lebendig. Ich sagte ihm, dass ich mich von diesem Moment an nicht einmal auf dem Betonboden ausruhen, sondern in meiner Zelle herumlaufen solle, bis ich freigelassen würde oder bis ich vor Erschöpfung sterbe. Den ganzen Tag hielt ich mich an diesen Vorsatz, ging in der engen Zelle auf und ab, stolperte und fiel oft, bis der Arzt abends hereinkam und mir mitteilte, dass meine Freilassung für den nächsten Morgen angeordnet worden sei. Dann lockerte ich mein Nachthemd, legte mich völlig erschöpft hin und fiel fast augenblicklich in einen todesähnlichen Schlaf. Am nächsten Morgen brachte mich ein Krankenwagen zum Hauptquartier in Kingsway, wo ein Krankenzimmer für meine Aufnahme vorbereitet worden war. Die beiden Inhaftierungen in weniger als zehn Tagen hatten meine Kräfte schrecklich beansprucht, und die Kälte der Holloway-Zelle hatte eine schmerzhafte Neuralgie verursacht. Es dauerte viele Tage, bis ich auch nur annähernd meine gewohnte Gesundheit wiedererlangte.

Diese beiden Verhaftungen führten genau zu dem Ergebnis, das die Regierung hätte voraussehen müssen: zu einem Ausbruch neuer Aufstände. Sobald sich die Nachricht verbreitete, dass ich in Plymouth verhaftet worden war, brach in den Holzlagern in Richmond Walk, Devenport , ein riesiges Feuer aus, und eineinhalb Hektar Holz im Wert von Tausenden von Pfund wurden neben einem Vergnügungsmarkt und einer angrenzenden Panoramabahn vernichtet. Niemand hat jemals die Ursache des Feuers herausgefunden, des größten, das jemals in der Gegend ausgebrochen ist , aber an einem der Geländer war eine Ausgabe der *Suffragette befestigt* und an einem anderen Geländer zwei Karten, auf einer davon stand eine Nachricht an die Regierung: „Wie können Sie es wagen, Mrs. Pankhurst zu verhaften und Sir Edward Carson und Mr. Bonar Law freizulassen?" Die zweite Karte trug die Worte: „Unsere Antwort auf die Folterung von Mrs. Pankhurst und ihre feige Verhaftung in Plymouth."

Außer diesem Feuer, das von Mitternacht bis zum Morgengrauen wütete, wurde ein großes unbewohntes Haus in Bristol durch Feuer zerstört; ein schönes, ebenfalls unbewohntes Wohnhaus in Schottland wurde durch Feuer schwer beschädigt; die St. Anne's Church in einem Vorort von Liverpool wurde teilweise zerstört; und viele Briefkästen in London, Edinburgh, Derby und anderen Städten wurden in Brand gesteckt. In Kirchen im ganzen

Königreich sorgten unsere Frauen für Bestürzung, indem sie in die Gottesdienste ehrfürchtig gesprochene Gebete für Gefangene einschoben, die aus Gewissensgründen litten. Der Leser hat zweifellos von diesen Unterbrechungen gehört, und wenn ja, hat er von raufenden, kreischenden Frauen gelesen, die in die Heiligkeit religiöser Gottesdienste eindrangen und im Haus Gottes Aufruhr verursachten. Ich denke, der Leser sollte genau wissen, was passiert, wenn militante Kämpfer, bei denen es sich normalerweise um religiöse Frauen handelt, Gottesdienste unterbrechen. Als ich am Sonntag nach meiner Verhaftung in Dover in Holloway war, sangen einige Frauen, die am Nachmittagsgottesdienst in der Westminster Abbey teilnahmen, gemeinsam das folgende Gebet: „Gott schütze Emmeline Pankhurst, hilf uns mit Deiner Liebe und Kraft, sie zu beschützen, verschone jene, die aus Gewissensgründen leiden. Erhöre uns, wenn wir zu Dir beten." Sie hatten dieses Gebet kaum beendet, als die Küster über sie herfielen und sie mit großer Gewalt aus der Abtei drängten. Ein kniender Mann, der zufällig in der Nähe einer der Frauen war, vergaß seine christlichen Fürbitten lange genug, um ihr mit den Fäusten ins Gesicht zu schlagen, bevor die Küster kamen.

Ähnliche Szenen haben sich in Kirchen und Kathedralen in ganz England und Schottland abgespielt, und in vielen Fällen wurden die Frauen von Küstern und Gemeindemitgliedern auf barbarischste Weise behandelt. In anderen Fällen wurden die Frauen nicht nur unbehelligt gelassen, sondern durften ihre Gebete in tiefem und mitfühlendem Schweigen beenden. Einige Geistliche waren sogar mutig genug, diesen Gebeten für Frauen im Gefängnis ein ehrfürchtiges Amen hinzuzufügen, und es kam vor, dass Geistliche freiwillig für uns beteten. Die Kirche als Ganzes ist jedoch zweifellos ihrer Verpflichtung nicht nachgekommen, Gerechtigkeit für Frauen zu fordern und gegen die Folter der Zwangsernährung zu protestieren. Im gerade zu Ende gegangenen Jahr haben wir viele Abordnungen an die Kirchenbehörden geschickt, wobei die Bischöfe einer nach dem anderen auf diese Weise besucht wurden. Einige der Bischöfe, darunter der reaktionäre Erzbischof von Canterbury, weigerten sich, das gewünschte Gespräch zu gewähren, und als dies geschah, bestand die Antwort der Abordnung darin, vor der Tür der bischöflichen Residenz zu sitzen, bis die Übergabe erfolgte – was ausnahmslos geschah.

Da das Holloway Gaol in seiner Diözese liegt, wurde der Bischof von London von der WSPU aufgesucht und aufgefordert, selbst Zeuge der Zwangsernährung zu werden, um sich des Grauens dieses Vorgangs bewusst zu werden . Er besuchte zwei der gefolterten Frauen, sah aber nicht, wie sie zwangsernährt wurden, und als er wieder herauskam, gab er der Öffentlichkeit einen Bericht über sein Gespräch mit ihnen, der im Grunde der Version der Regierung entsprach. Die WSPU war natürlich empört, während alle Freunde der Regierung den Bischof als Unterstützer der Folterpolitik begrüßten. Nur diejenigen, die den Schmerz und die Qual erlitten haben, ganz zu schweigen von der moralischen Demütigung der Zwangsernährung, können das Ausmaß der Ungerechtigkeit begreifen , die der Bischof von London von der Regierung vertuscht haben wollte . Es mag wahr sein, wie der Bischof sich mit der Aussage tröstete, dass die Opfer der Zwangsernährung umso mehr litten, weil sie während des Vorgangs zu kämpfen hatten. Doch wie Mary Richardson in The *Suffragette schrieb* , war die Erwartung, dass sich ein Opfer nicht wehrt, dasselbe, wie ihr zu sagen, dass sie weniger leiden würde, wenn sie sich nicht auf einen Aschestein in ihrem Auge stürzen würde. „Das Prinzip", erklärte Miss Richardson, „ist das gleiche. Man wehrt sich, weil der Schmerz unerträglich ist und die Nerven der Augen, Ohren und des Gesichts so gequält werden, dass es unmöglich wäre, nicht bis zum Äußersten Widerstand zu leisten. Man wehrt sich aber auch aus einem anderen Grund – einem moralischen Grund –, denn Zwangsernährung ist sowohl ein unmoralischer als auch ein schmerzhafter körperlicher Angriff, und wenn man ihr gegenüber passiv bleibt, bekommt man das Gefühl der Sünde – der Sünde der Mitwirkung. Das ganze Wesen ist dagegen empört; Widerstand ist daher unvermeidlich."

Ich denke, es ist hier angebracht, auch die Politik zu erklären, die wir 1914 verfolgten, nämlich unsere Sache direkt an den König zu bringen. Der Leser hat vielleicht von den „Beleidigungen" der Suffragetten gegenüber König George und Königin Mary gehört, und es ist nur gerecht, dass er einen direkten Bericht darüber hört, wie diese „Beleidigungen" ausgesprochen werden. Es gab mehrere vereinzelte Versuche, dem König Petitionen zu überreichen, einmal, als er auf dem Weg nach Westminster war, um das Parlament zu eröffnen, und ein weiteres Mal, als er Bristol einen Besuch abstattete. Bei letzterer Gelegenheit wurde die Frau, die die Petition überreichen wollte, von einem der Stallmeister des Königs angegriffen, der sie mit der flachen Seite seines Schwertes schlug.

Wir entschieden uns schließlich für die Methode der direkten Petition an den König, da wir gezwungen waren, alle Hoffnung auf erfolgreiche Petitionen an seine Minister aufzugeben. Da wir von der liberalen Regierung auf Schritt und Tritt ausgetrickst und betrogen worden waren, verkündeten wir, dass wir nicht noch einmal auch nur den Anschein von Vertrauen in sie setzen würden. Wir würden unsere Forderung nach Gerechtigkeit bis vor den Thron des Monarchen tragen. Ende Dezember 1913, als ich zum zweiten Mal seit meiner Rückkehr nach England im Gefängnis saß, fand in Covent Garden eine große Galavorstellung statt; die Oper war „Jeanne d'Arc" von Raymond Rôze . Der König und die Königin sowie der gesamte Hof waren anwesend, und man erwartete ein außergewöhnlich brillantes Bühnenbild. Unsere Frauen nutzten die Gelegenheit für eine der erfolgreichsten

Vorführungen des Jahres. Direkt gegenüber der königlichen Loge wurde eine Loge reserviert, die von drei Frauen in wunderschönen Gewändern besetzt wurde. Als sie eintraten, war es ihnen gelungen, ohne die geringste Aufmerksamkeit zu erregen, die Tür zu verschließen und zu verbarrikadieren, und am Ende des ersten Aktes, sobald das Orchester verschwunden war, standen die Frauen auf, und eine von ihnen sprach mit Hilfe eines Megaphons zum König. Der Sprecher lenkte die Aufmerksamkeit auf die eindrucksvollen Szenen auf der Bühne und sagte dem König, dass Frauen heute, wie Jeanne d'Arc vor Jahrhunderten, für die Freiheit des Menschen kämpften und dass sie, wie die Jungfrau von Orleans, im Namen des Königs, im Namen der Kirche und mit dem vollen Wissen und der Verantwortung der etablierten Regierung gefoltert und getötet würden. In dieser Stunde wurde der Anführer dieser Kämpfer in der Armee der Freiheit im Gefängnis festgehalten und von der Autorität des Königs gefoltert.

Das riesige Publikum geriet in Panik aus Aufregung und Entsetzen, und inmitten eines regelrechten Durcheinanders aus Schreien und Beschwörungen wurde schließlich die Tür der Loge aufgebrochen und die Frauen hinausgeworfen. Sobald sie das Haus verlassen hatten, erhoben sich andere unserer Frauen – vierzig oder mehr an der Zahl, die ruhig in einer oberen Galerie gesessen hatten – und ließen Wahlrechtsliteratur auf die Köpfe des Publikums regnen. Es dauerte volle dreiviertel Stunden, bis die Aufregung nachließ und die Sänger mit der Oper fortfahren konnten.

Die Sensation, die diese direkte Ansprache an das Königshaus auslöste, inspirierte uns zu einem zweiten Versuch, das Gewissen des Königs zu wecken. Anfang Januar, als das Parlament wieder zusammentrat, gaben wir bekannt, dass ich persönlich eine Abordnung zum Buckingham Palace führen würde. Der Plan wurde von unseren Mitgliedern mit Begeisterung aufgenommen, und eine sehr große Zahl von Frauen meldete sich freiwillig, um sich der Abordnung anzuschließen. Ziel der Abordnung war es, gegen drei Dinge zu protestieren: die fortdauernde Entrechtung der Frauen, die Zwangsernährung und die Katz-und-Maus-Folter derer, die gegen diese Ungerechtigkeit kämpften, sowie die skandalöse Art und Weise, in der die Regierung, während sie militante Frauen zwang und folterte, den männlichen Gegnern der Home Rule in Irland völlige Freiheit gewährte, Männern, die offen verkündeten, dass sie im Begriff seien, eine Politik durchzuführen, die nicht nur Eigentum angreift, sondern auch Menschenleben zerstört.

Ich schrieb einen Brief an den König, in dem ich ihm „die respektvolle und loyale Bitte der Women's Social and Political Union" übermittelte, „dass Eure Majestät einer Frauendelegation Audienz gewährt". Der Brief fuhr fort: „Die Delegation möchte Eurer Majestät persönlich ihren Anspruch auf die parlamentarische Abstimmung vorlegen, die den einzigen Schutz vor den schweren industriellen und sozialen Missständen darstellt, denen Frauen ausgesetzt sind; sie ist das Symbol und die Garantie der britischen Staatsbürgerschaft; und sie bedeutet die Anerkennung der gleichen Würde und des gleichen Wertes der Frauen als Mitglieder unseres großen Empires."

mittelalterlichen und barbarischen Foltermethoden vorlegen, mit denen die Minister Eurer Majestät den Frauenaufstand gegen den Entzug der Bürgerrechte unterdrücken wollen – einen Aufstand, der in seinem Geist und Ziel ebenso edel und ruhmreich ist wie jeder jener vergangenen Freiheitskämpfe, die der Stolz der britischen Rasse sind.

„Die Gedankenlosen – die die verfassungsmäßigen Prinzipien, auf denen unsere loyale Bitte um eine Audienz bei Eurer Majestät persönlich beruht, ignorieren – haben uns gesagt, dass wir unser Gespräch mit den Ministern Eurer Majestät führen sollten.

„Wir weisen diesen Vorschlag zurück. Erstens wäre es nicht nur gegen unser weibliches Würdegefühl, sondern es wäre auch absurd und sinnlos, genau die Männer zu interviewen, denen wir vorwerfen, sie hätten die Sache der Frauen verraten und diejenigen gefoltert, die für diese Sache kämpfen.

"Zweitens werden wir nicht angerufen und wir werden die Autorität von Männern nicht anerkennen , die in unseren Augen in dieser Angelegenheit weder rechtlich noch verfassungsmäßig vertreten sind, weil wir weder bei ihrer Wahl ins Parlament noch bei ihrer Ernennung als Minister der Krone konsultiert wurden."

Als Präzedenzfall zur Unterstützung unseres Anspruchs, vom König persönlich angehört zu werden, führte ich dann den Fall der Abordnung irischer Katholiken an, die im Jahr 1793 von König Georg III. persönlich empfangen wurde.

Ich sagte weiter:

„Unser Recht als Frauen, von Eurer Majestät gehört und unterstützt zu werden, ist weit stärker als jedes derartige Recht der Männer, denn es beruht auf unserem Mangel an allen anderen verfassungsmäßigen Mitteln, um unsere Beschwerden zu klären. Wir haben kein Recht, Abgeordnete zu wählen, und deshalb gibt es für uns kein Unterhaus. Wir haben keine Stimme im Oberhaus. Aber wir haben einen König, und an ihn wenden wir uns.

„Verfassungsmäßig gesehen leben wir als stimmlose Frauen in einer Zeit, in der die Macht des Monarchen unbegrenzt war. In dieser alten Zeit, die für Männer, aber nicht für Frauen gilt, konnten unterdrückte Männer auf den König zurückgreifen – die Quelle der Macht, der Gerechtigkeit und der Reformen.

„Genau auf die gleiche Weise beanspruchen wir jetzt das Recht, vor den Thron zu treten und vom König persönlich unsere Forderung nach Abhilfe des politischen Missstands vorzutragen, den wir nicht länger tolerieren können und wollen.

„Weil Frauen kein Stimmrecht haben , gibt es in unserer Mitte heute ausgebeutete Arbeiter, weiße Sklaven, geschändete Kinder und unschuldige Mütter und ihre Babys, die von schrecklichen Krankheiten heimgesucht werden. Um dieser unglücklichen Angehörigen unseres Geschlechts willen und im Interesse dieser ersuchen wir Eure Majestät um die Audienz, die uns unserer Überzeugung nach gewährt wird.“

Es dauerte einige Tage, bis wir die Antwort auf diesen Brief erhielten, und in der Zwischenzeit erregten einige ungewöhnlich bewegende und schmerzliche Ereignisse die Aufmerksamkeit der Öffentlichkeit.

# KAPITEL VIII

Monatelang vor meiner Rückkehr von meiner amerikanischen Vortragsreise nach England war die Lage in Ulster immer ernster geworden. Sir Edward Carson und seine Anhänger hatten erklärt, dass sie, falls eine Home Rule-Regierung in Dublin geschaffen und eingerichtet werden sollte – ob es Gesetze gab oder nicht – eine rivalisierende und unabhängige Regierung in Ulster einrichten würden. Es war bekannt, dass Waffen und Munition nach Irland verschifft wurden und dass Männer – und übrigens auch Frauen – übten und sich anderweitig auf den Bürgerkrieg vorbereiteten. Die WSPU wandte sich an Sir Edward Carson und fragte ihn, ob die vorgeschlagene Regierung in Ulster Frauen gleiches Wahlrecht gewähren würde. Wir erklärten offen, dass wir, falls nur die Männer in Ulster das Wahlrecht hätten, mit „König Carson" und seinen Kollegen genauso verfahren würden, wie wir es gegenüber der britischen Regierung mit Sitz in Westminster getan hatten. Sir Edward Carson versprach uns zunächst, dass die rebellische Regierung in Ulster, sollte sie zustande kommen, den Frauen in Ulster das Wahlrecht gewähren würde. Dieses Versprechen wurde später zurückgenommen, und in den frühen Wintermonaten des Jahres 1914 kam es in Ulster zu militanten Aufständen. In Schottland wütete es schon seit einiger Zeit, und nun wurden die inhaftierten Suffragetten in diesem Land wie in England zwangsernährt. Die Antwort darauf war natürlich noch mehr Militanz. Die alte schottische Kirche von Whitekirk , ein Relikt aus der Zeit vor der Reformation, wurde durch einen Brand zerstört. Mehrere unbewohnte Landhäuser brannten ebenfalls nieder.

Ungefähr zu dieser Zeit, im Februar 1914, nahm ich an einer Reihe von Versammlungen außerhalb Londons teil. Die erste davon sollte in Glasgow in der St. Andrews Hall stattfinden, die Tausende von Menschen fasst. Damit ich am Abend der Versammlung frei sein konnte, verließ ich London in einem Auto, ohne dass die Polizei mich kannte. Trotz aller Versuche, mich festzunehmen, gelang es mir, Glasgow zu erreichen und auf die Bühne von St. Andrews zu gelangen, wo ich einem riesigen und offensichtlich mitfühlenden Publikum gegenüberstand.

Da man befürchtete, dass die Polizei auf den Bahnsteig stürmen könnte, hatte man sich darauf vorbereitet, Widerstand zu leisten, und der Leibwächter war in großer Zahl vor Ort. Meine Rede war eine der kürzesten, die ich je gehalten habe. Ich sagte:

"Ich habe mein Versprechen gehalten und bin trotz der Regierung Seiner Majestät heute Abend hier. Nur sehr wenige Menschen in diesem Publikum, nur sehr wenige Menschen in diesem Land wissen, wie viel Geld der Nation dafür ausgegeben wird, Frauen zum Schweigen zu bringen. Aber der Witz und Einfallsreichtum der Frauen besiegt die Macht und das Geld der britischen Regierung. Es ist gut, dass wir dieses Treffen heute Abend abhalten, denn heute ist ein denkwürdiger Tag in den Annalen des Vereinigten Königreichs von Großbritannien und Irland. Heute haben wir im Unterhaus den Triumph der Militanz erlebt – der Militanz der Männer – und heute Abend hoffe ich, den Menschen in diesem Treffen klarzumachen, dass, wenn überhaupt ein Unterschied zwischen der Militanz in Ulster und der Militanz der Frauen gemacht werden kann , dieser nur zum Vorteil der Frauen ist. Unsere größte Aufgabe in dieser Frauenbewegung ist es, zu beweisen, dass wir Menschen wie Männer sind, und jede Phase unseres Kampfes zwingt den Männern und insbesondere den Politikern diese sehr schwierige Lektion ein. Ich schlage vor, heute Abend bei dieser politischen Versammlung einen Text vorzutragen. Texte werden normalerweise von der Kanzel vorgetragen, aber vielleicht verzeihen Sie mir, wenn ich heute Abend einen Text vortrage. Mein Text lautet: ‚Gleiche Gerechtigkeit für Männer und Frauen, gleiche politische Gerechtigkeit, gleiche rechtliche Gerechtigkeit, gleiche industrielle Gerechtigkeit und gleiche soziale Gerechtigkeit.‘ Ich möchte Ihnen heute Abend so klar und kurz wie möglich klarmachen, dass, wenn es gerechtfertigt ist, für allgemeine, normale gleiche Gerechtigkeit zu kämpfen, Frauen eine ausreichende, ja sogar größere Berechtigung für Revolution und Rebellion haben, als Männer jemals in der gesamten Geschichte der Menschheit hatten. Das ist eine große Behauptung, aber ich werde sie beweisen. Sie erhalten den Beweis für die politische Ungerechtigkeit –“

Als ich das Wort „Ungerechtigkeit“ beendet hatte, stieß ein Ordner einen Warnruf aus, es ertönte ein schweres Getrappel, und eine große Polizeieinheit stürmte in die Halle und rannte mit gezogenen Schlagstöcken auf die Bühne zu. Angeführt von Detektiven von Scotland Yard stürmten sie von allen Seiten herein, doch als die vordersten Mitglieder versuchten, die Bühne zu stürmen, wurden sie von einer Salve aus Blumentöpfen, Tischen, Stühlen und anderen Geschossen empfangen. Sie ergriffen das Geländer der Bühne, um es niederzureißen, doch sie stellten fest, dass unter der Dekoration Stacheldraht verborgen war. Dies gab ihnen einen Moment zu denken.

Inzwischen kamen weitere Angreifer aus anderen Richtungen. Die Leibwächter und die Zuschauer wehrten den Angriff energisch ab und schwangen Knüppel, Schlagstöcke, Stangen, Bretter oder alles, was sie ergreifen konnten, während die Polizisten mit ihren Schlagstöcken rechts und links um sich schlugen und dabei weitaus brutaler vorgingen. Überall sah man Männer und Frauen, denen das Blut über das Gesicht lief, und es wurde nach einem Arzt geschrien. Mitten im Kampf fielen mehrere Revolverschüsse, und die Frau, die den Revolver abfeuerte – der, wie ich erwähnen sollte, nur mit Platzpatronen geladen war –, konnte eine ganze Polizeieinheit terrorisieren und in Schach halten.

Ich war von Mitgliedern der Leibwache umringt worden, die mich vom Bahnsteig zur Treppe drängten. Die Polizei holte uns jedoch ein, und trotz des Widerstands der Leibwache packten sie mich und schleiften mich die schmale Treppe im hinteren Teil der Halle hinunter. Dort wartete ein Taxi. Ich wurde heftig hineingestoßen und auf den Boden geworfen, während die Sitze von so vielen Polizisten besetzt waren, wie hineinpassten.

Die Versammlung war in einem Zustand enormen Aufruhrs, und die anwesenden Menschen aus Glasgow drückten ihre Empörung über das Verhalten der Polizei aus, die auf Anweisung der Regierung handelte und der Stadt so viel Schande bereitet hatte. General Drummond, die auf dem Podium anwesend war, übernahm die Kontrolle über die Situation und hielt eine mitreißende Rede, in der sie das Publikum ermahnte, der Regierung die Stärke ihrer Empörung zu spüren zu geben.

Ich wurde die ganze Nacht in den Glasgower Polizeizellen festgehalten und am nächsten Morgen als Hunger- und Durststreik-Gefangener nach Holloway gebracht, wo ich fünf denkwürdige Tage verbrachte. Dies war der siebte Versuch der Regierung, mich wegen Verschwörung im Zusammenhang mit der Sprengung von Mr. Lloyd-Georges Landhaus zu einer dreijährigen Zwangsarbeitsstrafe zu verurteilen. In den elfeinhalb Monaten seit meiner Verurteilung hatte ich nur dreißig Tage im Gefängnis verbracht. Am 14. März wurde ich erneut freigelassen, obwohl ich noch immer schwer litt, nicht nur unter dem Hunger- und Durststreik, sondern auch unter den Verletzungen, die ich mir bei meiner brutalen Verhaftung in Glasgow zugezogen hatte.

Die Reaktion auf diese Verhaftung war rasch und entschieden. In Bristol, dem Schauplatz großer Unruhen und Zerstörungen, als die Menschen um Wählerstimmen kämpften, wurde ein großer Holzlagerplatz niedergebrannt. In Schottland wurde ein Herrenhaus durch Feuer zerstört. Ein milderer Protest bestand aus einem Überfall auf das Haus des Innenministers, bei dem 18 Fenster eingeschlagen wurden.

Der größte und erschreckendste aller Proteste, die bis dahin stattfanden, war der Angriff auf die Rokeby „Venus" in der National Gallery. Mary Richardson, die junge Frau, die diesen Protest einleitete, besitzt einen sehr ausgeprägten Sinn für Kunst, und nur ein zwingendes Pflichtgefühl hätte sie zu dieser Tat bewegt. Als Miss Richardson vor Gericht gestellt wurde, hielt sie eine bewegende Ansprache an das Gericht, in der sie sagte, ihre Tat sei vorsätzlich gewesen und sie habe sehr gründlich darüber nachgedacht, bevor sie sie beging. Sie fügte hinzu: „Ich habe Kunst studiert und schätze, dass mir Kunst genauso viel bedeutet wie jedem anderen , der in der Galerie war, als ich meinen Protest einlegte. Aber mir liegt Gerechtigkeit mehr am Herzen als Kunst, und ich bin der festen Überzeugung, dass eine Handlung wie meine verständlich sein sollte, wenn eine Nation die Augen vor der Gerechtigkeit verschließt und es vorzieht, Frauen, die für Gerechtigkeit kämpfen, misshandeln, schikanieren und foltern zu lassen; ich sage nicht, sie sei entschuldbar, aber sie sollte verstanden werden.

„Ich möchte darauf hinweisen, dass die Gräueltat, die die Regierung an Frau Pankhurst begangen hat, ein Ultimatum der Gräueltaten ist. Es ist Mord, langsamer Mord und vorsätzlicher Mord. So habe ich es gesehen …

„Ich kann nicht verstehen, wie Sie Frauen lächerlich machen und verachten und sie ins Gefängnis werfen können, aber der Regierung nichts zur Last legen, wenn sie Menschen ermordet …

"Tatsache ist, dass die Nation entweder tot ist oder schläft. Meiner Meinung nach gibt es zweifelsfreie Beweise dafür, dass die Nation tot ist, denn Frauen haben vergeblich an die Türen von Verwaltern, Erzbischöfen und sogar des Königs selbst geklopft. Die Regierung hat uns alle Türen verschlossen. Und denken Sie daran: Ein Zustand des Todes in einer Nation wie auch in einem Individuum führt zu einem, und das ist Auflösung. Ich zögere nicht zu sagen, dass, wenn die Männer des Landes nicht in dieser elften Stunde ihre Hand ausstrecken und Mrs. Pankhurst retten, sie in ein paar Jahren vergeblich ihre Hand ausstrecken werden, um das Empire zu retten."

Bei der Verurteilung von Miss Richardson zu einer sechsmonatigen Haftstrafe sagte der Richter voller Bedauern, dass er ihr eine Höchststrafe von achtzehn Monaten hätte auferlegen können, wenn sie statt eines Kunstschatzes ein Fenster eingeschlagen hätte. Dies ist meines Erachtens ein weiteres Beispiel für eine merkwürdige Anomalie des englischen Rechts.

Einige Wochen später wurde ein anderes berühmtes Gemälde, das Porträt von Henry James bei Sargent, von einer Suffragette angegriffen, die, wie Miss Richardson, die Farce eines Prozesses und einer Gefängnisstrafe durchmachen musste, die sie nicht absaß. Zu diesem Zeitpunkt waren praktisch alle Gemäldegalerien und andere öffentliche Galerien und Museen für die Öffentlichkeit geschlossen. Die Suffragetten hatten es weitgehend geschafft, England für Touristen unattraktiv und damit für die Geschäftswelt unrentabel zu machen. Wie wir erwartet hatten, begann sich die Reaktion gegen die liberale Regierung zu zeigen. Täglich wurden in der Presse, im Unterhaus und überall Fragen nach der Verantwortung der Regierung für die Aktivitäten der Suffragetten gestellt. Die Menschen begannen, diese Verantwortung dorthin zu schieben, wo sie hingehörte, nämlich vor die Regierung und nicht mehr vor uns.

Insbesondere begann die Öffentlichkeit die Behandlung der rebellischen Frauen mit der der rebellischen Männer Ulsters zu vergleichen. Ein ganzes Jahr lang hatte die Regierung das Recht der Frauen auf freie Meinungsäußerung angegriffen, indem sie der WSPU die Abhaltung öffentlicher Versammlungen in Hyde Park verweigerte. Als Entschuldigung wurde angegeben, dass wir eine militante Politik befürworteten und verteidigten. Aber die Regierung erlaubte den Ulster-Militanten, ihre Kriegspolitik in Hyde Park zu vertreten, und wir beschlossen, dass wir, mit oder ohne Erlaubnis der Regierung, am Tag der Ulster-Versammlung eine Wahlrechtsversammlung in Hyde Park abhalten sollten. General Drummond wurde als Hauptredner dieser Versammlung angekündigt, und als der Tag kam, versammelten sich militante Männer und Frauen aus Ulster in Hyde Park. Den militanten Männern wurde erlaubt, zur Verteidigung des Blutvergießens zu sprechen; aber General Drummond wurde verhaftet, bevor sie mehr als ein paar Worte gesprochen hatte.

Ein weiterer Beweis dafür, dass die Regierung ein Gesetz der Milde für militante Männer und ein Gesetz der Verfolgung für militante Frauen hatte, wurde zu dieser Zeit durch den Fall von Miss Dorothy Evans, unserer Organisatorin in Ulster, erbracht. Sie und eine andere Suffragette, Miss Maud Muir, wurden in Belfast verhaftet und angeklagt, eine Menge Sprengstoff in ihrem Besitz zu haben. Es war allgemein bekannt, dass es in Belfast Häuser gab, in denen Tonnen von Schießpulver und Munition für den Einsatz der Rebellen gegen die Selbstverwaltung versteckt waren, aber keines dieser Häuser wurde von der Polizei betreten oder durchsucht. Die Behörden konzentrierten ihre Energien in dieser Hinsicht auf das Hauptquartier der militanten Frauen. Natürlich weigerten sich die beiden Suffragetten, als sie vor Gericht gestellt wurden, vor Gericht zu gehen, es sei denn, die Regierung ging auch gegen die männlichen Rebellen vor. Die Gefangenen sorgten während des gesamten Verfahrens für einen derartigen Aufruhr, dass der Prozess nicht ordnungsgemäß fortgesetzt werden konnte. Als der Fall aufgerufen wurde, erhob sich Miss Evans und protestierte lautstark: „Ich lehne Ihre Zuständigkeit vollständig ab, solange sich nicht neben uns Männer auf der Anklagebank befinden, die bekannte Anführer der militanten Bewegung Ulsters sind." Miss Muir schloss sich Miss Evans in ihrem Protest an und beide Frauen wurden aus dem Gerichtssaal gezerrt. Nach einer Stunde Unterbrechung wurde die Verhandlung fortgesetzt, aber die Frauen begannen erneut zu sprechen und der Fall wurde inmitten unbeschreiblichen Lärms und Tumults durchgepeitscht. Die Frauen wurden in Untersuchungshaft genommen und nach einem viertägigen Hunger- und Durststreik bedingungslos freigelassen.

Das Ergebnis dieses Falles war ein schwerer Ausbruch von Aufständen, bei dem innerhalb weniger Tage drei Brände die Belfaster Villen zerstörten. Fast täglich wüteten in ganz England Brände, ein sehr wichtiges Beispiel war die Zerstörung des Bath Hotels in Felixstowe , dessen Wert auf 35.000 Pfund geschätzt wurde. Die beiden Frauen, die dafür verantwortlich waren, wurden später verhaftet, und da ihre Prozesse verschoben wurden, wurden sie, obwohl sie nicht verurteilt waren , mehrere Monate lang durch Zwangsernährung gefoltert. Dies geschah im April, wenige Wochen vor dem Tag, an dem unsere Abordnung zum König angesetzt war.

Ich hatte den 21. Mai als Termin für die Delegation angesetzt, obwohl der König durch seine Minister abgelehnt hatte, uns zu empfangen. Als Antwort darauf schrieb ich erneut direkt an den König, dass wir das verfassungsmäßige Recht der Minister, die nicht von Frauen gewählt wurden und ihnen gegenüber nicht verantwortlich sind, strikt verneinten, sich zwischen uns und den Thron zu stellen und uns daran zu hindern, eine Audienz bei Seiner Majestät zu empfangen. Ich erklärte weiter, dass wir uns am angekündigten Datum vor den Toren des Buckingham Palace einfinden würden, um ein Gespräch zu verlangen.

Nach der Absendung dieses Briefes wurde mein Leben so unbequem und unsicher, wie es die Regierung durch ihre Polizeibehörde nur möglich machen konnte. Ich durfte nicht öffentlich auftreten, sprach aber bei mehreren großen Versammlungen vom Balkon der Häuser, in denen ich Zuflucht gesucht hatte. Diese wurden alle öffentlich angekündigt, und jedes Mal unternahm die Polizei, die sich unter die Menge mischte, energische Anstrengungen, mich festzunehmen. Durch eine Strategie und die tapferen Bemühungen des Leibwächters gelang es mir jedes Mal, meine Rede zu halten und anschließend aus dem Haus zu fliehen. Alle diese Anlässe waren von heftigem Widerstand seitens der Polizei und großartigem Mut und Widerstand seitens der Frauen geprägt.

Die Delegation an den König wurde von der Regierung natürlich als Gelegenheit für meine Verhaftung angesehen, und als ich am festgesetzten Tag die große Frauendelegation vor die Tore des Buckingham Palace führte, wurde eine Armee von mehreren tausend Polizisten gegen uns ausgesandt. Das Verhalten der Polizei zeigte deutlich, dass sie angewiesen worden war, die Taktik des Schwarzen Freitags zu wiederholen, die in einem früheren Kapitel beschrieben wurde. Tatsächlich wurden die Gewalt, Brutalität und Beleidigungen des Schwarzen Freitags an diesem Tag und vor den Toren des Königs von England noch übertroffen. Ich selbst litt nicht so sehr wie andere, weil ich mich unbemerkt von der Polizei dem Palast näherte, die mich an einem weiter entfernten Punkt suchte. Als ich an den Toren ankam, wurde ich von einem Inspektor erkannt , der mich sofort festnahm und nach Holloway brachte.

## „AM KÖNIGSTOR VERHAFTET!"

### *Mai 1914*

Bevor die Delegation aufbrach, hatte ich eine kurze Rede gehalten, in der ich sie vor dem warnte, was passieren könnte. Meine letzte Botschaft war: „Was auch immer passiert, kehren Sie nicht um." Das taten sie nicht und trotz aller Gewalt, die ihnen angetan wurde, gingen sie weiter, entschlossen, den Versuch, den Palast zu erreichen, nicht aufzugeben, solange sie frei waren. Es kam zu zahlreichen Verhaftungen, und viele der Verhafteten wurden ins Gefängnis geschickt. Obwohl dies für die meisten die erste Inhaftierung war, traten diese tapferen Frauen in den Hungerstreik und verbrachten sieben oder acht Tage ohne Essen und Trinken, bevor sie freigelassen wurden, schwach und krank, wie man sich vorstellen kann.

---

# KAPITEL IX

In den Wochen nach den schändlichen Ereignissen vor dem Buckingham Palace unternahm die Regierung mehrere letzte, verzweifelte Versuche, die WSPU zu zerschlagen, alle Anführer zu entfernen und unsere Zeitung, die *Suffragette , zu vernichten* . Sie erließen Vorladungen gegen Mrs. Drummond, Mrs. Dacre Fox und Miss Grace Roe; sie durchsuchten unser Hauptquartier im Lincolns Inn House; zweimal durchsuchten sie andere vorübergehend genutzte Hauptquartiere, ganz zu schweigen von den Razzien in Privatwohnungen, in denen die neuen Anführer, die die Plätze der Verhafteten eingenommen hatten, für die Organisation arbeiteten . Aber mit jeder Razzia wurde der Ärger, den die Regierung in unsere Angelegenheiten stiften konnte, geringer, weil wir jedes Mal besser in der Lage waren, gegen sie vorzugehen. Alle Bemühungen der Regierung, die *Suffragette zu unterdrücken* , schlugen fehl, und sie erschien weiterhin regelmäßig jede Woche. Obwohl die Zeitung regelmäßig erschien, mussten wir fast übermenschliche Energie aufwenden, um sie zu verbreiten. Die Regierung schickte allen großen Zeitungsgroßhändlern einen Brief, der sie terrorisieren und einschüchtern sollte, damit sie die Zeitung nicht mehr in den Handel bringen oder an die Zeitungseinzelhändler verkaufen. Vorübergehend jedenfalls erzielte der Brief in vielen Fällen die gewünschte Wirkung, aber wir überwanden den Notfall, indem wir sofort Schritte unternahmen, um ein Vertriebssystem aufzubauen, das von Frauen selbst betrieben wurde, unabhängig vom Zeitungshandel. Wir eröffneten auch einen „Suffragette-Verteidigungsfonds ", um die zusätzlichen Kosten für die Veröffentlichung und den Vertrieb der Zeitung zu decken.

Zweimal versuchte die Regierung, mich zu zwingen, die dreijährige Zwangsarbeitsstrafe abzusitzen. Einmal wurde ich verhaftet, als ich in einem Krankenwagen zu einer Versammlung gebracht wurde. Gleichzeitig kam es zu Massenverhaftungen und Hungerstreiks, aber unsere Frauen setzten ihre militante Arbeit fort und Geld floss in unseren Protest- und Verteidigungsfonds . Bei einer großen Versammlung im Juli wurde der Fonds um fast 16.000 Pfund aufgestockt.

Doch nun begannen sich unmissverständliche Zeichen abzuzeichnen, dass unser langer und erbitterter Kampf sich seinem Ende näherte. Der letzte Versuch der Regierung, den Straßenmob gegen uns aufzuhetzen, hatte wenig Erfolg gehabt, und wir konnten in der Stimmung der Öffentlichkeit die große Hoffnung erkennen, dass die von uns lange erhoffte Gegenreaktion gegen die Regierung tatsächlich begonnen hatte.

Jeder Tag der militanten Bewegung war so außerordentlich voller Ereignisse und Veränderungen, dass es schwierig ist, einen Punkt zu wählen, an dem diese Erzählung enden sollte. Ich denke jedoch, dass ein Bericht über eine kürzlich im Unterhaus stattgefundene Debatte dem Leser die beste Vorstellung vom völligen Zusammenbruch der Regierung bei ihren Bemühungen, den Freiheitskampf der Frauen zu unterdrücken, vermitteln wird.

Am 11. Juni, als das Unterhaus einen Haushaltsausschuss einberufen hatte, beantragte Lord Robert Cecil bei der Abstimmung im Innenministerium eine Kürzung der Steuer um 100 Pfund und löste damit eine Diskussion über die Militanz aus. Lord Robert sagte, er habe mit einiger Überraschung gelesen, dass die Regierung mit den Maßnahmen, die sie zur Bekämpfung der gewalttätigen Suffragistinnen ergriffen hatte, nicht unzufrieden sei, und fügte mit einiger Schärfe hinzu, dass die Regierung die Angelegenheit viel optimistischer sehe als irgendjemand sonst im Vereinigten Königreich. Das Unterhaus, erklärte Lord Robert weiter, sei nicht in der Lage, den Fall zufriedenstellend zu behandeln, wenn es nicht die Hingabe der Anhänger an ihre Führer erkenne , die fast vollständig für das verantwortlich seien, was vor sich ging. Diese Äußerung wurde mit Beifall der Minister begrüßt, der jedoch plötzlich verstummte, als der Sprecher fortfuhr, diese Führer hätten ihre Anhänger niemals dazu bewegen können, eine kriminelle Laufbahn einzuschlagen, wenn die Regierung nicht immer wieder schwere Fehler begangen hätte. Zu diesen Fehlern zählte Lord Robert die schändliche Behandlung der Frauen am Schwarzen Freitag, die Politik der Zwangsernährung und den Skandal der unterschiedlichen Behandlung von Lady Constance Lytton und „Jane Warton". Die Opposition jubelte daraufhin, und dieser Jubel wurde noch einmal laut, als Lord Robert die schreckliche Verschwendung von Energie und „bewundernswertem Material" beklagte, die in der militanten Bewegung steckte. Obwohl Lord Robert Cecil es für ungerecht und sinnlos hielt, dass die Suffragetten-Mitglieder der Frauenwahlrechtsbewegung aufgrund ihrer Militanz ihre Unterstützung verweigerten, war er selbst für die Deportation der Suffragetten. Daraufhin ertönten Rufe wie „Wohin?" und „Ulster!"


Herr McKenna antwortete, indem er zunächst darauf aufmerksam machte, dass es in der militanten Bewegung ein Phänomen gebe, das „in unserer Geschichte absolut beispiellos" sei. Frauen begingen in großer Zahl Verbrechen, angefangen beim Einschlagen von Fenstern bis hin zur Brandstiftung, nicht mit den Motiven gewöhnlicher Krimineller, sondern mit der Absicht, für eine politische Sache zu werben und die Öffentlichkeit zu zwingen, ihren Forderungen nachzukommen. Herr McKenna sagte weiter:

„Die Zahl der Frauen, die derartige Verbrechen begehen, ist äußerst gering, aber die Zahl derer, die mit ihnen sympathisieren , ist äußerst groß. Eine der

Schwierigkeiten, die die Polizei bei der Aufdeckung dieser Art von Verbrechen und der Feststellung der Straftat gegenüber dem Verbrecher hat, besteht darin, dass die Verbrecher unter den wohlhabenden und durchaus respektablen Klassen so viele Sympathisanten finden, dass die normale Rechtspflege vergleichsweise unmöglich gemacht wird. Lassen Sie mich dem Haus einige Zahlen nennen, die die Zahl der Frauen zeigen, die seit Beginn der militanten Agitation im Jahr 1906 wegen Straftaten ins Gefängnis gesteckt wurden. In diesem Jahr betrug die Gesamtzahl der Inhaftierungen 31, wobei alle Angeklagten Frauen waren. 1909 stieg die Zahl auf 156, 1911 auf 188 (182 Frauen und sechs Männer) und 1912 auf 290 (288 Frauen und zwei Männer). 1913 sank die Zahl auf 183, und in diesem Jahr ist sie bisher auf 108 gesunken. Diese Zahlen umfassen alle Inhaftierungen ins Gefängnis und Wiederverhaftungen nach dem Cat and Mouse Act. Welche Lehre lässt sich daraus ziehen? Bis 1912 nahm die Zahl der Straftaten, die mit Gefängnis bestraft wurden, stetig zu, aber seit Anfang letzten Jahres – das heißt, seit dem Inkrafttreten des neuen Gesetzes – ist die Zahl der einzelnen Straftaten sehr stark zurückgegangen. Andererseits sehen wir, dass die Schwere der Straftaten viel größer ist."

Diese Aussage, dass die Zahl der Inhaftierungen seit der Verabschiedung des Cat and Mouse Act zurückgegangen sei, war natürlich falsch oder zumindest irreführend. Tatsächlich sank die Zahl der Inhaftierungen, weil die Militanten, die früher freiwillig für ihre Taten ins Gefängnis gingen, heute dem Gefängnis nach Möglichkeit entgingen. Eine vergleichsweise geringe Zahl von „Mäusen" wurde jemals wieder von der Polizei verhaftet.

Herr McKenna sagte weiter, er sei sich der wachsenden Empörung gegenüber den militanten Suffragistinnen durchaus bewusst und fügte hinzu: „Ihre einzige Hoffnung ist – ob zu Recht oder zu Unrecht –, dass die weithin zur Schau gestellte Empörung der Öffentlichkeit auf die Regierung zurückfallen wird."

„Und das wird es", mischte sich eine Stimme ein.

"Mein ehrenwerter Freund", antwortete Mr. McKenna, "sagt, das wird es. Ich glaube, er irrt sich." Aber er gab keine Gründe für diese Annahme an. In Bezug auf die "kürzlich begangenen schweren Unhöflichkeiten gegenüber dem König" sagte Mr. McKenna: "Es ist wahr, dass alle Untertanen das Recht haben, Petitionen an Seine Majestät zu richten, vorausgesetzt, die Petition ist respektvoll formuliert, aber die Untertanen haben im Allgemeinen kein Recht auf eine persönliche Audienz zum Zweck der Präsentation der Petition oder zu anderen Zwecken. Es ist die Pflicht des Innenministers, alle derartigen Petitionen dem König vorzulegen und Seine Majestät darüber hinaus zu beraten, welche Maßnahmen zu ergreifen sind. Es war daher lächerlich, wenn eine Suffragistin behauptete, der König habe gegen die verfassungsmäßige Schicklichkeit verstoßen, als er sich auf Anraten des Innenministers weigerte, die Delegation zu empfangen."

Außerdem, sagte Mr. McKenna, sei es angesichts der Tatsache, dass die Audienz von einer Person eingereicht wurde, die zu Zwangsarbeit verurteilt wurde – ich selbst –, die klare Pflicht des Innenministers, dem König zu raten, sie nicht zu gewähren. Er bezog sich auf den Vorfall, sagte er, nur weil er die Methoden der Militanten, ihre Sache bekannt zu machen, illustrierte. Er zollte ihnen Anerkennung, so musste er sagen, für ein gewisses Maß an Intelligenz bei der Anwendung ihrer Methoden. „Keine Aktion war so fruchtbar für die Werbung wie die jüngsten Absurditäten, die sie in Bezug auf den König begangen haben.“

Was die Frage der Methoden zur Bekämpfung und Überwindung von Militanz angeht, sagte Herr McKenna, er habe zu diesem Thema eine nahezu unbegrenzte Korrespondenz aus allen Teilen der Öffentlichkeit erhalten. „Vier Methoden wurden vorgeschlagen“, sagte er. „Die erste ist, sie sterben zu lassen. (Hört, hört.) Das ist, würde ich sagen, im Moment die beliebteste (Gelächter), wenn man nach der Anzahl der Briefe urteilt, die ich erhalten habe. Die zweite ist, sie zu deportieren. (Hört, hört.) Die dritte ist, sie wie Geisteskranke zu behandeln. (Hört, hört.) Und die vierte ist, ihnen das Wahlrecht zu geben. (Hört, hört und Gelächter.) Ich denke, das ist eine erschöpfende Liste. Ich stelle fest, dass jede dieser Methoden in diesem Haus mit einem gewissen, sehr gemäßigten Applaus aufgenommen wird. Ich hoffe, Gründe dafür zu nennen, warum ich derzeit denke, dass wir keine dieser Methoden anwenden sollten.“

Der erste Vorschlag basierte normalerweise, aber nicht immer, auf der Annahme, dass die Frauen ihr Essen zu sich nehmen würden, wenn sie wüssten, dass die Alternative der Tod wäre. Herr McKenna las dem Haus als Gegenargument zu dieser Ansicht „die Meinung eines großen medizinischen Experten vor, der die Suffragetten von Anfang an genau kannte.“ „Wir müssen uns also der Tatsache stellen, dass sie sterben würden“, fuhr Herr McKenna fort.

"Ich möchte auch sagen, dass ich aus eigener Erfahrung mit Suffragistinnen weiß, dass sie in vielen Fällen in ihrer Verweigerung von Nahrung und Wasser über den Punkt hinausgegangen sind, an dem sie sich selbst helfen konnten, und dass sie eindeutig alles getan haben, um ihre Bereitschaft zum Sterben zu zeigen... Es gibt Leute, die eine andere Annahme haben. Sie glauben, dass die Militanz nach einem oder zwei Todesfällen im Gefängnis aufhören würde. Meiner Meinung nach gab es nie eine größere Täuschung. Ich gebe ohne weiteres zu, dass dies das Thema ist, zu dem ich stehe, und dass ich bis zum Ende gegen diejenigen kämpfen würde, die es sich zur Politik machen würden, die Gefangenen sterben zu lassen. Ich glaube, dass dies weit davon entfernt ist, der Militanz ein Ende zu setzen, sondern dass es der größte Anreiz zur Militanz wäre, der jemals stattfinden könnte. Für jede Frau, die stirbt, gäbe es Dutzende von Frauen, die sich für die Ehre einsetzen würden , wie sie es für richtig halten, die Märtyrerkrone zu verdienen."

„Woher wissen Sie das?", rief ein Oppositionsmitglied.

"Woher weiß ich das?", erwiderte der Innenminister. "Ich habe mehr mit diesen Frauen zu tun gehabt als das ehrenwerte Mitglied, viel mehr. Diejenigen, die diese Meinung vertreten, lassen jede Anerkennung der Natur dieser Frauen außer Acht. Ich spreche nicht in Bewunderung von ihnen. Sie sind hysterische Fanatiker, aber gepaart mit ihrem hysterischen Fanatismus haben sie einen Mut, einen Teil ihres Fanatismus, der zweifellos nichts wert ist, und das ehrenwerte Mitglied, das glaubt, dass sie nicht vortreten würden, nicht nur um den Tod zu riskieren, sondern ihn zu erleiden, für das, was sie für die größte Sache auf Erden halten, macht meiner Meinung nach einen großen Fehler ... Sie würden den Tod suchen, und ich bin sicher, wie stark die öffentliche Meinung heute auch dafür sein mag, sie sterben zu lassen, wenn es zwanzig, dreißig, vierzig oder mehr Tote im Gefängnis gäbe, würde es eine heftige Reaktion der öffentlichen Meinung geben, und der ehrenwerte Herr, der jetzt so leichtfertig sagt: "Lasst sie sterben", wäre einer der Ersten, der die Regierung für das, was er als die unmenschliche Haltung bezeichnen würde, die sie eingenommen hat, verantwortlich machen würde.

"Diese Politik", fuhr Mr. McKenna fort, "könnte nicht ohne ein Gesetz des Parlaments verabschiedet werden. Aus dem von mir genannten Grund habe ich das Parlament nicht gebeten, den Gefängnisbeamten die Verantwortung zu entziehen, die sie jetzt tragen, nämlich ihr Bestes zu tun, um die ihnen anvertrauten Personen am Leben zu erhalten. Aber nehmen wir an, diese gesetzliche Verantwortung würde den Gefängnisbeamten entzogen, dann lassen Sie die ehrenwerten Mitglieder sich für einen Moment in ihrer Vorstellung in eine Gefängniszelle versetzen und sich einen Gefängnisarzt, einen menschlichen Mann, vorstellen, der daneben steht und zusieht, wie eine Frau langsam durch Hunger und Durst stirbt, und der weiß, dass er ihr helfen und sie am Leben erhalten kann. Dachten sie, dass irgendein Arzt zu solchen Maßnahmen greifen würde oder dass wir in der Lage wären, Mediziner unter solchen Bedingungen in unserem Dienst zu halten? Das glaube ich nicht.

"Der Arzt würde denken, so wie ich, wenn ich eine Frau dort liegen sähe: 'Was hat diese Frau verbrochen?' Es könnte sein, dass sie die Polizei behindert hat, gepaart mit der Sturheit, die aus Fanatismus resultiert und sie dazu bringt, Nahrung und Wasser zu verweigern. Sie muss die Polizei behindern und sterben! Ich könnte nicht unterscheiden, und kein Innenminister könnte jemals sagen, dass diese Frau sterben sollte und jene nicht. Wenn wir uns erst einmal auf eine Politik festgelegt haben, die sie sterben lässt, wenn sie ihr Essen nicht zu sich nehmen, müssen wir damit weitermachen, und eine Frau nach der anderen, deren einziges Vergehen darin bestanden haben könnte, die Polizei zu behindern, ein Fenster einzuschlagen oder sogar ein leeres Haus niederzubrennen, würde sterben, weil sie stur war. Ich glaube nicht, dass diese Politik sich dem britischen Volk jemals empfehlen wird, und ich muss für mich selbst sagen, dass ich mich nie an der Umsetzung dieser Politik beteiligen könnte." (Beifall.)

Lord Robert Cecils bevorzugtes Mittel, die Deportation, lehnte Mr. McKenna mit der Begründung ab, dass dies lediglich dazu führen würde, das Problem in ein anderes Land als Großbritannien zu verlagern. Wenn die vorgeschlagene entfernte Insel als Gefängnis behandelt würde, würden die Frauen dort in einen Hungerstreik treten, wie sie es in englischen Gefängnissen taten. Wenn die Insel nicht als Gefängnis behandelt würde, würden die reichen Freunde der Suffragetten kommen und sie auf Yachten retten.

Auch der Vorschlag, die Militanten als Geisteskranke zu behandeln, wurde als unmöglich zurückgewiesen. Mr. McKenna gab zu, er habe versucht, sie als Geisteskranke einstufen zu lassen, und sei gescheitert, weil die Ärzteschaft einem solchen Vorgehen nicht zugestimmt habe. Er sagte, er könne entgegen dem Rat der Ärzte keine Einstufung per Parlamentsbeschluss erreichen. „Es bleibt", sagte Mr. McKenna, „der letzte Vorschlag, dass wir ihnen das Wahlrecht geben."

„Das ist die richtige", rief Mr. William Redmond, aber der Innenminister antwortete:

"Was auch immer über die Vor- und Nachteile dieses Vorschlags gesagt werden mag, es ist eindeutig nichts, was ich jetzt im Haushaltsausschuss diskutieren kann. Als Innenminister bin ich nicht für den Stand der Gesetzgebung zum Wahlrecht verantwortlich, noch besteht für mich eine Veranlassung, meine eigene Meinung zu diesem Punkt zu äußern oder zu verbergen; aber ich glaube ganz sicher nicht, und ich bin sicher, der Ausschuss wird mir zustimmen, dass dies ernsthaft als Abhilfe für den bestehenden Zustand der Gesetzlosigkeit betrachtet werden könnte."

Schließlich kam Mr. McKenna zum konstruktiven Teil seiner Rede und teilte dem Unterhaus mit, dass die Regierung noch eine letzte Möglichkeit habe, nämlich rechtliche Schritte gegen die Spender der Gelder der WSPU einzuleiten. Die Gelder der Gesellschaft, sagte er, seien zweifellos außerhalb des Einflussbereichs des britischen Rechts. Die Regierung hoffe jedoch, künftige Spenden zu stoppen. „Wir sind jetzt nicht mehr ganz auf der sicheren Seite", schloss er, „dass wir Beweise haben, die es uns ermöglichen, gegen die Spender" (lauter Beifall) „zivilrechtlich vorzugehen, und wenn wir damit Erfolg haben, werden die Spender persönlich für den gesamten entstandenen Schaden haftbar gemacht." (Beifall.) „Es ist eine Frage der Beweise … Ich habe außerdem angeordnet, dass die Frage geprüft werden soll, ob die Spender nicht sowohl strafrechtlich als auch zivilrechtlich belangt werden könnten." (Beifall.) „Wir konnten diese Beweise nur durch unsere mittlerweile nicht mehr seltenen Durchsuchungen der Büros und des Eigentums der Gesellschaft, an das wir gelangen konnten, erlangen... Vor einem Jahr wurde eine Durchsuchung der Büros der Gesellschaft durchgeführt, aber wir konnten keine Beweise dafür erlangen. Wenn es uns gelingt, die Versicherungsnehmer persönlich für den gesamten entstandenen Schaden haftbar zu machen, dann zweifle ich nicht daran, dass die Versicherungsgesellschaften dem Beispiel der Regierung schnell folgen und ihrerseits Klagen einreichen werden, um die ihnen aufgebürdeten Kosten zurückzuerhalten. Wenn das gelingt, dann sind die Tage der Militanz zweifellos vorbei.

„Die Militanten leben nur von den Spenden reicher Frauen" (Beifall), „die selbst alle Vorteile des Reichtums genießen, der ihnen durch die Arbeit anderer gesichert wurde" (Beifall), „und ihren Reichtum gegen die Interessen der Gesellschaft einsetzen, indem sie ihre unglücklichen Opfer dafür bezahlen, alle Schrecken eines Hunger- und Durststreiks zu ertragen, um ein Verbrechen zu begehen. Was auch immer wir gegenüber den elenden Frauen empfinden mögen, die für 30 Schilling und 2 Pfund pro Woche durch das Land ziehen und brennen und zerstören, was müssen wir gegenüber den Frauen empfinden, die ihr Geld dafür geben, diese Verbrechen zu begehen und ihre Schwestern die Strafe erleiden lassen, während sie im Luxus leben?" (Beifall). „Wenn wir gegen sie Erfolg haben, werden wir keine Mühen scheuen. Wenn die Aktion erfolgreich ist und die Einnahmequellen der Women's Social and Political Union vollständig zerstört werden, werden wir meiner Meinung nach das Ende der Macht von Mrs. Pankhurst und ihren Freunden erleben." (Beifall).

In der anschließenden allgemeinen Debatte musste sich die Regierung sehr scharfe Kritik an ihrer früheren und gegenwärtigen Politik gegenüber den militanten Frauen anhören. Herr Keir Hardie sagte unter anderem:

„Wir diskutieren heute vielleicht nicht über die Frage des Wahlrechts, aber es war dem Innenminister sicherlich möglich, ohne jegliche Verletzung der Regeln des Hauses einen Hoffnungsschimmer für die Zukunft hinsichtlich der Absichten der Regierung in Bezug auf diese äußerst dringende Frage zu geben. Darf ich in diesem Punkt sagen, dass ich nicht zu denen gehöre, die glauben, dass etwas Richtiges vorenthalten werden sollte, nur weil einige seiner Befürworter zu Waffen greifen, die wir nicht gutheißen. Dieser Ton wurde mehr als einmal angeschlagen, und wenn es wahr ist, und es ist wahr, dass ein Teil der Öffentlichkeit außerhalb dieses Verhaltens entschieden ablehnt, ist es ebenso wahr, dass die Mehrheit der Bevölkerung mit sehr ruhiger und gleichgültiger Miene auf das blickt, was geschieht, solange den Frauen das Wahlrecht vorenthalten wird."

Herr Hardie , dass das Parlament nicht über das Frauenwahlrecht, sondern über Methoden zur Bestrafung militanter Frauen diskutierte .

Rupert Gwynne sagte: „Niemand ist in einer lächerlicheren Lage als die Mitglieder der Regierungsbank. Sie können nicht vor einer Versammlung sprechen, zum Bahnhof gehen oder sogar in ein Taxi steigen, ohne von Detektiven begleitet zu werden. Auch wenn es ihnen gefällt, wir, die Öffentlichkeit, tun es nicht, weil wir dafür bezahlen müssen. Es ist die Kosten nicht wert, einen Detektivstab zu haben, der den Kabinettsministern überallhin folgt, egal ob in privater oder öffentlicher Funktion.

"Und außerdem", sagte Mr. Gwynne, "wenn der Innenminister Recht hat mit seiner Aussage, diese Frauen seien bereit zu sterben und den Tod in Kauf zu nehmen, um ihre Hingabe an ihre Sache zu zeigen, glaubt er dann wirklich, es würde ihnen etwas ausmachen, wenn ihre Gelder gepfändet würden?"

Ein anderer Freund der Suffragistinnen, Mr. Wedgwood, sagte: „Wir haben es mit einem wirklich sehr ernsten Problem zu tun. Meiner Meinung nach gibt es für ein respektables Unterhaus nur eines zu tun, wenn man eine große öffentliche Meinung und eine große Zahl von Menschen findet, die in der Lage sind, so weit zu gehen, und das ist, sehr genau und klar zu prüfen, ob die Beschwerden derjenigen, die sich beschweren, gerechtfertigt sind oder nicht. Wir sind nicht berechtigt, in Panik zu handeln. Unsere Pflicht besteht darin, die Rechte und Unrechte dieser Menschen zu prüfen, die so gehandelt haben. Ich messe der Abstimmung keinen Wert bei, aber ich denke, wenn wir die Frage des Frauenwahlrechts ernsthaft in Betracht ziehen, was dieses Haus bisher nicht getan hat, sollten wir uns daran erinnern, dass die einzige Pflicht des Unterhauses, wenn man Menschen sieht, die zu einem solchen Maß an Selbstaufopferung fähig sind, nicht darin besteht, ihnen mit eiserner Ferse auf den Boden zu treten, sondern zu prüfen, inwieweit ihre Sache gerecht ist, und entsprechend der Gerechtigkeit zu handeln."

Wenn eine solche Debatte im Unterhaus möglich war, muss jedem unvoreingenommenen Leser klar sein, dass die Militanz die Sache des Wahlrechts nie zurückgeworfen, sondern im Gegenteil um mindestens ein halbes Jahrhundert vorangebracht hat. Wenn ich daran denke, wie das gleiche Unterhaus vor ein paar Jahren die Erwähnung des Frauenwahlrechts mit Hohn und Verachtung behandelte, wie es zuließ, dass die beleidigendsten Dinge über die Frauen gesagt wurden, die um ihre politische Freiheit bettelten, wie es unter unanständigem Gelächter und groben Witzen zuließ, dass Wahlrechtsgesetze besprochen wurden, kann ich nur über die Veränderung staunen, die unsere Militanz so schnell herbeigeführt hat. Die

Rede von Mr. McKenna war an sich schon ein Zeichen der völligen Kapitulation der Regierung.

Natürlich war das Versprechen des Innenministers, dass die Spender unserer Fonds, wenn möglich, für Schäden an Privateigentum, die die Suffragetten angerichtet haben, rechtlich verantwortlich gemacht werden sollten, nie einzuhalten. Es war in der Tat ein völlig absurdes Versprechen, und ich glaube, dass sich nur sehr wenige Parlamentsmitglieder davon täuschen ließen. Unsere Spender können immer anonym bleiben, wenn sie dies wünschen, und wenn es jemals möglich sein sollte, sie für unsere Taten anzuklagen, würden sie natürlich hinter diesem Privileg Zuflucht suchen.

Unsere Kämpfe sind praktisch vorbei, davon sind wir überzeugt. Zumindest für den Augenblick sind unsere Waffen am Boden, denn unmittelbar nach der Bedrohung durch einen ausländischen Krieg haben wir einen vollständigen Waffenstillstand in Bezug auf die Kampfhandlungen erklärt. Was aus diesem europäischen Krieg – so schrecklich in seinen Auswirkungen auf die Frauen, die keine Stimme hatten, um ihn abzuwenden – so verhängnisvoll in dem Leid, das er unschuldigen Kindern zwangsläufig bringen muss – wird, kann kein Mensch ermessen. Aber eines ist einigermaßen sicher, und zwar, dass die Kabinettsumbildungen, die zwangsläufig aus dem Krieg resultieren werden, künftige Kampfhandlungen der Frauen unnötig machen werden. Keine zukünftige Regierung wird die Fehler und die Brutalität des Asquith-Ministeriums wiederholen. Keine wird bereit sein, die unmögliche Aufgabe zu übernehmen, den Marsch der Frauen in Richtung ihres rechtmäßigen Erbes der politischen Freiheit und der sozialen und industriellen Freiheit zu unterdrücken oder auch nur zu verzögern.

**DAS ENDE**